Peter Bendixen

Die Kultur des unternehmerischen Handelns

Peter Bendixen

Die Kultur des unternehmerischen Handelns

Unternehmensführung
jenseits der Betriebswirtschaft

VS VERLAG

Bibliografische Information der Deutschen Nationalbibliothek
Die Deutsche Nationalbibliothek verzeichnet diese Publikation in der
Deutschen Nationalbibliografie; detaillierte bibliografische Daten sind im Internet über
<http://dnb.d-nb.de> abrufbar.

1. Auflage 2011

Alle Rechte vorbehalten
© VS Verlag für Sozialwissenschaften | Springer Fachmedien Wiesbaden GmbH 2011

Lektorat: Frank Schindler | Verena Metzger

VS Verlag für Sozialwissenschaften ist eine Marke von Springer Fachmedien.
Springer Fachmedien ist Teil der Fachverlagsgruppe Springer Science+Business Media.
www.vs-verlag.de

Das Werk einschließlich aller seiner Teile ist urheberrechtlich geschützt. Jede Verwertung außerhalb der engen Grenzen des Urheberrechtsgesetzes ist ohne Zustimmung des Verlags unzulässig und strafbar. Das gilt insbesondere für Vervielfältigungen, Übersetzungen, Mikroverfilmungen und die Einspeicherung und Verarbeitung in elektronischen Systemen.

Die Wiedergabe von Gebrauchsnamen, Handelsnamen, Warenbezeichnungen usw. in diesem Werk berechtigt auch ohne besondere Kennzeichnung nicht zu der Annahme, dass solche Namen im Sinne der Warenzeichen- und Markenschutz-Gesetzgebung als frei zu betrachten wären und daher von jedermann benutzt werden dürften.

Umschlaggestaltung: KünkelLopka Medienentwicklung, Heidelberg
Umschlagbild: Verena Metzger
Satz: text plus form, Dresden
Gedruckt auf säurefreiem und chlorfrei gebleichtem Papier
Printed in Germany

ISBN 978-3-531-18286-5

Inhalt

Unternehmerische Qualitäten 7

Erster Teil: Grundlagen 17

1   Einführung: Wirtschaften als kognitiver Prozess 19
    1.1   Methodologische Grundlagen 19
    1.1.1 Das Problem der wissenschaftlichen Objektivität 24
    1.1.2 Das Problem der unvollständigen Objekterfassung 29
    1.2   Marktwirtschaft und soziale Intelligenz 32
    1.2.1 Der Markt als kulturelles Schwarmphänomen 32
    1.2.2 Die Unternehmung als Element der Schwarmbildung 42
    1.3   Wirtschaften als Denkprozess 49
    1.3.1 Die Konstruktion der Wirtschaft im Denken 49
    1.3.2 Präzisierung der wissenschaftlichen Fragestellung 54

2   Die Systemeigenschaften der Unternehmung 65
    2.1   Aus der Vergangenheit in die Zukunft 65
    2.1.1 Die Reichweite des Vorausblicks 65
    2.1.2 Kontinuität und Wandel 74
    2.2   Lokalität und Raumerstreckung 107
    2.2.1 Zeitdimension und Raumdimension 107
    2.2.2 Betriebswirtschaftliche Kategorien 109
    2.2.3 Die Unternehmung als Unikat 111
    2.2.4 Innenansichten und Außenansichten 112
    2.2.5 Selbstwahrnehmung und Selbstgestaltung 114
    2.3   Individualität und strukturelle Einbindung 115

3   Zwischenbilanz: Unternehmensführung im Rückspiegel 126
    3.1   Die Unternehmung als historischer Typus 128
    3.2   Die Einzelunternehmung und ihre Geschichte 141
    3.3   Der Strukturwandel der Wirtschaft 144
    3.4   Der Kulturwandel der Gesellschaft 146

| 4 | Die Bedeutung von Raum und Zeit in der Unternehmensführung | 149 |
| 5 | Die Bedeutung der Zukunft als kreative Projektionsfläche | 159 |

Zweiter Teil: Ansätze und Perspektiven ... 165
1 Vorbemerkungen ... 167
2 Unternehmensführung aus betriebswirtschaftlicher Sicht ... 169
3 Unternehmensführung aus ganzheitlicher Sicht ... 177
    3.1 Kultur als die Natur des Menschen ... 177
    3.2 Die kulturelle Verfasstheit der Wirtschaft ... 180
    3.3 Die Unternehmensgründung als ganzheitlicher Auftakt ... 184
    3.4 Denken in Horizonten und Perspektiven ... 186
    3.4.1 Standorte und Standpunkte ... 189
    3.4.2 Innenperspektiven ... 192
    3.4.3 Horizonte der Außensicht ... 196
    3.5 Zielpeilung und Verantwortung ... 200

Dritter Teil: Eine Bilanz ... 205
1 Die Wirtschaft verändert die Welt – Aber wohin? ... 207
2 Die Umrisse einer Theorie der Unternehmensführung ... 220
3 Wie kann man Unternehmensführung studieren? ... 223

Literatur ... 229

Unternehmerische Qualitäten

Es klingt plakativ und ist doch eine seriöse Frage der Zukunftsbewältigung für uns alle, letztlich für die Zivilisation als Ganzes, ob wir noch Menschen mit weitem Horizont und geistig-kreativem Elan finden, die eine wohldurchdachte, aber zwingende Wende unserer gesamten Lebens- und Wirtschaftsweise einleiten können. Am Beginn solcher Gedanken muss allerdings die Erkenntnis stehen, dass der erreichte Stand der Zivilisation ein unumkehrbares historisches Faktum ist, dass es entlang dem Pfeil der Zeit nur ein Vorwärts in die Zukunft geben kann, dass der Blick zurück belehrend, aber nicht verbindlich sein kann.

Das alles aber bedeutet keinesfalls, dass wir ohne Wenn und Aber einfach in der gleichen Richtung und mit dem gleichen Weltbild wie bisher weitermachen können wie bisher. Was sich ändern muss, sind die Richtung der Entwicklung und die Grundzüge unseres globalen zivilisatorischen Selbstverständnisses über die menschlichen Lebensmöglichkeiten in einer schon arg mitgenommenen Natur. Auf solchen neuen Wegen werden wir Menschen mit Weitblick und Initiative benötigen. Das ist im Kern mit unternehmerischen Qualitäten gemeint.

Das weltweite Krisenszenario nimmt an Dramatik zu. Darüber besteht kaum Zweifel: Klimakrisen, Ressourcenkrisen, Energiekrisen, Gerechtigkeitskrisen, Ernährungskrisen und darunter eine Vielzahl von Wirtschaftskrisen: Finanzkrisen, Haushaltskrisen, Währungskrisen, Strukturkrisen und vieles mehr. Wir sind – das darf man behaupten – nicht gut gerüstet, mit diesen Krisen umzugehen. Einer der Hauptgründe dafür ist eine schon lange schwelende, nur schwer identifizierbare Kulturkrise, die an den gewohnten Denk- und Lebensweisen zu nagen und sie brüchig zu machen begonnen hat. Amin Maalouf spricht in seinem Buch *Die Auflösung der Weltordnungen* (Maalouf 2010) von weltumfassender kultureller (wirtschaftlicher, politischer, ökologischer, sozialer) Entregelung der menschlichen Zivilisation.

Die Ursachen dieser Entwicklung sind zu hochkomplex, um sie mit wenigen Federstrichen aufzudecken und zu bearbeiten. Wir verfügen zwar über eine Vielzahl von Institutionen und Organisationen, von Forschungseinrichtungen bis zu politischen Organisationen, von privaten Gruppen bis zu global operierenden Initiativen. Aber ihre sinnvolle Arbeit fruchtet nur, wenn sie am Boden Wurzeln schlagen können, mit anderen Worten: Es bedarf der aktiven Resonanz unter den Bevölkerungen der Erde. Unter all diesen elementaren Kräften ragen einige hervor, die kraft ihrer Aufgabe in besonderer Weise die Kompetenz haben und Verantwortung tragen können: die in der Wirtschaft tätigen Unternehmen.

Unternehmer sind bei allem zweckmäßigen und zielgerichteten Streben nach Markterfolgen und Gewinn Menschen mit weit reichenden Gestaltungsmöglichkeiten und herausgehobener Verantwortung, nicht nur für ihren eigenen Betrieb, sondern auch für die Geschicke der Gesellschaft, im Kleinen wie im Großen, ob auf lokaler Ebene oder auf internationalem Niveau.

Ihr Elan und ihre visionären Vorstellungskräfte sind heute und künftig mehr denn je gefragt, wenn es um die Zukunft der Zivilisation auf dem gefährdeten Globus geht. Unternehmen sind keine Denkfabriken, sondern, handfest in das reale Geschehen eingebunden, können sie neue Wege finden und initiativ werden, wenn es lokal, regional oder global um den Erhalt der zivilisatorischen Entwicklungsfähigkeit des Menschen geht. Ohne die Resonanz in einer verantwortungsbewussten Unternehmerschaft werden die Bemühungen von Institutionen und Organisationen, die sich um Grundlagen und Konzeptionen zur Stabilisierung der zivilisatorischen Entwicklung bemühen, kaum einen durchschlagenden Erfolg verzeichnen können.

Unternehmer sind Manager, das haben sie gelernt oder vielleicht sogar studiert. Aber sie sind zugleich Visionäre, die über den Tag und das nahe Umfeld hinausdenken können. Sie können und müssen in ihrem Geschäftsalltag die Kunst der weiträumigen Orientierung ausüben, eine Kompetenz, die zutiefst in der alten Kultur der Marktwirtschaft steckt. Der historische Ursprung der Marktwirtschaft lag zu keiner Zeit in der materiellen gewerblichen Produktion, sondern seit Jahrtausenden im Handel. Das Weltbild der Kaufleute zu allen Zeiten war gekennzeichnet durch die Fähigkeit zu raumzeitlichem Denken.

Ihnen war die Dimension des Raumes als geographische und die Dimension der Zeit als historische Kategorie die große Bühne ihrer Geschäftstätigkeit. Sie konnten darin entdecken und entwickeln, ihren Standort festigen und abenteuerliche Entfernungen überbrücken. Sie haben nicht nur weiträumigen Warentausch organisiert, sondern waren die Hauptakteure in einem Jahrtausende währenden Kulturtransfer, wofür die Alte Seidenstraße ein überzeugendes Beispiel war.

Unternehmerische Qualitäten von heute liegen darin nicht anders. Wohl aber gibt es einige spezifische Akzente, die mit der industriellen Moderne zusammenhängen und die eine deutlich weiter greifende Initiativkraft benötigen, wenn es um die Entdeckung gangbarer Wege für die Zivilisation geht und zugleich Perspektiven für eine erfolgreiche Geschäftstätigkeit aufgetan werden müssen. Wege finden und auf ihnen erfolgreiche Geschäftstätigkeit entfalten ist eine charakteristische Doppelkompetenz. Unternehmer als Wegfinder, nicht nur als Ressourcenoptimierer, das ist ein Kernstück unternehmerischer Qualitäten. Damit ist in grobem Umriss das Thema dieser Abhandlung angedeutet. Sie widmet sich der Frage, welche spezifischen unternehmerischen Qualitäten zukunftsfähig sind und die praktizierende Unternehmensführung zukunftsfähig machen.

Voraussetzung dafür ist die Herausarbeitung der kognitiven und, wie noch zu zeigen sein wird, der kulturellen Grundlagen unternehmerischen Handelns. Wir müssen erkennen, dass erfolgreiches Wirtschaften nicht auf professionellem Umgang mit Geld und knappen Ressourcen beruht – das zu können, ist eine Selbstverständlichkeit –, sondern auf einem wachen Bewusstsein für die Einbettung allen Wirtschaftens in zwei Bedingungskategorien: die Vitalität der Natur und die Vitalität der Kultur. Diese beiden Eckpfeiler gehören zu den unvermeidlichen Peilgrößen für die Entwicklung einer Theorie der Unternehmensführung, die als einzigen wahren Produktionsfaktor das geistig-schöpferische Potential von Unternehmern, Managern und allen darstellt, die in einem Arbeitskollektiv an der Entwicklung eines Unternehmens beteiligt sind.

Der Begriff *unternehmerische Qualitäten* hat zwar gezielt den privatwirtschaftlichen Unternehmer im Auge, der in einer auf bestimmten Freiheiten und Initiativrechten beruhenden Wirtschaftsverfassung eine zentrale Figur darstellt. Doch die gleichen Qualitäten treffen letztlich auf jeden zu, der auf seinem Gebiet Initiativen ergreifen will: auf den politisch Tätigen, auf den sozial Engagierten, auf den Kämpfer für den Erhalt der Umwelt, auf den wissenschaftlichen Forscher, auf den tatkräftigen Journalisten und auf den die kulturelle Vitalität der Gesellschaft stärkenden Künstler.

Dieses Buch ist hauptsächlich auf Wirtschaftsunternehmen fokussiert. Das hat zur Folge, dass die Gedanken und Positionen zum Thema *unternehmerische Qualitäten* nicht ohne Anknüpfungen an das akademische Fach auskommen werden, das seit Generationen sich mit dem Thema *Unternehmensführung* befasst hat: die Betriebswirtschaftslehre. Ich werde diesen Sachzusammenhang an verschiedenen Stellen berühren, aber nicht ausführlich ausbreiten. Mein Ziel ist vielmehr, zunächst auf der Ebene der theoretischen Befassung einen um die Dimension *Kultur* weiträumig und zugleich grundlegend erweiterten Erkenntnisgegenstand zu beschreiben.

Die Wertgrundlagen der Kultur stehen den Wertgrundlagen der Natur in nichts nach. Materiell beruht unser Wohlstand auf der Inanspruchnahme dessen, was uns die Natur an Stoffen und Energien geben kann. Die Inanspruchnahme aber geschieht weder willkürlich noch zufällig, sondern gelenkt durch eine über viele Jahrtausende sich langsam aufbauende, regional oder sogar lokal höchst unterschiedliche und immer filigraner werdende Kultur. Kultur ist ein geistiges Substrat von hohem sozialem Rang. Ohne sie kommt kein stabiles Gemeinschaftsleben zustande, ohne sie würde nichts in der Wirtschaft funktionieren.

Meine Aufgabe in diesem Buch habe ich darin erblickt, über die gewohnten Denkmuster über unternehmerische Tätigkeit und die Grundlagen der Unternehmensführung hinaus das Nachdenken über die geistig-schöpferischen Kräfte unternehmerischer Arbeit anzuregen. Ich gehe von der These aus, dass in diesen

Kräften und nicht in erster Linie im Verfügen über Kapital, welches zweifellos eine Bedingung für Erfolg ist, das auch gesellschaftlich wirksame, Bestände pflegende und Entwicklungen fördernde Potential liegt.

Die Arbeit des Theoretikers ist nicht selten ein Stein des Anstoßes. Das ist doppelsinnig gemeint: Man kann Debatten anstoßen und man kann natürlich Widerwillen erregen. Widerwillen? Die Ergebnisse theoretischer Arbeit sind bei weitem nicht immer willkommen, zumal dann nicht, wenn durch sie Fehlentwicklungen aufgedeckt werden, die zu tief greifenden Veränderungen gewohnter Wege des Denkens und lieb gewordener Einstellungen führen und eben deshalb als Belästigung empfunden werden. Man ist doch bisher ganz gut mit dem, was sich seit Generationen bewährt hat, gefahren! Es hat doch funktioniert!

Debatten anstoßen und damit den Fortschritt des Denkens in Gang halten, ist eine uralte philosophische Tradition. Ich berufe mich auf sie in diesem Band. Denkanstöße sind nicht anstößig im moralischen Sinne. Doch sie können lästig sein, zumal dann, wenn sie zur Unzeit und am falschen Ort in die Öffentlichkeit gebracht werden und Kreise ziehen, die über die Fachwelt weit hinausreichen. Ich nehme dieses Risiko in kauf, denn die seit Generationen gewohnten Denkbahnen in Sachen *Unternehmensführung* bedürfen der Überprüfung. Das verbreitete Lehrbuchwissen in der Betriebswirtschaftslehre wird dadurch nicht obsolet, aber es rückt gegenüber Sachverhalten, die dem Urstoff der Wirtschaftskultur entstammen, in die zweite Linie. Gewohnheiten gehören gelegentlich aufgerührt.

Der Wissenschaftler lässt sich nicht gern im gewohnten Denken von fremder Seite stören, denn das Vertraute und seit Generationen Tradierte gibt Sicherheit. *Stör mir meine Kreise nicht (Noli turbare circulos meos),* soll Archimedes dem römischen Soldaten zugerufen haben, als dieser ihn verhaften wollte. Der Zorn des Soldaten war des Theoretikers Tod (der Legende nach).

Ebenfalls Legende und doch vielsagend ist die Rede, die Don Quijote alias Alonso Quitano de la Mancha über die Waffen und die Wissenschaften hielt (1. Buch, 38. Kapitel) und in welcher er zu dem Schluss kommt:

> Ferner ist es eine anerkannte Wahrheit, dass, was mehr kostet, auch höher geschätzt wird und werden muss. Dass jemand es dahin bringt, in den Wissenschaften eine hervorragende Stellung einzunehmen, kostet ihn Zeit, Nachwachen, Hunger, Blöße, Schwindel im Kopf, Verdauungsbeschwerden und noch andres, was damit zusammenhängt und was ich zum Teil schon erwähnt habe; dass jemand durch seine Führung es dahin bringt, ein guter Soldat zu werden, das kostet ihn dasselbe wie den Studierenden, aber in einem so viel höheren Grade, dass gar kein Vergleich möglich ist; denn er steht in jedem Augenblick in Gefahr, sein Leben einzubüßen (Cervantes 2008, 398).

Der Theoretiker mag in seinem Denken mit Gelassenheit verharren und den äußeren Einflüssen trotzen, denn die Härte des praktischen Lebens berührt ihn nicht, so das gängige Vorurteil, welches Don Quijote in seiner Rede ironisch als eine Wahrheit erklärte, indem er allen Wissenschaftlern und Erfindern flucht, die das Leiden aus denselben nicht selbst ertragen müssen:

> Heil jenem gesegneten Zeitalter, das die grässliche Wut jener satanischen Werkzeuge der Geschützkunst noch nicht kannte! Ihrem Erfinder, dessen bin ich überzeugt,, wird jetzt in der Hölle der Lohn seiner teuflischen Erfindung (Cervantes 2008, 399).

Don Quijote spricht seine Wahrheit aus, die wir als bissige Ironie lesen müssen und die einen vielfältigen Bezug zu unserer Zeit herzustellen erlaubt.

Der Theoretiker selber erlebt seine Arbeit – zwar nicht immer, doch in vielen Situationen – als über den Dingen schwebend, losgelöst von allzu viel Bodenhaftung im menschlichen Alltag, den er gewissenhaft aus seinen Wahrnehmungen ausschließt, um seine Gedankenkreise nicht durch das Profane stören zu lassen, um seinen Objekten zwar im Denken nahe zu sein und doch weise Distanz zu wahren. Er weiß natürlich nur allzu gut, dass abstrakte Einsichten nur einen entfernten Bezug zur Wirklichkeit haben und ständig Gefahr laufen, im Schweben über den Dingen den festen Stand unter sich zu verlieren.

Dieses Schweben über den Dingen endet zuweilen in Überheblichkeit und starrem Festhalten am Überkommenen. Dagegen helfen nur selbstkritisches Bewusstsein und das offene Ohr für jene, die mitten im Leben stehen und vieles aus Erfahrung zurechtrücken können. Die Berührung mit der Praxis wirkt auf die Arbeit an der Theorie häufig als wirksames Heilmittel. Deshalb gehört es zumindest in den Geisteswissenschaften zur Tradition, dass man auf die Realität hört, nicht aber sie verleugnet oder verbiegt, weil sie nicht in die Kreise des Denkens passen. Das Risiko von Theorie, die allzu sehr der Realität den Rücken kehrt, ist nicht zu unterschätzen.

Das Thema *Unternehmensführung* ist ein klassischer Kandidat für theoretische Anstöße solcher Art; dies allerdings nicht, jedenfalls nicht in diesem Buch, im Sinne von Anstößigkeit, sondern im Sinne von Anstiftung zur Erweiterung von Denkhorizonten in Sachen *Unternehmensführung*, die – wenn mich meine eigenen Erfahrungen richtig belehrt haben – bislang zu eng und zu einseitig akzentuiert und lehrbuchartig aufgefasst und betriebswissenschaftlich erklärt worden sind. Es ist keine ganz einfache Sache, die damit angekündigte Kritik in kurze Worte zu fassen. Wäre es das, hätte dieses Buch nicht geschrieben werden müssen.

Die betriebswirtschaftliche Managementlehre hat – und darin war und ist sie zweifelos erfolgreich – die Rationalität unternehmerischen Handelns als einen vom äußeren Rahmen gedanklich abgekoppelten Optimierungsvorgang im Sinne der Gewinnmaximierung theoretisch abgebildet und instrumentell ausgefüllt. Das ist in sich stimmig und konsequent. Die darin aufscheinenden Strukturen rationalen Denkens und Handelns sind zum Maß aller Dinge geworden. Sie sind zum Paradigma des Fachs und zum pragmatischen Maßstab geworden.

So wie das Eisen und später der gehärtete Stahl, der in der Natur nicht vorkommt, zu einer tragenden Säule der menschlichen Zivilisation avancierte, hat rationales, berechnendes Handeln der menschlichen Kultur- und Zivilisationsentwicklung den Weg gewiesen. Beide sind Extraktionsprodukte, das eine aus Roheisenerz erschmolzen, das andere aus der Weichmasse menschlicher Vitalität freigelegt und normativ gehärtet. Beide sind aus der Kulturentwicklung nicht wegzudenken.

Dennoch hinterlassen beide Destillate ein tief greifendes methodologisches Problem: Wie lange kann man den generationenlangen Prozess der permanenten Kulturbildung durch mentale und habituelle Rationalisierung von Unternehmensprozessen fortsetzen unter Vernachlässigung dessen, was man im Vorgang der Herauslösung des Reinen an Unrat oder Nebenprodukt zurücklässt? Die Schlacke, die in einem materiellen Produktionsprozess zurückbleibt, lässt sich vielleicht deponieren. Die psychologische Schlacke, die bei fortgesetzter mentaler Rationalisierung zurückbleibt, verschwindet nicht aus dem Leben, sondern bildet einen vielleicht irrationalen Kulturbrei. Verlangt nicht die Klugheit und Weitsicht ein Überdenken solch puristischer Praxis? Müssen wir nicht nach Wegen suchen, die das Potenzial unternehmerischen Handelns, welches die Lebensverhältnisse der Menschen schrittweise verbessert, erhält und durch neue Formen unternehmerischer Mitverantwortung für die Geschicke der Zivilisation zu ergänzen und zu umfassen?

Das klingt dramatisch und muss so extrem vielleicht auch nicht geteilt werden. Kultur bildet sich – das muss allerdings noch im Einzelnen ergründet und begründet werden – durch fortgesetzte Hervorhebung tragfähiger Denk- und Handlungsgerüste, welche den Menschen bis zu einem gewissen Grad aus der Enge der Naturverlorenheit befreit. Bis zu einem gewissen Grade, denn das Unteilbare im Ganzen menschlicher Praxis muss sichtbar bleiben. Die Wirkungen hochgradiger Rationalisierung auf das gesamte Lebensumfeld sind keine Nebensächlichkeiten.

Eine Kulturentwicklung, welche sich bis auf eine vollständig bereinigte Rationalität zurücknimmt, verfehlt die Kultivierung und Zivilisierung des ganzen Menschen und seiner Vergesellschaftungen. Gehört es denn nicht zur unternehmerischen Verantwortung, die Horizonte und die Fernwirkungen des eigenen Tuns über den rationalen Eigennutz hinaus wahrzunehmen? Hier klafft eine bedenkliche Lücke, denn man trifft ein so weit gefasstes Verantwortungsgefühl unter Managern und Unternehmern in der Praxis durchaus. Doch das Thema *Unternehmensethik*, das dies auf der theoretischen Ebene vertritt, gehört noch immer zu den Stiefkindern der Betriebswirtschaftslehre, zwar gelitten, aber eigentlich nicht dazugehörig.

Unternehmensführung, so möchte ich in diesem Buch zeigen, umfasst die Wahrnehmung und Gestaltung von Ganzheiten im Wirtschaftsleben, ist situationsbezogen interpretativ angelegt und nicht nur modellmechanistisch konstruktiv. Das gilt auch dann, wenn das rationale Grundgerüst des Unternehmenshandelns die den Fortschritt tragende Basiskonstruktion bildet.

Unternehmensführung ist – in der Praxis eine Selbstverständlichkeit – ganzheitlich und aus dieser Haltung heraus eine voranschreitende Kunst der Gestaltung und Navigation in kleinen und großen Möglichkeitsräumen. Daran ist der klare und klärende Verstand maßgeblich beteiligt, doch er leistet nicht alles. Intuition, Erfahrung und weit reichende Vorstellungskraft sind geistige Kapazitäten, die oft mehr wiegen als die Verfügung über Geld und glaubwürdige Statistiken.

Solche Möglichkeiten und Perspektiven auch theoretisch auszuloten, ist die vornehmliche Aufgabe einer realitätsbezogenen Wissenschaft, zu der die Wirtschaftswissenschaften (Volkswirtschaftslehre und Betriebswirtschaftslehre zusammen genommen) zweifellos gehören (neben den Ingenieurwissenschaften, der Rechtswissenschaft, der Gesellschaftswissenschaft und vielen weiteren, die die Wirtschaftspraxis tangieren).

Das gerade beschriebene methodologische Problem der isolierten Behandlung der Unternehmensoptimierung mit einem gesteigerten Rationalitätsanspruch kennzeichnet keineswegs einen Mangel an Realitätsbezug. Das rationale Grundgerüst betriebswirtschaftlicher Theorien der Unternehmensführung ist ja nicht aus der Luft gegriffen; es hat nur die Hinterlassenschaften solcher Rationalisierungsprozeduren aus dem Blick verloren und es hat dem geistigen Nährboden intellektuellen Vermögens als maßgebliche Komponente unternehmerischen Handelns zu wenig Gewicht gegeben.

Das zeigt sich ganz konkret im akademischen Lehrbetrieb. Es bleiben die mentalen und emotionalen Abraumhalden zurück und die gelten in der bereinigten Atmosphäre wissenschaftlichen Denkens allenfalls noch als Erinnerungen an etwas Überwundenes und Störendes. Dabei handelt es sich nicht nur um Ausgrenzungen von so genannten Irrationalitäten (die in den meisten Fällen gar keine sind), sondern auch um sachliche Abkopplungen von realen Gegebenheiten, die das (Geschäfts-) Leben bestimmen.

Im deutschsprachigen Raum ist die Ausgrenzung der Psychologie des so genannten dispositiven Faktors ein Erbstück von Erich Gutenberg aus den frühen fünfziger Jahren des vergangenen Jahrhunderts. Dieses akademische Reinheitsgebot hat das Verschwinden zweier überaus gravierender Größen der Wirklichkeit zur Folge oder macht sie nahezu unkenntlich: den realen (topographischen) Raum und die reale (historische) Zeit. Die Deutung von Raumkomponenten und das Verständnis geschichtlicher Zusammenhänge ist in der Unternehmenspraxis niemals eine Nebensächlichkeit, sondern ihr Kern und der Keim der wirtschaftlichen Kreativität.

Im Fadenkreuz von Raum und Zeit entsteht nicht nur Lokalität, sondern auch Individualität. Der wirtschaftende Mensch ebenso wie das wirtschaftende Unternehmen sieht sich als das agierende Einmalige an einem geographischen Ort zu einer bestimmten realen Zeit. Der Horizont der Umgebung in seinen vielfältigen Schichten und Perspektiven macht jede Handlung zu einem singulären Ereignis. Erst mit der Wiederholung von Bewährtem bilden sich Strukturen, bauen sich Formen von Verlässlichkeit und Voraussehbarkeit aus. Erst in der ganzheitlichen Situationserfassung im realen Handeln einer Unternehmensführung kommt jene brisante Mischung aus (kulturellen, normativen) Strukturelementen und unstrukturierten Zufälligkeiten zustande.

Das aber ist das Fahrwasser, in dem eine Unternehmensführung zur Navigation und das Management zu einer auf kognitiver Kompetenz beruhenden Kunst werden. Führungsqualitäten im Unternehmen – und natürlich anderswo in der Gesellschaft – werden oft eingeengt auf Fragen der Motivation, Entwicklung und inneren Ausrichtung von Mitarbeitern in einem Unternehmen. Die eigentlichen Qualitäten eines Unternehmens gehen darüber hinaus und berühren Komponenten der Persönlichkeit und der äußeren Bewährung, insbesondere in Krisenzeiten.

Der Markt ist ein Krisenherd, der ständig brennt und Unruhe stiftet. Doch gerade das ist seine Qualität und Vitalität, ohne die es eine prosperierende Wirtschaft kaum geben kann. Unternehmerische Qualitäten entsprechen diesem Umfeld. Sie sind einem Unternehmensführer nicht angeboren, sondern durch die äußeren Umstände sozusagen antrainiert. Sie sind das Produkt eines Bildungsverlaufs aus Erfahrung und kognitiver Wissensaneignung unter den ganzheitlichen Perspektiven der Lenkung eines sozialen Gebildes durch die Gefahrenzonen des Marktgeschehens.

Damit werden die beiden Hauptkomponenten erkennbar, mit denen ich mich in dieser Abhandlung befasse und die in eine Theorie der kognitiven Unternehmensführung einmünden: 1. die Betonung des geistig-schöpferischen Charakters der unternehmerischen Gestaltungskompetenz und 2. die Ganzheitlichkeit der Situationsdeutung als Leitgedanke einer realistischen Auffassung von der Praxis der Unternehmensführung. Mit dieser Abhandlung bleibe ich im Wesentlichen dennoch auf einer theoretischen Ebene, auch wenn der Blick auf die Realität ein leitendes Kriterium ist. Wissenschaft ist immer Reflektion, nicht Praxis. Sie kann sich allerdings pragmatisch ausrichten.

Unternehmerische Qualitäten sind zwar ein seltenes, aber kein völlig neues Thema (Röpke 2002, Immerthal 2007). Was den meisten Fachpublikationen jedoch fehlt, ist die kulturelle Dimension als eine theoretische Basiskategorie. Wirtschaften fasse ich als eine auf kulturellen Werten und Mustern beruhende, zutiefst in ihnen verankerte Tätigkeit auf, die sich im Wechselspiel zwischen gesellschaftlichem Bedingungsrahmen und individueller Persönlichkeitsformung aufbauen, ständig verändern und zuweilen Existenz bedrohend auch verhärten können.

Die Grundgedanken und praktischen Bezüge, auf die ich zurückgreifen konnte, sind die Früchte jahrelanger Kolloquien mit Führungskräften der Wirtschaft im Wiener *Studienzentrum Hohe Warte*. Ich kann mich hier nur pauschal bei allen, die mir direkt und indirekt diesen Zugang ermöglichten, bedanken.

März 2011
P.B.

Erster Teil: Grundlagen

1 Einführung: Wirtschaften als kognitiver Prozess

1.1 Methodologische Grundlagen

Denkansätze, Theorien und Konzeptionen der Unternehmensführung gehören zu den gängigen Gebieten der Betriebswirtschaftslehre, insbesondere der Managementlehre. Zwar finden sich in der Literatur verschiedene Herangehensweisen und Modelle zu dieser Thematik, aber sie bewegen sich durchwegs um einen gemeinsamen Kern: Wie können die lebenswichtigen Prozesse in einem Unternehmen rational geordnet und diese Ordnungen auf erklärte, d. h. bewusst gemachte Ziele hin ausgerichtet werden?

Die meist unausgesprochene Voraussetzung dieser Denkweise ist die Geltung des Prinzips der methodischen, planvollen Beherrschung von sozialen Systemen (pragmatischer Rationalismus), eine Vorstellung, die der Beherrschung von Naturverläufen durch die technische Pragmatik der Ingenieurwissenschaften auf der Grundlage der Naturwissenschaften analog ist. Es ist schwierig, das auf Isaac Newton beruhende traditionelle Denken in den Naturwissenschaften von neueren Erkenntnissen der gegenwärtigen Physik eindeutig zu trennen.

Die Umbrüche zum Beginn des 20. Jahrhunderts (Einstein, Heisenberg) waren ein Aufbruch in die Moderne, der noch nicht abgeschlossen ist. Ein Merkmal des heutigen Denkens vor allem in der Physik ist die Wiederentdeckung der Rolle der Philosophie im Denken über die Natur und die Erkenntnis, dass die Natur eben kein riesiges mechanisch arbeitendes Uhrwerk ist, sondern eine in ihren Grenzen nicht einmal bestimmbare Ganzheit, die nur sehr eingeschränkt mit Kausalgesetzen auszumachen ist (Dürr 2009).

Die methodologischen Grundlagen der Wirtschaftswissenschaften haben in vieler Hinsicht die Methodologie der Newtonschen Physik fast unverändert übernommen: Man macht einen Plan (oder eine Konstruktionszeichnung), ordnet die benötigten Mittel zu und führt den Plan (oder die Konstruktion) zielgenau aus. Der Plan wird nur dann revidiert, wenn sich unüberwindbare Widerstände zeigen. Unüberwindbar sind Widerstände dann, wenn die eigenen Machtmittel (z. B. Beeinflussung des Marktgeschehens durch wirksames Marketing) nicht ausreichen, Hürden zu überwinden oder Blockaden zu brechen.

Wie zu zeigen sein wird, entspricht solche Pragmatik der Beherrschung einem breit angelegten anthropologischen Kulturbegriff, der sowohl die Werte und den Anspruch auf Nutzung natürlicher Ressourcen und auf Umgestaltung der Natur für menschliche Lebenszwecke als auch die Werte und Muster des gesellschaftlichen Zusammenhalts (Befriedung durch Zivilisation) umfasst. Die Natur hat den Menschen mit einer weit reichenden Intelligenz ausgestattet, also kann und soll er sie einsetzen, die menschlichen Lebensverhältnisse zu optimieren. Da er lernfähig ist, gelingt ihm dies im Laufe der Kulturgeschichte technisch und kulturell immer besser. Der Verlauf der Kulturgeschichte zeigt die Spuren und Hinterlassenschaften dieser Anstrengungen und lässt weiter hoffen, dass immer noch Steigerungen möglich sind.

Eine durch kulturelle Werte und Gestaltungsabsichten dieser Art geförderte Praxis, menschliche Verhältnisse, nützliche Dinge und zweckmäßige Verläufe zu ordnen und umzugestalten, wenn sie menschlichem Willen und Streben nicht entsprechen, ist ihrem Wesen nach eine Herrschaftspraxis, die sich gegen Widerstände, Abweichungen und selbst mächtige Kräfte (der Natur) zur Wehr setzt und sie eigenen Visionen unterordnet. Es entstehen Bollwerke als Ausdruck menschlicher Stärke und menschlichen Beherrschungsstolzes.

Gestalten der Kultur sind also nicht nur Ausdruck menschlichen Könnens, sondern haben auch den defensiven Charakter der Bewahrung des Geschaffenen gegen Kräfte des Zerfalls und der Störung, z. B. Staudämme, Stadtmauern, Agrartechniken, häusliche Wärmedämmung oder Straßenbau. Sie haben funktionale Bedeutung und zeigen im Design ihren kulturellen Charakter in der Ästhetik ihrer Erscheinung. Eine Fabrik oder ein überdachter Markt aus der Zeit des Jugendstils (eindrucksvolle Beispiele findet man in Budapest und Barcelona) zeigen mehr als nur ihre nüchterne Funktion und Materialität. Eine barocke Gartenanlage, wie sie beispielsweise beiderseits das Schloss Belvedere in Wien umgeben, wirkt durch die Ästhetik der Anlage und ist zugleich ein Ausdruck einer absolutistischen Herrschaftskultur, die selbst die Pflanzen mit fast mathematischer Präzision ihrem Willen unterordnet und nicht das kleinste unerwünschte Kraut (gewöhnlich Unkraut genannt) duldet.

Um bei diesem Beispiel zu bleiben: Die Epoche des Barocks war der Höhepunkt aristokratischen Absolutismus', der nicht nur in Werken der Architektur und der Künste ihren ästhetischen Ausdruck fand, sondern in gleicher Weise auch die gesellschaftlichen Strukturen einer absolutistischen Hierarchie unterwarf. Militär, innere Ordnungskräfte, gesetzliche Vorschriften, Verwaltungen und ein ständischer Gesellschaftsaufbau waren die Mittel, Untertanenverhältnisse zu pflegen, die keine unerwünschten Abweichler duldeten. *Diese* Art von Kultur war es, gegen die sich Jean-Jacques Rousseau (1712 – 1778) mit Vehemenz wandte mit seiner Forderung des *Zurück zur Natur*. Auch die Wirtschaft jener Zeit blieb von dieser Herrschaftskultur nicht verschont.

Einführung: Wirtschaften als kognitiver Prozess

Man nannte diesen Stil *Merkantilismus,* und dieser Stil war es, gegen den sich mit Vehemenz Adam Smith (1723 – 1790) wandte und das Gegenbild einer auf bestimmten (aber nicht grenzenlosen) Freiheiten beruhenden Marktwirtschaft entwarf. Der Merkantilismus (die mitteleuropäisch-deutsche Version hieß Kameralistik) beherrschte die Wirtschaft und die Wirtschaftspolitik in allen Winkeln über die lange Zeit von etwa dem 15. bis zum 18. Jahrhundert und zeichnete sich durch starken strukturellen und wirtschaftspolitischen Wandel aus.

In die Epoche des Merkantilismus fiel die Herausbildung der großen kolonialistischen Weltreiche wie Großbritannien. Die Entstehung und Praxis der britischen Ostindien-Kompanie repräsentiert die ganze Epoche stilistisch und pragmatisch. Das deutsche Reich konnte sich aus zahlreichen Gründen kaum und erst sehr spät am Kolonialismus englischer, holländischer, spanischer, portugiesischer und französischer Machart beteiligen (North 2005).

Adam Smith, der sich entschieden gegen diesen Wirtschaftsstil wandte, gilt als Vater der modernen Ökonomie; größtenteils zu Recht. Aber er war und blieb Moralphilosoph, und als solcher hat er nie aus den Augen verloren, dass auch auf freien Märkten die Prinzipien der Moral gelten müssen. Smiths Moralphilosophie, die er in einem älteren Werk ausführlich dargelegt hatte (Smith 2010), ging von einer seine spätere Wirtschaftsphilosophie schon vorwegnehmenden Grundlage aus: Der Mensch ist von Natur aus mit der Fähigkeit begabt, sich in die Lage anderer versetzen zu können. Folglich müsse man, wenn man Moral zur Geltung bringen will, diese natürliche Anlage fördern. Die Natur des Menschen spielt dann in seiner Marktphilosophie die analoge Rolle, wobei Smith hier die natürliche Neigung des Menschen zum Eigennutz zur Grundlage machte. Der Eigennutz im Smithschen Sinne ist umfassend gedacht, denn er schließt das Wohlbefinden des Einzelnen in seiner sozialen Umgebung ein (Assländer 2007, Bendixen 2009 a und 2009 b).

Die Eigenschaft der Kultur als soziales Bollwerk gegen Störungen, Abweichungen und Zerfall und als Ordnungskraft zur Aufrechterhaltung einer die Beherrschung ermöglichenden Gesellschaftsstruktur hat im Barock extreme Formen angenommen und wurde nur noch vom Faschismus und ähnlichen Tyranneien übertroffen. In der humanisierten Form einer rechtsstaatlichen Demokratie haben kulturelle Werte und Lebensmuster gleichwohl diesen defensiven Charakter. Aus diesem Grund neigen alle menschlichen Kulturen zur Abgrenzung gegen alles, was vom Eigenen abweicht, was die eigenen Werte und Lebensmuster nicht teilt.

Abgrenzung aber bedeutet nicht Abschottung, sondern zunächst nur die Wahrnehmung von Andersartigkeit, ohne die das Eigene nicht erkannt und erlebt werden kann. Ein Individuum erfährt sich selbst als etwas Eigenes oder Eigentümliches nur im Zusammenleben mit anderen, aber es schottet sich nicht ab, sondern verbindet sich mit den anderen Individuen und Lebensumständen durch

Wahrnehmung und Verständigung durch eine gemeinsame Sprache als Basis von Kultur.
Soziale Gemeinschaften erfahren sich selbst als etwas Eigentümliches nur im kommunikativen Konzert oder Austausch mit den umgebenden anderen Sozialgemeinschaften. In der Andersartigkeit des Fremden, insbesondere fremder Kulturen und Lebensformen liegt ein ambivalenter Anreiz, die Unterschiede zu betonen und das Eigene ängstlich zu verbarrikadieren oder aber sie wahrzunehmen und zu klären, um sie als schöpferische Belehrung für die eigene Praxis auf sich wirken zu lassen. Das Andere muss nicht als feindlich wahrgenommen werden, sondern kann im Gegenteil als kreative Herausforderung des Austauschs über Grenzen verstanden werden.

Dieses (anthropologische) Kulturverständnis wird an späterer Stelle noch ausführlicher abgeleitet und erläutert werden, denn mit der Einbeziehung von Kultur als bestimmend auch für die Wirtschaftspraxis, für Wirtschaftsstile und Wirtschaftssysteme mitsamt ihren Einbettungen in gesellschaftliche Zusammenhänge entsteht ein anderer Blick auf das Handeln in der Wirtschaft, insbesondere auf die Führung eines Unternehmens in einem kulturell bedingten Anreizumfeld und in der Verantwortung für die Geschicke der Gesellschaft im Ganzen, unabhängig von der Weite des Horizonts zwischen einer eher lokalen und einer im Extrem globalen Welt unternehmerischer Betätigungen. Wirtschaft und Kultur stehen weder als Gegensätze noch als bloße Ergänzungen zueinander. Es geht vielmehr um Wirtschaft *als* Kultur.

Die Grundanlage dieses Kulturverständnisses und damit zugleich das technische und schließlich ökonomische Denken sind zutiefst verwurzelt in der Philosophie des Verstehens und Gebrauchens der Natur, ihrer Gesetze und ihrer Ressourcen für die Gestaltung menschlicher Lebensverhältnisse. Dies ist keineswegs eine Philosophie der Gegnerschaft zur Natur, sondern eine Philosophie des vom handelnden Menschen ausgehenden Einnistens in die Bedingungen der Natur, welches wiederum eine Funktion des Wissens und damit der Wissenschaft ist.

Die Wissenschaftsphilosophie ist mithin auf das Erkennen der Rolle der Wissenschaften im umfassenden kulturellen Gestalten menschlicher Lebensverhältnisse und Werke gerichtet (zu Fragen der Wissenschaftsphilosophie: Kanitscheider 2007, Charpa 1996, Schmidt 2007). Die Verteidigung des von Menschenhand Geschaffenen gegen die (aus Menschensicht so empfundenen) Attacken der Naturkräfte (wie auch vielfach gegen räuberische oder kriegerische Attacken von Seinesgleichen) deckt daher die Entwicklung rationaler Handlungsstrategien. Deren Einbau in das betriebswirtschaftliche Denken ist daher nur folgerichtig.

In diese Sicht muss jedoch eine Differenzierung von Rationalität eingeführt werden, die eine methodologisch unbefriedigende Lage aufdeckt. Die Beobachtung, dass im Wirtschaften das Prinzip des durchdachten, d. h. zweckbezogenen und Kosten minimierenden Vorgehens in der Unternehmenspraxis gilt und auch befolgt wird, ist der erklärte und methodologisch auch konsequent durchgehaltene *Gegenstand* betriebswirtschaftlichen Theoretisierens. Doch Beobachtungen, so aufmerksam und systematisch man sie vielleicht betreibt, sind nicht immer verlässlich und unterliegen mancherlei Täuschungen und Fehldeutungen.

Dies hängt vornehmlich damit zusammen, dass die Wahrnehmung der Außenwelt eine Konstruktion des Gehirns ist, die sich aus unmittelbaren sinnlich aufgenommenen Signalen (z. B. *Der Bau vor mir ist ein Bauernhaus*) und musterartig verdichteten Vorstellungen im Gedächtnis (z. B. *Ein Bauernhaus erkenne ich an dessen architektonischer Gestalt und bestimmten Gerätschaften*) bildet. Eine Beobachtung wird als wahr oder gültig empfunden, wenn sie den verinnerlichten Mustern entspricht. Und genau hier beginnt so manche Täuschung.

Einbildungen (= Konstruktionen des Gehirns) bedürfen der Überprüfung häufig selbst dann, wenn man glaubt, aus vielfachen Beobachtungen verlässliche Wahrnehmungen zu haben. Verlässlichkeit entsteht teils durch reflektierte Erlebnisse gleichen Musters, wobei die Reflektion durch bewährte Prüfmethodologien gestützt sein kann, und teils durch interpersonale Kommunikation, durch die man sich über die Erfahrungen anderer Personen vergewissern kann, z. B. in einer Gruppe von Fachwissenschaftlern oder überhaupt der „amtlichen" Wissenschaftlergemeinschaft eines Universitätsfachs. Lernen in einem kulturell entwickelten Stand hat beide Seiten: die Anwendung der Selbstvergewisserung von Wahrnehmungen und Überprüfungen und die Einholung von Erkenntnissen anderer durch soziale Kommunikation, häufig durch Zuordnung in eine geltende Theorie.

Das Theoretisieren unterliegt selbst zwar einer strengen methodischen Rationalität insofern, als alles Forschen zielgerichtet angelegt sein muss. Aber das ist nur *eine* methodologische Komponente, die für sich allein noch keine Wissenschaft ausmacht. Das (vor allem in den Geistes- und Kulturwissenschaften sehr schwierige) Wahrheitsstreben, an dem sich der Erkenntnisfortschritt messen lassen muss, besteht aus einigen weiteren Komponenten, insbesondere: Vollständigkeit des Erfassens eines Phänomens und Objektivität sowohl der Befunde als auch der Deutungen.

Objektivität verlangt die Ausrichtung der Erkenntnisbemühungen auf den Gegenstand und das Zurückstellungen subjektiver und daher nicht verallgemeinerbarer Empfindungen und Wollenskategorien, sobald der Wissenschaftler in die Kommunikation mit seiner Fachgemeinschaft eintritt. Wie können diese Postulate der wissenschaftlichen Rationalität in der Betriebswirtschaftslehre eingelöst werden? Wie können insbesondere Konzeptionen der Unternehmensführung zu einer allgemein geltenden und in der Praxis als erfolgreich nachgewiesenen Theorie gelangen?

Es ist im Forschungsprozess unmöglich, subjektive Empfindungen und Wollenskategorien gänzlich ausschalten zu wollen, und es wäre auch unergiebig, denn in diesen Kräften melden sich Phantasie und kognitive Durchdringungshorizonte zu Wort, ohne die die Forschung zu bloßer Erbsenzählerei verkommen würde. Die Kräfte der inneren Visionen müssen aber gezügelt werden, sobald die Ergebnisse kommuniziert werden sollen (die Sprache selbst ist ja schon eine solche Zügelung) und auf Bestätigung ihrer Geltung und Verwertbarkeit (entweder in weiterer Forschung oder in pragmatischen Zusammenhängen) warten.

Im Vorgriff auf spätere Erläuterungen stelle ich meinen methodologischen Ansatz vor: Ich werde darauf bestehen, dass Unternehmensführung weder ein bloßes dingliches Optimieren von Zweck-Mittel-Verhältnissen unter gegebenen (Wirtschafts-) Bedingungen darstellt noch allein auf das Prinzip der reinen Rationalität als der Logik von Kalkülen des Kapitaleinsatzes zurückführbar ist. Unternehmensführung ist im Wesentlichen Kopfarbeit, also geistige Leistung im Gebrauch des Verstandes und der sozialen Vernunft.

Unternehmensführung ist ein kognitiver Prozess, aus dem dingliche Taten hervorgehen. Aber diese dinglichen Taten, etwa das Erzeugen eines verkaufsfähigen Produktes in einer Fabrikanlage, tragen stets den Stempel der Gedanken, die sie geboren und in Gang gebracht haben. In diesem Sinne verstehen wir Unternehmensführung als einen kognitiven Vorgang der vernünftigen Klärung von Handlungsmöglichkeiten und Rahmenbedingungen in einem konkreten kulturellen Klima. Bei aller inneren Verwandtschaft werde ich jedoch zwischen Vernunft und Rationalität einen Unterschied machen.

1.1.1 Das Problem der wissenschaftlichen Objektivität

Eine Theorie der Unternehmensführung, die die kognitive Seite des Wirtschaftens in den Mittelpunkt rückt, hat es mit mehreren methodologischen Problemen zu tun, von denen wohl die objektive Geltung von Befunden und theoretischen Erkenntnissen das gravierendste ist. Demgegenüber liegt eine vorwiegend *kognitive* Deutung und Erklärung der Tätigkeit von Unternehmensleitungen und Managern allenfalls am Rande der ökonomischen Denk- und Forschungstraditionen, wenn nicht sogar zu einem gewichtigen Teil außerhalb dieses methodologischen Brennpunktes. Das gibt dem Problem der objektiven Geltung einer Theorie zusätzliches Gewicht. Was sich im Kopf eines Managers abspielt, wenn er Perspektiven praktischen Handelns durchstreift und sich abgewogene oder auch spontane, von Intuition beflügelte Entschlüsse formieren, ist mit dem üblichen methodologischen Rüstzeug der Ökonomie nicht zugänglich. Rückschlüsse von ausgeführten Taten auf die Denkprozesse hinter den Entschlussfassungen und schließlich von diesen auf den Stil der Unternehmensführung sind unüblich und im Grunde unergiebig, weil sich kaum beständige Regeln daraus ableiten lassen. Die Frage *Was hat sich der Handelnde eigentlich dabei gedacht, als er seine Tat ausführte?* stellt man allenfalls bei dem Versuch, die Botschaft eines Künstlers hinter seinem Werk zu ergründen, oder bei der Suche nach Erklärungen für eine kriminelle Tat

Um mit der Objektivität zu beginnen: Der gedankliche Standort des ökonomischen Wissenschaftlers (auf den ich mich hier beschränke), der das Geschehen in der realen Welt der Unternehmen beobachtet und systematisch deuten und erklären will, ist in der betriebswirtschaftlichen Fachliteratur ausnahmslos dadurch eingelöst, dass Ereignisse, Strömungen und Strukturen in der Wirtschaft von einer geistigen Außenposition aus betrachtet werden. Man befindet sich als Autor und auch als Leser des Schrifttums nicht in der empathischen Lage des gedanklichen Mitempfindens von Aufgaben, Problemen, Handlungsideen und Ungewissheiten der äußeren Welt, sondern allenfalls in der eines reflektierenden Beobachters und analytischen Zerlegers, der als außerhalb des Geschehens Stehender Aufklärung bieten und Anregungen und Ratschläge geben kann, zumindest aber danach strebt.

Objektivität ist jedoch nicht gleichzusetzen mit Unvoreingenommenheit. Die Position des Außenstehenden, gewissermaßen des wohlmeinenden Beobachters, geht leicht über in ungeprüfte Formen der Gewissheit (auch Selbstgewissheit), dass die Aussagen, die aus dieser abgehobenen Position kommen, durchschlagende pragmatische Geltung haben. Der denkende Wissenschaftler aber kann nicht unvoreingenommen operieren. Seine Denkoperationen sind unvermeidlich eingebettet in die gesamte Gedächtnisstruktur, die die spezifischen Erlebnisspuren seines Menschseins im Unbewussten aufweist und von daher seine bewussten (wachen, aufmerksamen, vom Verstand kontrollierten) Vorstellungen entscheidend mitbestimmt. Natürlich enthält die Gedächtnisarchitektur nach einem langen Forscherleben deutliche fachliche Gravuren, die aus interpersonaler Fachkommunikation und Anerkennung herrühren.

Die Wahrnehmungen des Wissenschaftlers in der äußeren Welt, im Falle des Betriebswissenschaftlers also die reale Welt der Unternehmen, werden eingefärbt von dem, was aus dem Unbewussten einfließt und als wichtig vorgegeben wird. Wir nehmen die Welt nicht wahr, wie sie ist, sondern wie unser inneres neuronales Befehlszentrum sie sieht und entsprechende Anweisungen an unsere Sinnesorgane und unser Denken gibt. Wir erkennen nur, was wir schon wissen

(Goethe), unser Erkenntnisfortschritt ist ein Vorantasten von der Plattform des Vorwissens aus.

Es ist spätestens seit den Forschungen von Benjamin Libet (1916 – 2007) (Libet 2007) von Gehirnforschern akzeptiert, dass das menschliche Handeln im Unterbewusstsein vorgeformt wird und der wache Verstand im Grunde nur ein Vollzugsorgan darstellt. Danach kann es im strengen Sinne eigentlich keine rein objektiven Wahrnehmungen (und wissenschaftliche Erkundungen in der Wirklichkeit) geben, die nicht von inneren Antrieben eingefärbt sind. Aber es gibt so etwas wie eine konzentrierte Hinwendung zu einem Forschungsgegenstand.

Diese Position ist allerdings nicht unbestritten geblieben. Insbesondere Philosophen haben sich kritisch mit den Konsequenzen auseinander gesetzt, denn falls das menschliche Handeln vom Unbewussten vorgeformt wird, kann eigentlich niemand im juristischen oder moralischen Sinne schuldig werden, da er ja seine Handlungen nicht vollständig kontrollieren kann. Eine verbreitete Auffassung besagt, dass zwar die Antriebe vorgeformt werden und insofern eine unbewusste Initialfunktion ausüben, dass aber das klare Bewusstsein in der Erkenntnis und Anerkenntnis von geltenden äußeren Normen, etwa Rechtsnormen oder ethischen Prinzipien, durchaus die Ausführung einer problematischen Handlung blockieren kann. Ich schließe mich dieser Interpretation hier an (vgl. auch Pöppel 1997, Pöppel 2008, Kandel 2007)

Alles Wissen über die äußere Welt ist zwar objektiv im Sinne der gezielten Ausrichtung auf das Tatsächliche, aber es ist stets selektiv, indem es bestimmte Aspekte hervorhebt, andere dagegen zurückstellt oder unterdrückt. Eine relative Gewissheit der inneren Vorstellungen über die reale Welt wird jedoch in der Wissenschaft dadurch gestärkt, dass zahlreiche Beobachtungen anderer Wissenschaftler auf dem gleichen Gebiet auf methodische Weise konfrontiert und damit die individuellen Vorstellungen abgeschliffen werden. Doch auch diese Gewissheit ist nur relativ, denn auch Forschergemeinschaften können irren und kreative Forschungswege und –initiativen blockieren, wie wir aus den vielen Kämpfen bedeutender Wissenschaftler um das von ihnen vorgeschlagene Neue wissen.

Ist die Betriebswirtschaftslehre im Allgemeinen und die Managementlehre der Unternehmensführung im Besonderen ausreichend durch interpersonalen Abgleich von Beobachtungen, Erfahrungen und Deutungen gesichert, so dass von eine Quasi-Objektivität ausgegangen werden kann? Die Antwort fällt ziemlich klar aus: Durch wissenschaftliche (methodologisch gesicherte) interpersonale Kommunikation innerhalb der „Scientific Community" bildet sich in der Tat ein kollektiv geteiltes, relativ verlässliches Wissen über Grundtatbestände der Unternehmensführung. Was aber trotzdem bleibt, ist eine gewisse kollektive Voreingenommenheit dieser gemeinsam geteilten Wahrnehmungen und Deutungen des Geschehens in der realen Welt des Unternehmenshandelns. Auch die kollektiven Wahrnehmungen haben eine Färbung. Aus der Addition individueller Färbungen entsteht nicht Farblosigkeit, sondern eine neue Gesamtwirkung – wie man sie beispielsweise aus der Maltechnik des Impressionismus und etwa aus den Kompositionen von Maurice Ravel und Claude Debussy kennt.

Welche Anzeichen für solche kollektive Voreingenommenheit innerhalb der betriebswirtschaftlichen Managementlehre gibt es? Die Frage ist nicht leicht zu beantworten. Sie erfordert eine genaue Rekonstruktion der historischen Ausgangslage, in der sich das betriebswirtschaftliche Denken herausbildete und von dessen methodologischem Gründungskern ausgehend es eine deutlich akzentuierte Sichtweise bis heute mitgenommen hat. Wir können diese historische Rekonstruktion hier nicht leisten. Hinweise könnten die frühen Publikationen sowohl im deutschsprachigen als auch im angloamerikanischen Schrifttum geben. In diesem Schrifttum dominierten Fragestellungen der korrekten Abbildung von Unternehmensprozessen auf der monetären Ebene.

Im Mittelpunkt standen Fragen des Rechnungswesens, insbesondere der Bilanzierung und Kalkulation (namhafter Vertreter: Eugen Schmalenbach [1873 – 1955]) und der innerbetrieblichen Rationalität, vor allem Fragen der Betriebsorganisation, insbesondere der Produktionsabläufe, woraus dann schließlich aus den USA kommend das *Scientific Management* hervorging (namhafter Vertreter: Frederik W. Taylor [1856 – 1915]).

Die überdeutliche Hervorhebung der monetären Seite der Unternehmenspraxis ist eine, wie sich zeigen wird, problematische Färbung der wissenschaftlichen Wahrnehmungen und damit ihrer Theoriebildungen. Es kann kein Zweifel bestehen, dass Geld und die Geldströme einer Volkswirtschaft die Unternehmen durchlaufen und deren Handlungsweisen systemkonform bestimmen. Aber nicht Geld ist das Eigentliche der Unternehmensführung, sondern das *Denken in Geld* und das *Denken über Geld*. Der Unterschied ist beachtlich.

Die gedankliche Zurückführung des Unternehmensgeschehens, insbesondere der Unternehmensführung, auf die Geldebene und damit die Lenkung der Unternehmensprozesse nach Maßstäben der monetären Effekte (Kosten, Umsätze, Gewinne, Steuerlasten, Dividende, Liquiditäten, Investitionen usw.) ist eine aus der Realitätswahrnehmung herausdestillierte Dimension, die als Motor des Wirtschaftens das Geld bzw. Kapital ausmachte. Das ist zwar richtig. Aber ein Motor macht noch kein Auto, und ein Auto macht erst Sinn in einem bestimmten infrastrukturellen Kontext.

Die mentalen Kräfte des Handelns, damit also psychologische Kategorien als die eigentlichen (Geistes-) Energien des Wirtschaftens, werden in dieser Extraktion des Monetären zurückgestellt und in der Regel nahezu gänzlich ausgeschlossen. Das eigenartige Ergebnis zeigt sich dann darin, dass es ja nicht falsch ist, der Geldebene einen hohen dispositiven Rang einzuräumen, dass aber die Wirklichkeit der Wirtschaft doch deutlich darüber hinausreicht. Was hilft ein Haufen Geld, wenn einem nichts einfällt, wie man es einsetzen sollte, um es zu vermehren? Es handelt sich also um eine grundlegende Form der Voreingenommenheit in der herkömmlichen Betriebswirtschaftslehre, wenn Geld lediglich als Zahlungsmittel, Wertaufbewahrungsmittel und Recheneinheit in Kalkulationen und Bilanzen behandelt wird.

Die Pragmatik der Wissenschaftlichen Betriebsführung (Scientific Management) hat ihr Hauptaugenmerk auf die Prinzipien der höchstmöglichen Rationalität von Produktionsverläufen gerichtet. Dieses Denken ist eine äußerste Konsequenz des pragmatischen Rationalismus, der keine anderen Komponenten zulässt als solche, die direkt oder indirekt auf das Ziel der Produktion zugerichtet werden können. Der pragmatische Rationalismus dieses Typs kann sich auf das Prinzip der Knappheit von Ressourcen und damit das Gebots der sparsamsten Verwendung von Ressourcen berufen. Untergeordnet unter diesen Rationalismus wird nicht nur die Physis der dinglichen Produktionsmittel (Konstruktion von Maschinen und Anlagen sowie Rohstoffe und Materialien), sondern auch die menschliche Arbeitskraft (der Faktor „Arbeit" wird mit seinen Körperkräften und mit seinen der Arbeit dienlichen psychischen Antrieben eingebaut).

Der Vorrang der pragmatischen Rationalität ist auf die gleichen methodologischen Grundlagen zurückführbar wie das Postulat der Objektivität, nämlich die Geltung allgemeiner Denkkategorien, die sich der vernünftigen Einsicht erschließen, daher also nicht individueller Beliebigkeit unterworfen sind, sondern physische oder metaphysische Gesetze und Kausalitäten repräsentieren. Dazu gehört die Vernunft wohlüberlegter Wahl unter Handlungsalternativen und insbesondere das ökonomische Prinzip des sparsamen Umgangs mit knappen Ressourcen. Sparsamkeit angesichts knapper Mittel ist ein (ethisch begründbares) Vernunftgebot, an das die Zweck-Mittel-Rationalität der Ökonomie andockt.

Abstrakte Prinzipien oder methodologische Denknotwendigkeiten stehen über dem Individuum, das seinerseits teilhat an diesen Denknotwendigkeiten, wenn es sich ihnen unterwirft. Das bedeutet, dass der wirtschaftende Mensch wie im Grunde jeder vernünftig handelnde Mensch sich die Stringenz solcher Prinzipien zu eigen macht und dementsprechend disponiert.

Von dieser rationalistischen Grundhaltung ist die gesamte ökonomische Literatur seit Adam Smith durchdrungen, und sie hat als Maßstab der Entwicklung von technischem und schließlich gesellschaftlichem Fortschritt ihre historische Feuerprobe längst bestanden – ausweislich der außerordentlichen Steigerung des Wohlstand (alle Probleme der unterschiedlichen Teilhabe innerhalb und zwischen nationalen Gesellschaften seien hier beiseite gelassen).

1.1.2 Das Problem der unvollständigen Objekterfassung

Eine unvollständige Objekterfassung wird dadurch zu einem Problem, dass die Erkenntnisse und Folgerungen aus ihrer methodischen Untersuchung trotz aller wissenschaftlichen Akribie unter dem Vorbehalt einer relativierten, wenn nicht fragwürdigen Geltung stehen können. Das ist teilweise dann der Fall, wenn wissenschaftliche Erkenntnisanstrengungen, wie üblich, auf Verallgemeinerungen angelegt sind, aber wegen gravierender Unvollständigkeit der Objekterfassung nicht zureichend begründet werden können.

Ein klassisches Beispiel ist die gewollte Unvollständigkeit der Beschreibung des rational handelnden Wirtschaftsmenschen durch die Figur des Homo oeconomicus, der weder Moral noch emotionale Irritationen kennt und keine Umwege des Denkens duldet. Wissenschaftliche Ergebnisse, die über diese Figur in die Welt gesetzt werden, besitzen nur eine eingeschränkte, wenn überhaupt eine durchgreifende Geltung in der Wirtschaftswirklichkeit.

Bei der Wahrnehmung von Objekten sind aber einige Unterscheidungen zu machen, die das methodologische Problem noch deutlicher werden lassen. Im einfachsten Fall der Wahrnehmung eines singulären Objektes ist Unvollständigkeit unvermeidbar. Man kann ein Gebäude nicht gleichzeitig von außen und von innen betrachten. Da muss die Vorstellungskraft der Erinnerung zu Hilfe genommen werden, indem man auf kategorische Vorerfahrungen zurückgreift (man weiß ungefähr, wie Bauten von innen aussehen) oder sich in einem zeitlichen Nacheinander von Außen- und Innenwahrnehmung eine unvermittelte Zusammenschau bildet. Kategorische Vorerfahrungen sind allerdings unpräzise, meist schemenhaft und oft durch lange Zeitdistanz überholt.

In komplizierteren Fällen gelingt eine Synopsis nur auf dem Umweg über Abbildungen, beispielsweise über graphische Darstellungen. Die einzelnen Stadien eines Montageprozesses bei einem Bauvorhaben oder eines verwickelten Produktionsablaufs lassen sich kaum sicher genug im reinen Denken zusammenschauen. Bei einer bildlichen Darstellung entsteht aber das Problem, welche Eigenschaften des Objektes oder der Objektkonstellation relevant sind und welche vernachlässigt werden können. Ein nicht unerhebliches Problem ergibt sich im Übrigen daraus, dass bei einer Abbildung der reale Kontext eines Objektes oder einer Objektkonstellation entfällt. Dieser aber ist für die Deutung und das Verständnis der Sache oft unentbehrlich, so wie das Bühnenbild eines Theaterstückes ein unentbehrliches Mittel der Interpretation darstellt.

Die von gewollten Wahrnehmungsakzenten und vorgefassten Erkenntnisinteressen bestimmten Hervorhebungen sind zwar nicht immer, können aber in vielen Fällen zu methodischen Problemen führen, beispielsweise dadurch, dass bei der Aufzeichnung die verwickelten technischen Operationen in einem Produktionsprozess nur die unmittelbar technisch relevanten Vorgänge aufgenommen werden (um sie zu optimieren), nicht aber scheinbare Nebenfaktoren wie Lärm, Dämpfe, Lichtverhältnisse oder die räumliche Zugänglichkeit der einzelnen Arbeitsplätze. Aber deren Vernachlässigen kann – neben ihrer menschlichen Seite – die Ergiebigkeit von Produktionsabläufen erheblich beeinflussen.

Diese in der unmittelbaren Objekterfassung auftretenden Probleme, so wichtig sie in der Praxis meist sind, können für die weiteren methodologischen Grundüberlegungen in unserer Thematik jedoch zurückgestellt werden. Die Wahrnehmung der Physis ganzer Objektfelder, beispielsweise die Bestimmung des Gegenstandes einer Theorie oder einer ganzen Wissenschaft wie der Ökonomie, erfährt indessen eine gesteigerte Problematik aus der Unvollständigkeit der Objekterfassung, weil sie auf abstrahierende Kategorienbildungen angewiesen ist. Eine typische Kategorie der Ökonomie sind *der Markt* oder *die Wirtschaft*. Beide sind Ideen oder Denkkonstrukte, deren Gehalt und Gestalt zwar aus unmittelbaren Wahrnehmungen (draußen in der Wirklichkeit) auf eine kognitiv komplizierte Weise angereichert werden, aber gerade dadurch der Gefahr der Unvollständigkeit ausgesetzt sind.

Die abstrakte Vorstellung *Die Wirtschaft*, die bekanntlich der Wissenschaftsgegenstand der Ökonomie (Volkswirtschaftslehre) ist – Wissenschaftsgegenstand der Betriebswirtschaftslehre dagegen ist *Die Unternehmung* –, kann zwar durch interpersonale Kommunikation innerhalb der Gemeinschaft der Fachwissenschaftler und über lange Jahre der gemeinsamen Forschungspraxis hinweg einen hohen Grad an sachgerechter Grenzziehung gegenüber anderen Erscheinungen der Wirklichkeit hervorbringen, wodurch es gelingt, einigermaßen deutlich den Objektbereich *Wirtschaft* etwa vor dem der Politik, der Künste, der Region oder des Rechtswesens hervorzuheben. Aber jede Hervorhebung einer bestimmten Seite eines Gegenstandes ist gewillkürt und folgt bestimmten Erkenntnisinteressen und einem oft unbewussten kulturellen Vorverständnis. Diese Hervorhebung liegt nicht in der Natur der Sache, sondern in der Kultur des Erkenntnisprozesses.

Grenzziehungen für *Die Wirtschaft* oder *Die Unternehmung*, wie man sie in ökonomischen Lehrbüchern findet, sind ausgesprochen löchrig. Zieht man etwa das Kriterium der organisierten, institutionalisierten Produktion von gesellschaftlich begehrten Gütern und Diensten heran, wird unmittelbar die Frage provoziert, ob nicht auch politische Maßnamen, Kunstwerke oder religiöse Seelsorge gesellschaftlich begehrte Dienste sind und warum sie üblicherweise nicht der Ökonomie zugerechnet werden. Jeder abstrakte Begriff, der seinen Gegenstand aus seinem Kontext herausnimmt, zieht einen unscharfen Bedeutungsschweif hinter sich her wie ein Komet am Himmel.

Dieses Problem haben vor allem die Vertreter einer streng rationalistischen Ökonomik, einer Form des ökonomischen Denkens auf der Grundlage der kalkulierenden Zielstrebigkeit, dadurch zu lösen versucht, dass sie nicht die physische oder dingliche Welt der wirtschaftlichen Operationen zum Gegenstand machen, sondern die Rationalität der sie steuernden Handlungsrationalität (Homann/Suchanek 2005). Das methodologische Problem dieser Ökonomik besteht darin, dass sie zwar die kognitive Seite des Wirtschaftens hervorhebt, diese aber extrem auf Rationalität verengt und damit deformiert.

Ökonomik ist dann jede auf geklärte Zwecke zielende Form berechnender Handlungen, unabhängig davon, auf welchem Gebiet das geschieht. So ist beispielsweise die bewusste Entscheidung über einen Kirchenaustritt, die Wahl einer politischen Partei oder das Eingehen eines Eheverhältnisses ein Fall für die Ökonomik, wenn dabei die Absicht einer bewussten Wahl besteht.

Dieser radikal rationalistische methodologische Weg ist deshalb wenig ergiebig, weil er einerseits vor der Realität flieht, deren Unübersichtlichkeit grundsätzlich nicht behebbar ist und der sich jeder Handelnde stellen muss, und weil ein systematischer und zudem logisch durchaus begründbarer, abstrakter Rückzug aus den Gegebenheiten der Wirklichkeit das notwendige Lernen des Umgangs mit der Unvollkommenheit der Welt und der Unvollständigkeit und Unschärfe ihrer Erfassung behindert.

Das Streben nach kalkulatorischer Präzision verlangt – das ist insoweit nachvollziehbar – die Abstraktion von allem, was sich den Dimensionen des Quantitativen oder Quantifizierbaren entzieht. Damit ist die das Denken bestimmende Dimension der Kultur dem *Furor mathematicus* der Ökonomie (Tanner) vollständig geopfert worden. *Bereits seit der >marginalen Revolution< der 1870er Jahre überließ sich die Ökonomie einem furor mathematicus und versuchte auf der Suche nach invarianten Gesetzen menschlichen Handelns von kulturellen Umständen ökonomischen Handelns nach Möglichkeit zu abstrahieren. Was an Determinanten übrig blieb, ließ sich in eine mathematische Sprache übersetzen* (Tanner, 2004, 71).

Andererseits wird auf eine krasse Weise die Macht des kalkulierenden Verstandes (im Zweifel sogar ohne vernünftige Begründung des Handlungszwecks) herausgehoben. Die Macht des rationalen Verstandes mag man unterstreichen und vielleicht sogar pflegen, aber der Verstand als absolutistischer Monarch über alle anderen Komponenten der Wirklichkeitswahrnehmung ist ein Problem. Natürlich spielt rationales Denken eine wichtige Rolle, gerade auch in der Wirtschaft, aber eben nicht isoliert oder auch nur Maß und Takt gebend für alle Prozesse im Gehirn. Rationalität ist eine Komponente des Denkens, die einen Kontext besitzt, ohne den sie keinen verbindlichen Sinn macht.

1.2 Marktwirtschaft und soziale Intelligenz

1.2.1 Der Markt als kulturelles Schwarmphänomen

Üblicherweise wird der Markt verstanden als ein fiktiver Ort des Zusammentreffens von Angebot und Nachfrage zum Austausch von Gütern und Dienstleistungen. Die Schwäche dieser Definition tritt nicht sofort in Erscheinung, insbesondere nicht ihr extrem abstrakter, vorstellungsarmer Begriff. Was ist ein fiktiver Ort? Handelt es sich um etwas Erdachtes, Eingebildetes, nicht wirklich Existierendes? Wohl kaum. Ist der Markt überhaupt ein Ort, also ein im Fadenkreuz von Raum und Zeit definierbarer geographischer oder womöglich mathematischer Punkt? Auch das mit Gewissheit nicht. Werden tatsächlich Güter oder gar Dienstleistungen ausgetauscht? Das könnte nur mit konkreten Gegenständen getan werden, bei Dienstleistungen ist das schon schwieriger, wenn man sie als immaterielle Leistungen erklärt.

Die Fiktion eines Ortes, an dem Anbieter und Nachfrager zusammentreffen, wird zur Absurdität, wenn man die Tatsache in den Blick nimmt, dass die meisten Geschäfte des wirtschaftlichen Alltags auf technisch vermittelte Weise unter Nichtanwesenden abgeschlossen werden, also beispielsweise von Handy zu Handy, wobei kein Beteiligter genau weiß, wo der andere sich real aufhält. Der Verdacht kommt auf, dass mit diesem fiktiven Ort auf den Einzelfall der Verhandlungen über einen verkäuflichen Gegenstand gezielt wird, wie man das etwa von Auktionen kennt.

Aber ein Einzelvorgang dieser Art macht noch keinen Markt. Bietet jemand sein gebrauchtes Auto per Annonce an und findet sich ein Käufer, so handelt es sich noch nicht um einen Markt. Dieser formt sich vielmehr erst als ein soziales Kommunikations-Cluster in einem Bedingungsrahmen, in dem gehäuft und wiederholt vergleichbare Verhandlungen ausgeführt werden. Allenfalls kann der durch Print- oder elektronische Medien geschaffene öffentliche Kommunikationsraum als Markt gelten, weil er für Interessenten zugänglich und adressierbar ist.

Die Redewendung vom fiktiven Ort des Zusammentreffens von Angebot und Nachfrage – denn mehr als eine Redewendung ist dieser Ausdruck wohl nicht –, wird um einiges problematischer, wenn man ins Auge fasst, dass auf Märkten hauptsächlich verhandelt wird, bis man zu einer Einigung oder Nichteinigung gelangt. Ob dann danach dingliche Güter (Ware gegen Geld) getauscht werden oder ein Dienst zu erweisen ist (Dienstleistung gegen Entgelt), ist aus ökonomischer Sicht nahezu von sekundärer, im Grunde nur technisch-logistischer Bedeutung. Sie ist Sache des Ingenieurs, nicht des Ökonomen. Das *Wesen* des Marktes sind die auf eine Einigung zielenden Verhandlungen. Ist eine

Einigung erreicht oder werden die Verhandlungen abgebrochen, endet das, was wir einen Markt nennen. Der Markt ist mithin ein rein kommunikatives Gebilde. Dass sich Angebot und Nachfrage um einen Gleichgewichtspreis bewegen (ohne ihn je zu treffen, da niemand weiß, welcher es in einem bestimmten Augenblick oder auch langfristig tatsächlich ist), ist zweifellos eine anschauliche Metapher. Sie erlaubt eine vermutlich ungewollte Assoziation zu einem Schwarm von Individuen, die herrenlos und unhierarchisch, also eigentlich anarchisch um eine Mitte herum schwärmen, ohne je in dieses Zentrum hineinzustoßen (Horn/Gisi 2009). Der Markt ist ein Rahmengerüst für Schwärme von Agenten, deren Figurationen ständig in Bewegung sind und die keinem rationalen Algorithmus folgen.

Wegen dieser Eigenschaften ist das genaue Marktgeschehen prinzipiell unvorhersagbar. Man könnte zu einem bestimmten Zeitpunkt nicht sagen, welche Agenten mit welchen Absichten augenblicklich aktiv sind, zumal die meisten ihre wirklichen Absichten nicht für jeden offen legen. Sind latente Absichten schon Teil eines Marktes oder werden sie das erst im Moment ihres öffentlichen Auftritts? Für ein einzelnes Unternehmen liegt gerade in der Latenz des Marktgeschehens der eigentliche Kern des Risikos zu scheitern und die Unmöglichkeit, die eigenen Markthandlungen präzise durchzuplanen. Und doch befinden sich in diesem Fluidum aller Anreize zu Kreativität und erfolgreichen Innovationen.

Es können und müssen aber Strategien der Eigenbewegung eines Unternehmens durch intelligente, intuitiv aufgeladene Unternehmensführung entwickelt werden, die ein erfolgreiches Navigieren unter unscharfen Bedingungen ermöglichen. Man muss sich gegen den Zufall wappnen, ohne ihn jedoch ausschalten zu können. Die Herrschaft des Zufalls ist keine abstrakte philosophische Idee, sondern Alltagserfahrung, die häufig zu unbegründetem Glauben an die Macht der Wissenschaft, der Kultur, der Technik und der Staatsstrukturen verdeckt wird. Den Zufall zu bekämpfen, wo dies mit den verfügbaren Mitteln gelingt, ist eine Sache. Mit seinem Erscheinen zu rechnen und zu lernen, mit seinen Wirkungen umzugehen, z. B. durch die Kunst der Improvisation, wird noch thematisiert werden.

Die fundamentalen Vorstellungen, dass es so etwas wie eine Schicksalsbestimmung gibt, dass – wie Adam Smith glaubte – eine unsichtbare Hand die Geschicke des Marktes zum Wohle aller lenkt, dass der feste Glaube an einen allmächtigen Gott, welcher – wie Albert Einstein meinte – nicht würfelt, sind Ideen, dem Unberechenbaren zu entgehen, indem man sich ihm ergeben fügt. Der Irrtum dieser Haltung zeigt sich darin, dass der Allmächtige mit seiner Allmacht machen kann, was er will, und seine unergründliche Weisheit in der Wirkung dem Zufall gleichkommt. *Der unerforschliche Wille eines Gottes, der nicht von vernünftigen Prinzipien, die Menschen einsehen können, gelenkt ist, hat dieselben Folgen wie ein Zufallsprinzip,* schreibt Michael Hampe (Hampe 2007, 19). Der Physiker Anton Zeilinger beschreibt den Zufall als eine Notwendigkeit für Kreativität und kommt von einer naturwissenschaftlichen Seite her zu einem gleichen Prinzip (Zeilinger 2008). Historikern ist diese Erfahrung nicht fremd, wie Volker Reinhardt in seiner Untersuchung über die Ursachen des Sacco di Roma (der Plünderung Roms 1527) schreibt: *Wer bringt hervor, was offensichtlich niemand beabsichtigt hat? Gott oder der Teufel – der Geist der Zeit lässt hier wenig Alternativen. Die wenigen, die an beide nicht glauben, zitieren die Unvernunft der Mächtigen und die unheimlichste aller Mächte: den Zufall* (Reinhardt 2009, 12). Und weiter: *Er (*der Sacco di Roma, P.B.*) zeigt die Unplanbarkeit, ja Unvorstellbarkeit des Wirklichen... Der Sacco di Roma spiegelt, einem Geschichtsbeben gleich, die Umbrüche und Bruchstellen der Zeit* (Reinhardt 2009, 13). Die Krisenbeben unserer Tage in der internationalen Wirtschaft weisen deutliche Ähnlichkeiten auf.

Eine Formulierung wie die oben erwähnte Definition des Marktes als fiktiver Ort ist zu alledem extrem vorstellungsschwach. Vergeblich sucht man nach realen Exemplaren, an die sich die Phantasie heften kann. Man kann sich ersatzweise einen Markt als eine Börsehalle, einen Wochenmarkt, ein Einkaufszentrum, eine Messe, eine Auktion und viele andere reale Phänomene ins Gedächtnis rufen – und tut dies unwillkürlich meist auch –. Aber mit der Aufzählung von Exemplaren lässt sich ein Begriff nicht wirklich erklären und definieren. Denn die Definition beansprucht Allgemeingültigkeit, und die ist mit dem Aufzählen von Beispielen nicht erreichbar.

Mit diesen Schwierigkeiten des kognitiven Erfassens und der begrifflichen Grenzziehung und Erklärung des Phänomens *Markt* haben auch die folgenden Annäherungsversuche zu kämpfen. Sie werden *den* Markt nicht als ein objektives, dingliches Gebilde zu fassen bekommen, weil es sich verhält wie die Luft zum Atmen, die man nicht mit den Händen packen kann. Dennoch hat die Idee *Markt* eine das reale Handeln in der Wirtschaft und anderen Bereichen der Gesellschaft prägende, sogar leitende Wirkung als ein geistiges Erzeugnis von der Qualität einer umlaufenden Münze.

Die „Unfassbarkeit" des Marktes ist eine (bio-) logische Konsequenz der Tatsache, dass *der* Markt und selbst *die vielen* Märkte neuronale Konstruktionen, also Einbildungen des Gehirns sind. Was sich lediglich im lebenden Gehirn abspielt, kann man in der Außenwelt natürlich nicht dinglich nachweisen, wohl aber können Objekte (z. B. Marktplätze) und Konstellationen (z. B. die im Börsenparkett herumeilenden Makler) wahrnehmbar sein und kann von ihnen auf die neuronale Existenz von Markt einer spezifischen Art geschlossen werden. Die Realität des Marktes ist daher die Konstruktion im Gehirn, die das sinnlich wahrnehmbare Verhalten lenkt und die sich in den Resultaten von dinglichen Handlungen wiederfinden. Es ist eine Realität eigener Art.

Ausgehend von der Feststellung, dass *Markt* ein Baustein des Denkens ist, der sich allenfalls annäherungsweise mit Hilfe bestimmter sprachlicher Wendungen für alle zur Deckung bringen lässt, und dass dieses Denkerzeugnis sich in einem langen, windungsreichen kulturellen Prozess als einigermaßen kongruente Vorstellung durch soziale Kommunikation hat herausbilden und im alltäglichen wie im wissenschaftlichen Sprachgebrauch hat einnisten können, kann festgehalten werden, dass der Markt keine physische Realität hat – er hat nur physische Exemplare oder Entsprechungen –, sondern visionären Charakter besitzt, gleichwohl aber real wirksam ist.

Der Markt als gedankliche Konvention (Sprachvehikel, Begriff) in einem sozialen Umfeld, etwa einer Sprachgemeinschaft, ist eine randunscharfe Vorstellung über einen kommunikativen Raum, der strukturiert ist

1. durch kulturell geschaffene Muster für Verständigungen zwischen Menschen über den Austausch von Dingen und Bedeutungen (also auch Gedankenaustausch),
2. durch normative Rahmenbedingungen und (Ver-) Handlungsregeln, die die Einzelaktionen bestimmen und binden und
3. durch soziale Konstellationen, deren Vitalität sich in Bedürfnissen, Erwartungen, Zielsetzungen, Befürchtungen und Visionen aller Art ausdrückt, die als Mangel oder Problem erlebt werden und nach Lösungen suchen.

Diese drei Erklärungselemente bilden keine Definition, sondern sind nur eine Annäherung an ein Grundverständnis von *Markt,* das sich allmählich durch weiter in Einzelheiten gehende Untersuchungen und Betrachtungen herausbildet. Ein Begriff ist ein lebendes und daher sich bewegendes Verständnis von einer Sache. Das heißt, das Verständnis ist belehrbar, kann sich verschieben und verfeinern und mit anderen Begriffen ein komplexes Sprachganzes bilden, z. B. der Begriff *Soziale Marktwirtschaft* als ein mit einer politischen Botschaft versehenes Ideengebilde. Bei den drei Kernelementen handelt es sich allerdings um unverzichtbare Komponenten, die einiger Erläuterung bedürfen.

Zu 1.: Die kulturelle Basis des Marktes ergibt sich aus den historisch weit zurückreichenden Praktiken unter Menschen, die in einem bestimmten Sozialzusammenhang lebten und ihre zeitspezifischen, historischen Lebensmuster aus den geistig-schöpferischen Auseinandersetzungen mit den natürlichen Gegebenheiten ihres Lebensraumes heraus geformt haben. Gemeinschaftliche Aktionen erfordern Verständigung, und diese wird erleichtert, wenn bestimmte bewährte Verständigungsmuster abgerufen werden können, ohne sie in jedem Einzelfall neu aushandeln zu müssen. Kooperative Beziehungen zur Schaffung von materiellen Lebensgrundlagen waren – lange vor dem Aufkommen von organisierten Tauschvorgängen, die wir heute als Markt bezeichnen – die frühen Konstitutionen von Wirtschaft, beispielsweise die Subsistenzwirtschaft im antiken Oikos mit gelegentlichen Tauschtransaktionen.

Aus dem Selbstbezug dieser frühen Formen des Wirtschaftens ergab sich eine enge kulturelle (normative, soziale, symbolische, sprachliche) Bindung der materiellen Produktion an die vorherrschenden Lebensmuster dieser engen Gemeinschaften. Aus dem Streben nach Eigenversorgung und der Wahrung von kulturellen Lebensmustern, welche den innern sozialen Zusammenhalt bewirkten, folgten zahlreiche lokale und regionale Unterschiede, die an den Rändern, also ohne gezielte Ausrichtung, auch einen Austausch zustande bringen konnten. Der friedliche Tausch (anders als solidarische Hilfe in Notsituationen, Befriedung von Unwillen durch Geschenke oder Raub) setzt bestimmte kulturelle Werte und Leistungen voraus, etwa das Vertrauen in die Korrektheit der Tauschabwicklung.

Dass dies in der Praxis einen sensiblen Sozialmechanismus darstellt, der häufig trickreich unterlaufen wurde und das Tauschen in die Nähe von Raub brachte, ändert nichts an der Grundbedingung der Friedfertigkeit unter Tauschenden als Basis für die historische Entfaltung von Märkten und schließlich von ganzen marktwirtschaftlichen Systemen. Der Verdacht und das Misstrauen, dass solche Moral des Tauschens nicht ehrlich beachtet wird und dass allerlei Täuschungsmanöver nur den Schein eines fairen Handels erwecken, kommt – nicht zufällig – im deutschen Wort *täuschen* zum Ausdruck, das seine Sprachwurzeln eben im *tauschen* hat.

Trotz der heiklen Lage, in der man sich als Beteiligter in Verständigungsprozessen befindet, bleibt die Bedingung des friedlichen Austauschs ein geistigemotionaler Kern des Markthandelns, und aus genau diesem Grund hat die historische Entfaltung immer filigranerer Praktiken des Markthandelns nicht nur eine Versorgungsfunktion, sondern zugleich eine zivilisierende Wirkung. Geblieben ist jedoch bis heute, dass die Gefährdungen, denen Marktprozesse ausgesetzt sind, die gleichen geblieben sind: Raffgier, Betrug, Manipulationsmanöver.

Mit der wachsenden Zivilisierung des Marktgeschehens, wozu die ökonomische Wissenschaft zweifellos einen maßgeblichen Beitrag geleistet hat, ist offenbar auch das Niveau hinterhältiger Machenschaften in der Marktpraxis mitgewachsen. Deshalb spielen in jüngster Zeit öffentliche Debatten und wissenschaftliche Studien über Moral in der Wirtschaft, über unternehmerische Verantwortung und internationale Konventionen über *Corporate Social Responsibility* und *Corporate Governance* eine bedeutende Rolle. Sie sind alle zusammen

Einführung: Wirtschaften als kognitiver Prozess

eine späte Einsicht, dass einem Wesenszug des Marktes über Generationen von Ökonomen nicht zureichend Aufmerksamkeit geschenkt wurde. Versteht man die Anstrengungen der wissenschaftlichen Ökonomie, die sich nahezu ausschließlich den rationalen Funktionsbedingungen des Marktes zugewandt hat, als ihren Beitrag zur Zivilisierung des Marktgeschehens, dann wird verständlich, warum das Thema *Ethik* als ein Versuch, abweichendes Verhalten zu disziplinieren, sich methodologisch schlecht im traditionellen ökonomischen Denken verankern lässt. Die Entwicklungen der jüngsten Zeit machen aber deutlich, dass hier wohl ein Umdenken dringend erforderlich ist – und teilweise ja auch schon auf dem Weg ist.

Dieses Umdenken kann sich dann aber nicht auf die Moral als Praxis der Disziplinierung des Wirtschaftsgeschehens beschränken, sondern muss den geistig-kulturellen Charakter des Wirtschaftens im Ganzen ins Auge fassen. Betrachtet man, wie in der Fachliteratur üblich, moralische wie überhaupt kulturelle Kategorien als von außerhalb der Marktrationalität kommendes Ansinnen, wird den Kontexten des Wirtschaftsgeschehens die Substanz entzogen und der nackte Rationalismus bleibt üblich. Die Folgen solcher Skelettierung sind hinlänglich bekannt.

Zu 2.: Normative Rahmenbedingungen werden häufig als die für Wirtschaftsvorgänge geltenden Teile der Rechtsordnung verstanden. Das ist so weit korrekt, aber zu kurz gegriffen. Zu den normativen Rahmenbedingungen gehört das gesamte Spektrum der in einer Gesellschaft für annehmbar oder nichtannehmbar gehaltenen, in der Alltagspraxis ständig umstrittenen und sich bewegenden Lebensvorstellungen und Lebensmuster. Gemeint ist damit ganz konkret, dass Wirtschaftsbetätigung sich nicht willkürlich und aggressiv über solche kulturellen Lebensmuster hinwegsetzen darf, wenn es nicht überzeugende Gründe dafür gibt, beispielsweise die Durchsetzung technologischer Fortschritte zum Vorteil aller. Hierher gehört auch der Respekt gegenüber der Natur, auch aus der weisen Einsicht, dass Raubbau an den natürlichen Ressourcen sich als ein langfristiger Frevel am Wohl der Menschheit auswirken kann.

Regeln sind verbindliche Normen für die Austragung von Konflikten, durch die ein Durchdringen von Marktprozessen mit unfriedlichen oder unzivilisierten Formen der Erzwingung von Markttausch eingedämmt werden kann. Regeln sind ein bedeutendes Element der Schaffung eines der wichtigsten und zugleich ältesten Elemente der Marktkultur: Vertrauen. *Pacta sund servanda* (Verträge sind einzuhalten) lautete eine mittelalterliche Regel der öffentlichen Rechtsordnung.

Rahmenbedingungen und Regeln sind normative Strukturelemente, die den gedachten Raum *Markt* mit bestimmten Leitplanken der sozialen Verständigungen versehen, auf die einigermaßen Verlass sein muss, damit die zivilisierenden

Wirkungen in Marktprozessen wirklich greifen. Wo es keine verlässlichen Rahmenbedingungen und Regeln gibt oder, was in manchen Regionen der Weltwirtschaft zur gängigen Praxis zu gehören scheint, wo die Rahmenbedingungen und Regeln formal existieren, aber von kaum jemand wahrhaftig eingehalten werden, kann die Verwilderung und Verwahrlosung der Sitten im Marktausch eigentlich nicht ausbleiben.

Zu 3.: Jeder konkrete Markt, jede einzelne Marktsituation, enthält ein Belohnungs- oder Vorteilspotential, das die notwendigen individuellen Energien freisetzt, damit es überhaupt zu Verhandlungen und in deren Folge zu realen Tauschvorgängen kommt. Die Wirksamkeit und elementare Bedeutung dieser Komponente hatte bereits Adam Smith in seinem bekannten Werk Der *Wohlstand der Nationen* (Smith 1999) herausgearbeitet. Die üblichen Belohnungen, um derentwillen Menschen die Risiken des Handelns auf Märkten eingehen, sind Gewinn und soziales Ansehen, letzteres vor allem in der Form von Akkumulation von Wirtschaftsmacht (durch Re-Investition von Gewinn) und in Form gehobenen Lebensstandards (durch privaten Konsum von Gewinn).

Die Gesellschaft kennt viele verschiedene Vorteilssysteme oder Belohnungspotentiale, beispielsweise im Sport die Ehre oder in der Kunst der gesellschaftliche Rang. Eine gewisse Nähe zur Gewinnerzielung durch Betätigung am Markt weist das Glücksspiel auf. Es hat ein starkes Herausforderungs- oder Hoffnungspotential, durch einen gezielten Einsatz einen hohen Gewinn zu erlangen. Es kommen auch Fälle der bedenkenlosen Spekulation mit verheerenden Folgen der Selbstzerstörung vor (Bendixen 2008).

Der entscheidende Unterschied zu unternehmerischer Betätigung im Markt besteht darin, dass im Glückspiel so gut wie kein Einfluss auf das Glücksgeschehen genommen werden kann, dass der Zufall zum Regenten des Systems gemacht wird und dass daher eine langfristig kalkulierbare Strategie der Existenzsicherung (beständigen Fortsetzung des Betriebes) nicht möglich ist. Dass der Markt dennoch ein hohes Maß an Zufallsereignissen aufweist, wird noch im Einzelnen zu behandeln sein. Der Markt macht als historische Erscheinung keine Ausnahme von der Erkenntnis, dass die Geschichte von zwei Mächten regiert wird: *die Unvernunft der Mächtigen und die unheimlichste aller Mächte: den Zufall* (Reinhardt 2009, 12).

Der Markt als abstraktes Denkgebilde hat zunächst eine Realität im individuellen Denken. Realität insofern, als daraus konkrete Handlungen abgeleitet und gestaltet werden. Menschen leben aber nicht wie abgeschottete Monaden, sondern bilden überindividuelle abstrakte (natürlich ebenfalls eingebildete) Formen der musterartigen Übereinstimmung hinsichtlich der Wahrnehmung von Lebenslagen und ihrer Deutung sowie hinsichtlich der Vorstellungen darüber, wie das Leben sein soll und wie man die Entwicklung dahin fördern kann. Was sich überindividuell herausbildet ist geistiger Natur, charakterisiert durch ein hohes Maß an Kongruenz (nicht Identität) unter den Beteiligten über eben diese kulturellen Lebensmuster.

Solche Kongruenz der Lebensmuster hat nicht nur vertrauensbildende Eigenschaften der Verlässlichkeit, der Erleichterung der Verständigungsprozesse und der Kalkulierbarkeit der eigenen Aktionen. Sie schafft vielmehr ein über allen Köpfen stattfindendes geistiges Klima, welches in dem Maße als Zivilisierung beschrieben werden kann, in dem die Verständigungsprozesse ihren Kerncharakter der Friedlichkeit verstärken können. Der Markt als überindividuelles Gebilde einer Ganzheit oder einer Gesamttextur innerhalb einer Gesellschaft kann leistungssteigernde Koordination bewirken, die sich als Gesamtvorteil für die Gesellschaft als Ganzes erweisen. Wir benennen diesen Effekt mit sozialer Intelligenz oder Schwarmintelligenz. Darauf wird noch im Einzelnen einzugehen sein.

Wichtig ist schon an dieser Stelle vor allem der Hinweis, dass die Intelligenzleistungen von Schwärmen in der Tierwelt, z. B. Vogelschwärme oder Fischschwärme mit ihren klugen kollektiven Ausweichmanövern gegenüber Fressfeinden, nur zustande kommen, wenn jedes Einzelwesen darin sich instinktiv dem Ganzen einfügt. Sie bilden auf eine Art und Weise, die biologisch bei weitem noch nicht geklärt ist, ein kollektives Lebewesen von außergewöhnlicher Vitalität, das ohne hierarchisches Zentrum auskommt. Im Unterschied zu Ameisenstaaten mit ihrer fast faschistischen Organisationsstrenge bilden freie Fisch- oder Vogelschwärme bewegliche Formationen ohne erkennbare innere Struktur.

Die zunächst nur metaphorische Übertragung dieser biologischen Erscheinungen auf menschliche Verhältnisse ist aus einer Reihe von Gründen prekär, denn der Mensch ist – bei aller Schwärmerei, die auch er zustande bringt, beispielsweise bei Massenrevolten wie der Französischen Revolution von 1789 oder beim Sacco di Roma 1527 oder auf Fußballplätzen heutigen Zuschnitts – zumindest teilweise mit seinem Bewusstsein dabei, also einem Minimum an Selbstkontrolle und strategischer Ausrichtung.

Bis zu einem gewissen Grad sind menschliche Schwarmbildungen, etwa die zu einem bestimmten Zeitpunkt weltweit am Börsengeschehen teilnehmenden und intervenierenden Agenten, Analysten, Manager, Privatpersonen, in ihrem Verhalten begrenzt beeinflussbar. Es scheint aber so zu sein, dass sich die Schwarmenergien in manchen Fällen so weit hochschaukeln können, dass sie äußerst rasant verlaufen und praktisch nicht mehr steuerbar sind. Die Schwarmenergien können aus dem Ruder laufen.

Wir lassen es zunächst bei diesen unspezifizierten Umschreibungen bewenden, stellen aber zusammenfassend und in kritischer Stellung gegenüber den orthodoxen Modellen der ökonomischen Markttheorie den Unterschied zwischen dem herkömmlichen methodologischen Denkansatz der ökonomischen Theorietradition auf der einen und dem Modell des Marktes als Schwarmgebilde kompakt gegenüber:

- Die orthodoxe Markttheorie beschreibt die Prozesse der Begegnungen zwischen Angebot und Nachfrage als – wie von unsichtbarer Hand gelenkte – Bewegungen zu einem Gleichgewichtspreis, der gewissermaßen die Mitte des Geschehens ausmacht. Systemtheoretisch liegt dem das Theorem der Homöostase zugrunde, dem Zentrum, aus dem heraus ein System in der Lage ist, Störungen und Abweichungen aufzufangen und das System in seine ruhige Lage zurückzuführen. In der Wirtschaftspolitik kehrt diese Vorstellung in dem programmatischen Prinzip der so genannten Selbstheilungskräfte des Marktes wieder.
- Die Beschreibung des Marktgeschehens als eine ständige Neuformierung von Schwarmbildungen durch die Marktbeteiligten auf beiden Seiten (Anbieter und Nachfrager) geht davon aus, dass das Schwärmen nicht von einem Zentrum her als eine Bewegung zu einem Gleichgewicht gelenkt wird, sondern unvorhersehbare, oft problematische, in manchen Fällen sogar gefährliche Zustände herbeiführt.

Die Metapher der Heuschreckenschwärme könnte in diesem Fall sogar durchaus stimmig sein, wenn sie nicht die Assoziation der individuellen Gier von Spekulanten und Finanzagenten hervorriefe. Die Gier ist nur eine durch Zufälle sich aufschaukelnde Zuspitzung von ansonsten gebändigten Bestrebungen. Sie ist kaum steuerbar und hat ihre Ursache in der durch die Zuspitzungen innerhalb des Schwarmgeschehens geschwächten Selbstkontrolle der Beteiligten.

Wir verstehen den Sog der Schwarmbildung auf Märkten als Erzeugung eines kaum zu überlistenden Mitläufereffektes aus der Furcht, zu spät zu kommen und eine Chance zu verpassen. Es ist ein sozialpsychologischer, kein rationaler Prozess. Es gehörte eine außerordentliche Charakterstärke dazu, sich diesem Sog zu entziehen. Die Ähnlichkeit zum Verlust der Selbstkontrolle bei Glücksspielsucht liegt natürlich auf der Hand (Bendixen 2008). Die Frage wird sich folglich stellen müssen, was zur Stärkung der rationalen Unternehmensführung getan werden kann und muss, um in unruhigen, spekulativ aufgeheizten Marktlagen sich nicht vom allgemeinen Sog erfassen zu lassen.

Der Begriff des Schwarms und die Beschreibung von Effekten der Schwarmintelligenz in sozialen Erscheinungen sind in mehrerer Hinsicht nicht unproblematisch. Der wichtigste Unterschied zu biologischen Schwärmen, wie wir sie bei Fischen oder Vögeln beobachten, liegt darin, dass die „Schwärmerei" kein physisches Phänomen darstellt (spontane Massenaufläufe oder revolutionäre

Situationen sind Sonderfälle), denn schwarmähnliche Figurationen wie beispielsweise im spekulativen Börsengeschehen bilden sich nicht aus herumirrenden und sich schließlich formierenden Figuren, sondern betreffen kommunikative Strukturen der Gleichsinnigkeit aus einem unerwartet auftretenden geistigen Impuls heraus.

Was den mit Intelligenz oder zumindest Denk- und Kulturfähigkeit ausgestatteten Menschen vom instinktgeleiteten Tier bei der Schwarmbildung unterscheidet, ist die Freiheit zu bewussten Entscheidungen. Die Sogkraft von Schwarmbildungen scheint indessen häufig den überlegten Gebrauch der Freiheit außer Kraft zu setzen. Freiheit schließt individuell den Willen zum Bösen, also kriminelle Handlungen, oder anderen Formen irrationaler Unvernunft keineswegs aus.

Der Schwarmbildung kann folglich eine unerklärliche Steigerung des Bösen zur Folge haben, die sogar zu einer kollektiven Raserei ausarten kann (die hernach niemand gewollt haben will), wie die Plünderung Roms 1527, die Französische Revolution 1789 oder der deutsche Nationalsozialismus zwischen 1933 und 1945 nachdrücklich belegen. Freiheit ist die Bedingung für die Entfaltung von Kultur und Zivilisation, und sie kann mit gleicher kollektiver Energie auch in die Katastrophe führen. Das ist das Drama der Freiheit, wie Rüdiger Safranski ausführlich dargelegt hat (Safranski 2008).

Das nicht mehr vollständig vom Verstand kontrollierbare Eintauchen in einen kollektiven Rausch (der als solcher individuell oft gar nicht wahrgenommen wird) ist dem Markt als harmloses, aber zuweilen doch bedrohliche Szenario keinesfalls fremd. Panikkäufe sind zwar eher selten geworden, doch tragen die irrationalen Energien der Spekulation, der Gier und der Verlustangst fast regelmäßig zu krisenhaften Entwicklungen bei, wie die jüngste Finanzmarktkrise zeigte oder wie der berühmte Amsterdamer Tulpenwahn in den 1630er Jahren anschaulich machte.

Soziale Konfigurationen nach dem Muster der Schwarmbildungen sind der Normalfall auf Märkten. In eher ruhigen Zeiten bilden sich kaum profilierte Bewegungsstrukturen aus. Die Einzelaktionen (Begegnung zwischen Anbietern und Nachfragern, gewohnte Verhandlungsmuster und Verhandlungsergebnisse mit anschließendem physischem Austausch von Waren gegen Geld) ragen durch nichts aus der Masse solcher Aktionen heraus. Unvorhergesehene Ereignisse, beispielsweise ein politischer Schock oder ein folgenschweres Regierungsversagen, können aus der „Brownschen Molekularbewegung" des Marktgeschehens in kurzer Zeit eine strukturierte Strömung machen. Marktbewegungen in ruhigen Zeiten bedürfen keiner Supralenkung ihrer Bewegungen. In unruhigen Zeiten können sie nicht (oder nur sehr eingeschränkt) gelenkt werden.

Die Untersuchung von Marktereignissen und Strömungen und ihre Deutung als Schwarmphänomene sind an sich Sache der Volkswirtschaftslehre. Die Beobachtungen und Befunde, die sich daraus ergeben, berühren allerdings das Handeln auf der Elementarebene einzelner Unternehmen in vielfacher Hinsicht. Diesen Fragen wenden wir uns nunmehr zu, jedoch vorerst noch ohne in Details zu gehen.

1.2.2 Die Unternehmung als Element der Schwarmbildung

Das wichtigste Merkmal der Formierung von einzelnen Marktaktionen zu starken Bewegungsstrukturen ist ihre Unvorhersehbarkeit und ihre nahezu unsteuerbare Übermacht für die einzelnen Akteure in unruhigen Lagen. Der weit verbreitete Glaube an die Selbstheilungskräfte des Marktes beschreibt in groben Umrissen die Erfahrung, dass die Bewegungsstrukturen einer von kaum erfassbaren Mächten angetriebenen Massierung durch Gleichrichtung nach einer gewissen Zeit ihre Antriebsenergien verlieren und in ruhige Lagen zurückkehren. Der dann gewonnene Zustand ist aber in keinem Fall eine Rückkehr zum vorherigen, sondern eine Neubildung. Der Pfeil der Zeit, die Unumkehrbarkeit von Geschehnissen in der dinglichen Welt, weist stets nur in eine einzige Richtung: vorwärts.

Die Marktbewegungen als ganzheitliche (holistische) Erscheinung sind jedoch auch in ruhigen Zeiten nicht strukturlos, denn in ihnen gelten bestimmte Rahmenbedingungen (beispielsweise die für Wirtschaftstätigkeiten geltende Rechtsordnung oder die wirtschaftlichen Setzungen von Kreditkonditionen durch Zentralbanken) und Regeln (beispielsweise Vertragsfreiheit und Vertragsbindung oder Aufklärungspflichten von Verkäufern über ihre Angebote) bilden eine Verlässlichkeitsstruktur aus, die zwar Ausfälle in Einzelereignisse nicht ausschließen, aber Ausfälle als Massenerscheinungen verhindern oder regulieren können.

Besondere Vorkommnisse wie beispielsweise politische Unruhen mit Auswirkungen auf den Welthandel oder der Bankrott maßgeblicher Banken mit schwerwiegenden Ausbreitungen im Gesamtnetz der internationalen Finanzmärkte wie die globale Krise der Jahre 2007 und danach können ein Ausmaß und einen Binnendruck erzeugen, der die Rahmenbedingungen und das Regelwerk normaler Marktverläufe sprengen. Für einzelne beteiligte Unternehmen ergibt sich daraus die nicht umgehbare Situation, dass die Marktbewegungen in ruhigen Zeiten zwar einigermaßen verlässlich aber niemals mit absoluter Gewissheit eingeschätzt werden können, dass aber die Rasanz der Bewegungen in unruhigen Zeiten eine Vervielfachung der dispositiven Risiken heraufbeschwört.

Einführung: Wirtschaften als kognitiver Prozess

In der Unternehmenspraxis stellt sich ständig und nicht erst im Augenblick des Ausbruchs unvorhersehbarer Vorkommnisse die Frage, wie das Navigieren auf Märkten gelingen kann, um mit den stürmischen Veränderungen fertig zu werden ohne unterzugehen. Welche Qualifikationen in der Unternehmensführung sind gefragt, wenn angesichts gesteigerter Ungewissheiten fast alle rationalen Instrumente – die betriebswirtschaftlichen Autopiloten der kalkulierenden Systemsteuerung – versagen oder nur eingeschränkt nutzbar sind?

Das oft beschriebene Phänomen der zunehmenden Dynamisierung der Märkte (Rüegg-Stürm 2002, Eberl 2009, Lo Veccio 2009, Brix 2005) ist ein deutliches Indiz dafür, dass die Realität der Märkte und damit die Praxis der Unternehmensführung fast keine ruhigen Zeiten mehr kennen. Ebenso wie die volkswirtschaftliche (neoklassische) Theorie der vollkommenen Konkurrenzmärkte entsprechen auch die betriebswirtschaftlichen Instrumente der Unternehmenssteuerung durchweg „Schönwetterlagen", sind also auf ruhige (natürlich auch dann nicht risikolose) Zeiten ausgerichtet.

Doch hat das Thema *Krisenmanagement* immer schon auch in der Betriebswirtschaftslehre eine gewisse Rolle gespielt und hat insbesondere nach den Krisenerscheinungen der Jahre 2007 und hernach einen erheblichen Auftrieb erhalten. Die meisten Konzeptionen tendieren in die Richtung einer Kombination aus Frühwarnsystemen mit raffinierten Prognosemodellen, Anlage von Sicherheitspolstern und Bereithalten von Alternativplänen – insgesamt also Versuche, Berechenbarkeit herzustellen (Hutzschenreuter/Griess-Nega 2006, Roselieb/ Dreher 2007, Gahlen/Kranaster 2007, Trauboth 2002, Neubauer 2002). Die Kunst der Improvisation oder strukturelle Flexibilierung – um nur zwei Beispiele zu nennen – fehlen gewöhnlich.

Hier wird mit Blick auf die eben gegebenen Beschreibungen eine auf das *geistige* Vermögen von Führungskräften ausgerichtete *kognitive Theorie* der Unternehmensführung vorgeschlagen, die das alte auf reiner Rationalität errichtete betriebswirtschaftliche Denken älterer Fassung zwar einschließt, aber dessen Enge überwindet und auf die Kunst des Navigierens unter zuweilen stürmischen Bedingungen und auf eine erhebliche Portion Erfahrung und Intuition vertraut. Die *kognitive Theorie der Unternehmensführung* gehört der Betriebswirtschaftslehre an und unterscheidet sich kategorisch von der volkswirtschaftlichen Mikroökonomie, die sich ebenfalls mit den Einzelakteuren auf Märkten befassen, dennoch aber nicht deren Blickwinkel und Standort einnehmen.

Der Grundgedanke der Mikroökonomie beruht auf dem so genannten Prinzip des methodologischen Individualismus, der theoretischen Grundannahme, dass sich die ganzheitlichen Wirkungen auf der Makroebene, beispielsweise einer realen Volkswirtschaft, durch methodischen Rückgriff auf die Einzelereignisse oder individuellen Handlungen auf der elementaren Ebene erklären lassen. In der Mikroökonomie wird angenommen, dass die Akteure auf dem Markt – sowohl Anbieter als auch Nachfrage – sich nach dem Muster des Homo oeconomicus verhalten, also völlig rational ihren Zielen nachgehen – im Falle von Anbietern: Gewinnmaximierung; im Falle von Nachfragern: Nutzenmaximierung.

Das Elend des Streits um die Figur des Homo oeconomicus greife ich in diesem Rahmen nicht auf. Diese Kunstfigur hat nach wie vor nicht in theoretischen Modellen ausgedient. Doch wird meist zugegeben, dass sie keine reale Entsprechung hat und lediglich theoretischen Studien dient. Es wäre vielleicht angemessener, vom *Homo sine anima* oder gar vom *Homo morologus* zu sprechen (Dueck 2008, Kirchgässer 2008, Manzeschke 2010). Selbst für theoretische Studien bleibt für diese Figur nicht viel Sinnvolles übrig.

Die methodologische Fragwürdigkeit der neoklassischen Ökonomik ist mit teilweise sehr unterschiedlichen Stoßrichtungen und Begründungen genügend kritisch bearbeitet worden. Auch dem müssen wir hier nicht weiter nachgehen (Brodbeck 2007). Ein spezifisches Kennzeichen der Theorieentwicklung der modernen Ökonomik ist der exzessive Gebrauch der Mathematik. Jakob Tanner nennt das den *Furor mathematicus* der Ökonomie (Tanner 2004).

In einer ungestörten, vollständig auf Konkurrenz beruhenden Marktlage, in der es weder staatliche Eingriffe noch Machtbildungen in Form von Monopolen oder partiellen Oligopolen gibt, „schwärmen" die vielen Anbieter und Nachfrage umeinander, um sich im Gleichgewichtspreis so zu begegnen, dass kein Anbieter auf seiner Ware sitzen bleibt und kein Nachfrager mit unbefriedigtem Bedarf zurückstehen muss. Unter diesen – nur theoretischen vollkommenen – Bedingungen führt das Marktgeschehen insgesamt zu einer optimalen Versorgung der Gesellschaft mit Gütern und Dienstleistungen, die präzise ihren Bedürfnissen entsprechen.

Das Besondere darin ist – und diese Feststellung ist für das Verständnis dieser Theorie und ihrer politischen Implikationen wichtig – die Tatsache, dass sich die bestmögliche Versorgungslage für die Gesellschaft dann einstellt, wenn die Einzelakteure unbehelligt ihrem Eigennutzen nachgehen können. Die Leistungen, die aus solchen Märkten hervorkommen, sind keine geplanten Ergebnisse im Sinne der Erfüllung von irgendwelchen staatlichen Planvorgaben, sondern wachsen aus den individuellen Einzeltaten als ein Gesamtpaket empor, das den Erwartungen entspricht, die die gesellschaftlichen Lebensmuster artikulieren.

Diese Schilderung ist natürlich Schönfärberei, wie sie in allen (mikro-)ökonomischen Lehrbüchern und in manchen betriebswirtschaftlichen Abhandlungen zu finden ist. Sie ist unter den Bedingungen eines idealen Wettbewerbsmarktes nicht falsch, obwohl grob idealisiert, realitätsfern, in vielerlei Hinsicht unvollständig und mit Blick auf die Wirklichkeit extrem einäugig durch die Beschränkung auf rein rationales Verhalten. Dennoch hat die Vorstellung, dass aus den Einzeltaten ein in sich zumindest in groben Umrissen stimmiges Gesamtergebnis bildet, ohne dass es einer starken lenkenden Zentralhand bedarf, einen wahren Kern.

Hat Adam Smith mit seiner berühmten Metapher von der unsichtbaren Hand vielleicht geahnt, dass es so etwas wie das inzwischen wissenschaftlich vielfach untersuchte Phänomen der Schwarmintelligenz gibt? Dieses an sich aus der Biologie stammende Thema hat mittlerweile eine umfangreiche Fachliteratur mit Bezug zu Wirtschaftsfragen hervorgebracht (Surowiecki 2007, Horn/Gisi 2009, Nöllke 2008, Aulinger/Pfeiffer 2009, Segaran 2008, Levy 1998, Blum/Merkle 2008, Kennedy/Russel/Shi 2001, Bonabeau/Dorigo/Theraulasz 1999, Engelbrecht 2006).

Was an der Smithschen *Unsichtbaren Hand* allerdings etwas stört, ist die Hand, die stillschweigende Annahme, dass irgendein Lenker seine Hand im Spiel hat. So heißt es bei N. Gregory Mankiw geradezu deskriptiv-realistisch: *Smith erläutert, wie die >unsichtbare Hand des Marktes< den Egoismus des Einzelnen in wachsenden Wohlstand für die Allgemeinheit transformiert* (Mankiw 2004l 11). So hat Adam Smith seine *unsichtbare Hand* gewiss nicht verstehen wollen (Bendixen 2009 b). Schwarmintelligenz, wie sie von Biologen und mittlerweile auch von Soziologen beschrieben wird, kennt jedoch keinen stillschweigenden, unsichtbaren Lenker. Schwärme werden vielmehr als Gebilde ohne Zentrum erklärt. Sie sind ein reales Phänomen eigener Art.

Schwarmintelligenz in sozialen Zusammenhängen unterscheidet sich gravierend von vergleichbaren Erscheinungen in der Tierwelt vor allem durch das absichtsvolle Agieren der Schwarmteilnehmer im Rahmen ihrer eingeschränkten Horizonte und unvollkommenen Realitätswahrnehmung. Der Begriff *Intelligenz* ist hier etwas irreführend, denn das Besondere des menschlichen Verhaltens gegenüber (höheren) Tieren ist nicht der Verstandesgebrauch, sondern die Vernunftbegabung, also die Einsichtsfähigkeit in das, was man tut, einschließlich der absehbaren Folgen positiver wie negativer Art. Rüdiger Safranski schreibt dazu: *Der Mensch ist ein Wesen, das sich zu sich selbst verhalten kann. Verstand entdecken wir auch im Tierreich. Der Schimpanse, der durch Erfahrung lernt, mit einem Stock nach der Banane zu angeln, beweist verständiges Verhalten. Verstand ist am Werk, wo Werkzeuge hergestellt werden.... Vernunft, im Unterschied zum Verstand, vermag über Zwecke zu disponieren* (Safranski 2004, 7).

Wo Einsichtsfähigkeit am Werk ist, der Einzelne also nicht ausschließlich seinen Instinkten folgt, sondern Zwecke setzt und die Mittel zu deren Erreichung organisiert, muss das Phänomen der kollektiven oder Schwarmintelligenz als ein geistiges Substrat erklärt werden können. Anders als beim Vogelschwarm, der physische Bewegungen der Individuen zu einer koordinierten Gesamtbewegung bündelt, bewegen sich Unternehmen nicht physisch, sondern sie agieren und reagieren mit ihrem Kalkül und mit ihrer Vernunftfähigkeit, in diesem Sinne also intelligent. Was aber könnte ein Unternehmen dazu bewegen (motivieren), sich der Gesamtbewegung des Marktes einzuordnen, statt vorzupreschen und alles ganz anders zu machen als die übrigen Marktteilnehmer, also innovativ zu handeln?

Dazu ist zunächst zu bemerken, dass ein Unternehmen, ob klein oder groß, aus einem Sozialgebilde besteht, in dem Individuen mit ihrem je eigenen Naturell einen organisiert handelnden Zusammenhang formieren. Die Mitarbeiterschaft eines Unternehmens ist also selbst eine Art Schwarm oder Kollektiv, allerdings hochgradig strukturiert. In diesem Fall ist in der Tat eine lenkende Hand am Werk, die auf eine absichtvolle und kalkulierte Weise die Einzelenergien unterschiedlichster Art auf ein Gesamtziel oder einen Gesamtzweck hin bündelt.

Ein Ameisenstaat käme als Metapher deshalb eher in Betracht, und der Ameisenstaat in kein frei schwebender Schwarm wie ihn Fisch, Vögel und manche Insekten bilden (in bestimmten Stadien auch die Ameisen). Die Elemente dieses stark strukturierten Schwarms folgen daher weder ihrem Instinkt noch sind sie frei im Gebrauch ihrer Einsichtsfähigkeit, sondern sind schlicht folgsam (in der Regel jedenfalls). Deshalb fassen wir ein Unternehmen statt als Schwarm etwas präziser als ein organisiertes Kraftzentrum auf, das im Marktgeschehen auftritt wie ein Individuum.

Unternehmensführung geschieht aus diesem organisierten Kraftzentrum heraus in einer ungedeckten, nur unvollständig wahrnehmbaren und von zahlreichen Zufällen durchsetzten wirtschaftlichen Öffentlichkeit, die wir als die „schwärmerische" Vitalität der Märkte beschreiben können. Die Unternehmensführung folgt keinen äußeren Direktiven, sondern ihren eigenen Absichten, dies jedoch in einer abgeklärten Weise, also nicht blindlings, sondern unter Abwägen von Risiken und Erfolgsaussichten und in perspektivischem Abtasten von weit vorausreichenden Zukunftshorizonten.

Die eigentliche Intelligenzleistung einer Unternehmensführung liegt deshalb nicht in der nach innen gerichteten Rationalität, sondern in der nach außen gerichteten Vernunft der durchdachten, abwägenden, auf Intuition und Erfahrung und einem erprobten Urteil für das Machbare beruhenden Zwecksetzungen. Deren Effizienz beruht allerdings auf bestimmten, noch zu klärenden Eigenschaften des organisierten Kraftzentrums, Betrieb genannt, Eigenschaften von Strukturen also, die der Vitalität der Unternehmensführung nach außen flexibel folgen können, ohne ihre Substanz (ihre letztlich maßgebliche Leistungsfähigkeit) zu verlieren.

Daraus folgt nun wiederum, dass die Dispositionen einer Unternehmensführung keineswegs gehalten sind, sich vollständig den Bewegungen des Marktes anzupassen, also sich dem Sog des Marktes zu fügen und, wenn dieser seine gebündelten Energien in problematische Lagen leitet, mit ihm unterzugehen. Im Gegensatz zur mikroökonomischen Theorie des vollkommenen Marktes, der ohne jede Ausnahme nur Anpasser kennt (kein Marktteilnehmer hat einen innovativen Vorsprung oder einen sonstwie erlangten bestimmenden Markteinfluss), ist realistischerweise davon auszugehen, dass der Versuch, sich einem adaptiven Sog zu entziehen und innovativ zu werden, den gesunden Normalfall darstellt.

Theorieinteressierten Lesern sei die ökonomische Idee des vollkommenen Wettbewerbs in Erinnerung gerufen, die in den bekannten mikroökonomischen Modellkonstruktionen auf der Grundlage mehrerer Annahmen, u. a. homogenes Gut, fehlende räumliche und zeitliche Präferenzen, vollständige Information der Marktteilnehmer, ihren methodologischen Standort eingenommen hat. Das sich rechnerisch ergebende Marktgleichgewicht tritt ein, wenn sämtliche Dispositionen auf beiden Seiten des Marktes ohne Zeitverzögerung, also mit quasi unendlicher Geschwindigkeit vollzogen werden (Stieglitz 1999, 191 ff, Behrens/Krispel 2001, 95 ff., Samuelson/Nordhaus 1998, 176).

Unternehmensführungen sind im Prinzip (im Rahmen bestimmter normative Bedingungen und Regeln) frei, sich innovativ einzubringen und einen Vorteilsvorsprung zu erlangen. Dies gelingt allerdings bei weitem nicht in allen Fällen. Doch wo sich eine Innovation bewährt, findet sie mit der Zeit Nachahmer in größerer Zahl, womit sich bereits ein häufiger Kristallisationskern einer kommenden Schwarmbildung abzeichnet: der Nachahmereffekt. Der allerdings löst sich mit der Zeit auf, weil letztlich jeder Marktteilnehmer auf seine Weise nach Vorteilsvorsprüngen durch kreative Leistungen strebt und dadurch die Gesamtbewegungen des Marktes in Gang hält. Unternehmen können also selber zu Schwarmbildnern werden, und genau das macht die Dynamik und Innovationskraft von Märkten aus.

Wie aber kommt eine Gesamtwirkung aus solchen sich ständig neu formierenden Schwärmen zustande, damit über sie erwünschte Ergebnissen im Interesse des Ganzen der Gesellschaft zustande gebracht werden? Ausfälle derart, dass sich Innovationen durchsetzen und unzählige Nachahmer finden, die zu problematischen, wenn nicht sogar existenziellen Risiken führen, sind nicht auszuschließen. Nachahmer von schlechten Innovationen, wie sie in jüngster Zeit beispielsweise durch faule Kreditderivate auf Finanzmärkten in die Wirtschaftswelt gelangten, haben vorgeführt, welche bedrohliche Krisenerscheinungen daraus resultieren können. Ein viel weiter reichendes Beispiel ist der sich erst langsam abzeichnende, obwohl als Effekt schon lange bekannte Klimawandel durch unvernünftigen Gebrauch von natürlichen Ressourcen, insbesondere der Energieressourcen und den daraus folgenden Deponien und Emissionen. Hat hier die kollektive Intelligenz der Märkte versagt?

Als reine These ohne detaillierte Überprüfung lassen wir folgende Vermutung stehen: Die Intelligenz eines natürlichen Schwarms ist – bezogen auf seine Umweltbedingung – erheblich leistungsfähiger als alle menschliche Technologie – vorerst jedenfalls. Kein elektronisches Navigationssystem wäre in der Lage, den jährlichen Strom der Zugvögelschwärme von der ersten Sekunde des Aufbruchs bis zur Landung im instinktiv aufgesuchten Zielgebiet auch nur annähernd mit gleicher Effizienz zu steuern. Wir gehen vorerst also davon aus, dass die Raffinesse der Natur immer noch jener der menschlichen Verstandesleistungen weit überlegen ist.

Nun sind aber Märkte keine Naturereignisse. Ihre Schwarmbildungen beruhen auf unübersehbar vielen, im Einzelnen aber von Verstand und Vernunft geleiteten Einzeltaten, die sich im Allgemeinen sehr schwer tun, instinktiv und intuitiv sich zu mächtigen Schwärmen zu formieren. Das bedeutet, dass die natürliche Fehlerrate im evolutionären Prozess von Versuch und Irrtum ein Steigerungspotential an Fehlverhalten in Marktprozessen aufbauen. Irrwege gefährlichen Ausmaßes sind daher nicht nur nicht auszuschließen, sondern sogar sehr wahrscheinlich. Gegenwärtig zeichnet sich nicht ab, dass es dafür brauchbare, effiziente Steuerungsmodelle gibt. Die traditionellen Marktmodelle jedenfalls leisten dies partout nicht, weder unter den gegenwärtig hochgradig dynamisierten Verhältnissen noch konnten sie es in früheren Epochen vergleichsweise ruhiger Wirtschaftsentwicklungen.

Die Frage, ob im Falle der Übernutzung der Natur die Intelligenz der Märkte versagt hat, ist nicht leicht, wenn überhaupt abschließend, zu beantworten, denn die Alternative wäre die Annahme einer Rahmen setzenden und Sanktionen anwendenden Zentralmacht oberhalb der Märkte, die solche Ausfälle verhindern könnte. Das Problem wäre dann aber, ob eine Zentralmacht tatsächlich über einen deutlich höheren Grad an Einsichtsfähigkeit in Gesamtzusammenhänge verfügt als die kollektive Intelligenz, die auf der individuellen Einsichtsfähigkeit der unmittelbar beteiligten Akteure beruht, hauptsächlich der Unternehmen auf der Anbieterseite, aber letztlich auch der privaten und öffentlichen Haushalte auf der Nachfrageseite.

Alle historischen Erfahrungen deuten darauf hin, dass Zentralmächte, außer dass sie mächtig sind, keinen höheren Grad an Weitsicht und Vernunft zu erlangen pflegen als das zweifellos eingeschränkte Vernunftpotential von Schwarmbildungen. Zu viele Beispiele der Geschichte, gerade auch der jüngeren Geschichte, haben gezeigt, dass eine Zentralmacht, sei sie irdischer oder religiöser Natur, eine Gesellschaft sehr wohl gegen die Wand fahren oder in totale Rückständigkeit bannen kann.

Somit bleibt also die Frage offen, ob die Einsichtsfähigkeit der in einem Schwarm agierenden Individuen, in unserem Fall also einzelne Unternehmen, auf die eine oder andere Weise gesteigert werden kann, ohne in die fragwürdige Alternative irgendeines Dirigismus' zu verfallen. Dies ist das zentrale Thema dieser Abhandlung, die nach neuen Wegen der Unternehmensführung sucht und von der Grundannahme ausgeht, dass trotz aller Risiken und Gefährdungen eine wirklich brauchbare Alternative zur Kunst des intelligenten Navigierens in einer in vieler Hinsicht schwer durchschaubaren Welt (der Wirtschaft) nicht existiert. Eine zukunftsfähige Unternehmensführung wird sich den Herausforderungen einer infolge der globalen Vernetzungen eher noch unübersichtlicher werdenden Marktwelt stellen, und zwar mit gesteigerter Vernunft und nicht nur mit Rationalität. Sie kann also zeitgemäßer, aber selbst dann nicht perfekt werden.

1.3 Wirtschaften als Denkprozess

1.3.1 Die Konstruktion der Wirtschaft im Denken

Die Wahrnehmung der physischen Welt der Dinge und gegenständlichen Konfigurationen, also der den Sinnesorganen zugänglichen Natur und der menschlichen Kulturwerke, liegt für den Wirtschaftswissenschaftler deshalb besonders nahe, weil es in der Wirtschaft um handfeste Angelegenheiten der Erzeugung von Produkten und Diensten geht, und zwar hinsichtlich ihrer Ergebnisse ebenso wie hinsichtlich ihres materiellen Zustandekommens.

Aus nachvollziehbaren Gründen hat man jenen physischen Faktoren, aus denen dingliche Erzeugnisse ebenso wie (angeblich) nicht-dingliche Dienstleistungen gemacht werden, einen dominierende Rang eingeräumt: Produktionsmittel, Rohstoffe und Materialien sowie menschliche Arbeitskraft. Dienstleistungen sind ein eigentümliches Problem der ökonomischen Theorie. Der angeblich immaterielle Charakter von Dienstleistungen, wie er in Lehrbüchern und Monographien der Ökonomie regelmäßig erklärt wird, hält genauerer Prüfung nicht stand (Bendixen 2005, 99 ff).

In dieser dinglichen Sicht steckt eine Illusion. Der an seiner Theorie arbeitende Ökonom stellt sich die empirisch darstellbare Sachlage, bestehend aus den eben genannten physischen Faktoren der Produktion sowie den dinglichen und normativen Rahmenbedingungen, als gegeben vor und folgt der Logik der unter den gegebenen Bedingungen bestmöglichen Kombination dieser Faktoren. Im Mittelpunkt steht das Postulat der Zweckerreichung durch eine das Prinzip der Wirtschaftlichkeit beachtende Nutzung und Zusammenführung der physischen Produktionsfaktoren. Die Intelligenz des diese Kombination Ausführenden beschränkt sich auf diese kombinatorische Logik.

Wirtschaftlichkeit ist in diesem Zusammenhang nichts als die zieldienliche, umweglose, alle Möglichkeiten ausschöpfende Erzeugung. Aspekte wie die Schonung der Unersetzlichkeit mancher natürlicher Ressourcen oder Schonung der menschlichen Würde in der Arbeit kommen in diesem kurzfristig angelegten Kalkül nicht zur Geltung. Langfristig ist die Verletzung oder Missachtung dieser Kontextwerte (manchmal abfällig als so genannte Lateralschäden bezeichnet) eine Form der Unwirtschaftlichkeit, denn die Spätfolgen wirken auf die erzeugende Wirtschaft zurück.

An diesem Punkt tritt ein methodologisches Problem vor allem der Betriebswirtschaftslehre zutage. Die Aktionen eines Unternehmens, der Gegenstand dieser Wissenschaft, werden auf deren individualistisch verkürzten Horizont verengt. Die Betriebswirtschaftslehre geht mithin über den Rand der unternehmerischen Alltagsperspektive nicht hinaus. Wissenschaft aber ist stets auf dem Wege, einer vollständigen, auch weitläufigen Realität auf den Grund zu gehen. Darin läge ihr kritisches, die Wirklichkeit konstruktiv begleitendes Potential. Eben das wird in der gängigen Betriebswirtschaftslehre verschenkt. Wer aus kurzfristigem Profitdenken aus einer gegebenen Situation das Maximum herausholt, verhält sich nicht anders als ein Farmer, der die Bodenfruchtbarkeit, von der er lebt, ausbeutet, statt sorgfältig und fürsorglich für sich selbst und seine Nachkommen ihre Regeneration zu einem Hauptanliegen zu machen.

Der Vergleich mit dem Farmer ist nicht willkürlich gewählt, sondern rührt an eines der ernstesten Probleme der Gegenwart: Die weltweite Erschöpfung und wachsende Erosion landwirtschaftlich nutzbaren Bodens schreitet mit erschreckender Geschwindigkeit voran. Die Ernährung einer Weltbevölkerung von 6 Milliarden Menschen ist heute schon extrem gefährdet. Weiteres Wachstum über eine Grenze von geschätzten 7,5 Milliarden ist bei weiter abnehmendem nutzbaren Boden so gut wie unmöglich (Montgomery 2010). Die reale Lage ist sehr ernst und sieht für die übrigen Naturressourcen nicht viel anders aus. Hier steht die Wirtschaft insgesamt, also die Unternehmerschaft und die Wirtschaftspolitik, in der Hauptverantwortung vor der gesamten Weltzivilisation.

Die Perspektive des betriebswirtschaftlich theoretisierenden Ökonomen entsteht dadurch, dass er sich in die Situation eines agierenden Unternehmers versetzt, von dieser Plattform aus seine Vorstellungen über rationales Wirtschaften zur Diskussion stellt und Empfehlungen für die Praxis ausspricht. Diese Plattform ist aber eine riskante Illusion. Denn selbst wenn der Theoretiker seine Vorstellungen von wirtschaftenden Unternehmen mit reichem empirischen Material und gezielten Beobachtungen bestückt, bleibt er doch als beobachtende, aber nicht ins Geschehen eingreifende Person mit seinem gezielten Erkenntnisinteresse weit entfernt von den wirklichen, überaus komplexen Bedingungen des handelnden Unternehmers.

Die Position des Theoretikers ist bezüglich pragmatischer Empfehlungen zwar in einer prekären Situation. Dennoch ist diese Form der Distanz eine Notwendigkeit, die selbst der Praktiker im Rahmen seines Horizonts vollzieht, wenn der Schlüsse, aus seinen Beobachtungen zieht. Prekär ist die Situation dadurch, dass der notwendige Reduktionismus leicht aus den Augen verliert, dass der real Handelnde Unternehmer im Kopf ja nicht nur die Kombinatorik seiner Produktionsfaktoren beherrschen muss, sondern sich in einem sozialen Umfeld innerhalb des Betriebes und im gesellschaftlichen Umfeld mit Rücksicht, Verantwortung, Domestizierung seiner ökonomischen Abenteuerlust und vielen weiteren Komponenten der Unternehmerpraxis erkennen muss. Die Wahrnehmung und Deutung komplexer Situationen ist ein kognitiver Vorgang, der bei weitem nicht mit dem blanken Verstand allein auskommt.

Die Verkörperung des real handelnden Unternehmers im Denken des auf Rationalität und logische Stringenz gepolten Theoretikergehirns hat alle Anzeichen einer Ideologie für sich, wonach generell gilt oder anzustreben ist, dass Wirtschaftspraxis eine auf die Perfektionierung von Rationalität gerichtete und in Bezug auf andere gesellschaftliche Werte unbekümmerte Handlungsweise sein soll. Der berühmte Homo oeconomicus ist daher keine bloß für Studienzwecke hergerichtete methodologische Fiktion, sondern eine ideologieträchtige Illusion. In ihm spiegelt sich der rationalistisch operierende Theoretiker selber als wissenschaftliches Subjekt.

Prekär ist die Lage des Theoretikers noch in einem weiteren Aspekt. Rationales Denken ist nicht nur ein der Wirtschaftspraxis zugedachtes Verlangen, welches in der Regel mit der Vernunft des sparsamen Umgangs mit knappen Mitteln begründet wird, sondern gehört zu den methodologischen Traditionen der Wissenschaft, die verallgemeinerbare Aussagen mit einer möglichst ideologiefreien, von Subjektivismen des Forschers unabhängigen Methode erreichen will und dies interpersonal nachweisen muss. Diese methodologische Ausrichtung hat selber eine lange Vorgeschichte, in der sich die Wissenschaften der Neuzeit langsam aus den Umklammerungen obrigkeitlicher Autoritäten löste. Auf diese Zusammenhänge kann ich hier jedoch nicht eingehen.

Mit der illusionären Konstruktion einer von reiner Rationalität bestimmten Wirtschaft im Rücken kann man als Theoretiker leicht den Eindruck gewinnen, dass die Wirklichkeit der Wirtschaftspraxis fast nur aus Abweichungen vom Rationalitätsideal besteht, und dies als ein Manko zu verstehen ist, für dessen Beseitigung man sich anstrengen soll. Auf diese Feststellung gibt es zwei mögliche Antworten oder Reaktionen. Die eine besteht darin, auf Rationalität als kultivierte Form der Beherrschung von dinglichen Zuständen und Abläufen zu bestehen und pragmatische Vorkehrungen zu treffen, die Praxis nach und nach in diese Entwicklungsrichtung zu bringen. Dies ist die klassische und heute vorherrschende wissenschaftliche Programmatik der Ökonomie beider Versionen, der Volkswirtschaftslehre und der Betriebswirtschaftslehre.

Die andere denkbare Reaktion besteht in der Hinnahme der unvermeidlich unvollständigen Erfassung der Welt der Wirtschaft und der Einsicht in die Notwendigkeit, dass die Illusion des puristischen pragmatischen Rationalismus aufgelöst werden muss. Die Unvollständigkeit hat zwei Seiten: Es ist unmöglich, die Welt auch nur in begrenzten Ausschnitten vollständig im Denken abzubilden, was im Übrigen auch unpraktisch wäre, weil das Denken dann überladen wäre mit Komplexität, die ihrerseits wieder zu reduzieren wäre. Unvollständigkeit entsteht aber auch dadurch, dass ein selektives Bild von der Wirklichkeit entworfen und zum Gegenstand des Theoretisierens gemacht wird, dessen Auswahlkriterien vom Vorurteil der reinen Rationalität bestimmt sind.

Die Unvollständigkeit der zweiten Art folgt unmittelbar aus einem weiteren, im Folgenden noch ausführlich zu diskutierenden Vor- oder Fehlurteil, dass die Wirtschaft aus einem Geflecht dinglicher Operationen besteht, die mechanistisch steuerbar sind oder sein könnten. Alles, was dinglich geschieht, hat aber seinen gestaltenden Vorspann im Denken, ist also nur die Ausführung dessen, was erdacht worden ist. Der Ursprung allen praktischen Handelns liegt in Gehirnvorgängen und nicht in der Kausalität physischer Abläufe. Rationalität der ökonomischen Version ist aber gebunden an physische Operationen, etwa den technischen Abläufen in einem Produktionsprozess. Sie kann nicht und ist nicht maßgeblich für die Biologik des Gehirns. Eine wie immer geartete *Theorie der Unternehmensführung* muss sich diesen hochkomplexen Sachverhalten zuwenden.

Das Wirtschaften ist also keineswegs ein bloß dinglicher Vorgang, sondern seinem Wesen nach eine Sache des Denkens und damit eine Kulturleistung aus dem bis in archaische Zeiten zurückreichenden schöpferischen Geist der Inanspruchnahme der Möglichkeiten, die dingliche Welt der Natur zu Gunsten der menschlichen Lebensverhältnisse umzugestalten. Wirtschaft hat ihren Ursprung im Denken, welches Vorstellungen aufbaut und diese mit dem Können gedanklich zusammenführt zu einem Entschluss oder einer kompakten Zielvorstellung, an deren Erfüllung sich die lange Kette der dinglichen Handlungen regelnd orientiert.

Diese lange Kette indessen ist keiner Kausalität unterworfen, ist also nicht deterministisch planbar, sondern ist eine Form der Navigation, die sich durch Fakten und Grenzen und durch Zufälligkeiten hindurcharbeitet, selbst dann, wenn ein materieller Vollzug durch eine nahezu perfekte Automation (etwa in der Fließbandfertigung) determiniert zu sein scheint. Die Serie eingebauter technischer Regler, die man in jeder Anlage findet, ist ein indirekter Beweis für die tendenzielle Anfälligkeit für Irregularitäten auch bei hochtechnischen Abläufen.

Aus Gründen, die noch zu diskutieren sind, bemüht sich der Mensch seit alters her um die Vertreibung von Zufällen, teils durch technische Vorkehrungen, teils durch soziale Konstruktionen oder gefestigte Kulturmuster. Dies gilt in besonderem Maße für das unternehmerische Handeln, weil die Folgen unbewältigter Zufallskonstellationen innerhalb eines Betriebes und in den Außenbeziehungen dramatisch werden können. Der (finanzielle) Aufwand zur Sicherung gewollter Abläufe ist ein nicht unerheblicher Kostenfaktor, den man in den Modellen der optimalen Kombination verfügbarer Produktionsfaktoren vergeblich sucht. Hier sind wir wieder bei dem Beispiel des Farmers, der fürsorglich die Bodenfruchtbarkeit gegen Erosion (durch Wind und Regenauswaschung) zu schützen versucht.

Dinglich wird das produzierende Wirtschaften erst, wenn das Gedachte gegenständlich benennbar und damit kalkulierbar wird. Dann erst kann man zählen, messen, bewerten. Aber der kulturelle Geist, aus dem heraus das Gedachte geformt worden ist, kann als die eigentliche Quelle des Schaffens angesehen werden. Denkvorgänge sind geistiger Natur und für einen Außenstehenden objektiv nicht erkennbar, also weder messbar noch zählbar oder rational gestaltbar. Daraus folgert der ökonomische Empirist, dass diese Phänomene wissenschaftlich nicht objektiv erfasst und beurteilt werden können und sie folglich nicht der Logik des Denkens und der *Logik der Forschung* (Karl R. Popper) unterzogen werden müssen. Für den betriebswirtschaftlichen Ökonomen sind sie allenfalls eine Angelegenheit der Psychologie und der Neurologie, nicht aber ein Thema für die Ökonomie, wie einst schon Erich Gutenberg 1951 in seinen Grundlagen der Betriebswirtschaftslehre feststellte.

Diese Folgerung ist zwar methodologisch konsequent aus der Idee der dinglichen Weltorientierung abgeleitet, zu der sich die Ökonomie versteht. Sie lässt aber das Problem zurück, wie man die beiden Sphären des Dinglichen und des Geistiges zusammenbringen kann, da sie doch real eine untrennbare Einheit oder eine unteilbare Ganzheit bilden. Entweder müsste sich die Neurologie über die Soziologie und die Anthropologie in die Wirtschaft einarbeiten und den gesellschaftlich handelnden Menschen und seine Dispositionstypologie zum Gegenstand machen oder die Ökonomie müsste sich um das Geistige des wirtschaftenden Menschen bemühen in Anerkennung der Tatsache, dass alles Wirtschaften eine Kopfgeburt und die dingliche Welt für sich allein nur eine Krücke ist. Man kann sich natürlich auch interdisziplinäres Vorgehen vorstellen.

Interdisziplinarität legen wir dieser Abhandlung zugrunde mit dem Zusatz, dass es zunächst Aufgabe der Wirtschaftswissenschaft ist, jene spezifischen Gesichtspunkte und Fragestellungen herzuleiten, in denen eine andere, nämlich eine kognitive Sicht des Unternehmensgeschehens und seiner Leitung die methodologische Szene bestimmt. Über diesen Schritt des Sichtbar-Machens von

Anknüpfungspunkten für Verbindungen zu komplementären Wissenschaften werde ich in dieser Abhandlung nicht allzu weit hinausgehen können. Im Kern bleibt es aber ein methodologisches Postulat, wonach das ökonomische Denken Wege zu seiner Komplettierung um das Geistige der Unternehmensführung, wie überhaupt der Wirtschaft auf politischer Ebene, finden muss.

1.3.2 Präzisierung der wissenschaftlichen Fragestellung

Der Aufbau dieser Abhandlung über das zukunftsfähige Unternehmen und den Versuch einer kognitiv fundierten Theorie der Unternehmensführung und in weitem Rahmen auch ihr Inhalt entsprechen nicht dem, was wir aus der Betriebswirtschaftslehre gewohnt sind, wenn wir ein Werk der Allgemeinen Betriebswirtschaftslehre, der Managementlehre oder der Unternehmensführung in die Hand nehmen. Dafür sprechen mehrere Gründe, nur einer nicht: Die betriebswirtschaftlichen Fachbücher seien gänzlich überholt.

Sie decken allesamt und jedes auf seine besondere Weise wichtige Teile der Unternehmenswirtschaft ab, aber eben nicht alle und, wie wir sehen werden, nicht unbedingt die wichtigsten. Es fehlen theoretisch wie pragmatisch die Komponenten einer ganzheitlichen Führung, deren Qualitäten in profilierten Persönlichkeitsmerkmalen wurzeln, die nicht nur bewusster, sondern in weitem Umfang imaginativer und intuitiver Natur sind. Manche dieser Merkmale sind für das Verständnis der Lage und der Aussichten eines Unternehmens entscheidend und gehören in die Mitte einer umfassenden Darstellung und Erörterung des Themas *Unternehmensführung*.

Das Anliegen dieser Abhandlung besteht darin, Unternehmensführung als das Kerngebiet der Betriebswirtschaftslehre um die perspektivisch erweiterten und zugleich pragmatisch bodenständigen Grundlagen ihrer Praxis zu erweitern. Das ist ein hoher und diskussionsbedürftiger Anspruch, der im Grunde nichts Neues fordert, sondern nur hervorhebt, was in der Unternehmenspraxis eine Selbstverständlichkeit und in theoretischen Abhandlungen zumeist entschieden unterbelichtet bleibt. Der Inhalt weist zwei Hauptteile auf, die zwar in der Praxis unauflösbar miteinander verbunden sind, die ich aber zur gezielten Bearbeitung getrennt aufgreifen möchte: einen historischen Teil und einen systematischen Teil.

Der erste, historisch orientierte Teil greift eine in der betriebswirtschaftlichen Theorie und fachlichen Systematik nahezu vollständig vernachlässigte, für die Pragmatik jedoch wesentliche Dimension auf: die Zeitkomponente, und zwar nicht im formalen Sinne eines logischen Nacheinander bestimmter Vorgänge in der Praxis, sondern in der Bindung der Unternehmensentwicklungen an das geschichtliche Geschehen der unmittelbaren und teilweise auch der weitläufigen gesellschaftlichen Umgebung. Jede einzelne Tat in der Praxis geschieht in einem zeitbedingt wandelbaren, stets nur unvollständig erfassbaren Ambiente, aber niemals ohne ein solches.

Daraus folgt das in der Praxis durchaus handfeste Problem, dass Geschehenes prinzipiell unumkehrbar ist. Man muss nachdenken, eigentlich vorausdenken, *bevor* man etwas in die Tat umsetzt, denn hernach sind unumkehrbare *Tatsachen* geschaffen. Aber wie lange und mit welchem Genauigkeitsanspruch? Wer zuviel nachdenkt, verpasst das Leben – könnte man sagen. Wer zu schnell fertig ist mit dem Nachdenken, verspielt dasselbe, indem er sich dem Zufall ausliefert. Was bleibt, ist die Feststellung: Der kluge Unternehmer ist ein Spieler auf einem Spielfeld, das *Markt* genannt wird. Er ist zwar kein Zocker, aber er beherrscht das Spielfeld so wenig wie der Schachspieler die Züge seines Gegners.

Der zweite Teil besteht im Wesentlichen aus den bekannten Fragestellungen der betriebswirtschaftlichen Fachliteratur, wenn auch in einer anderen, von den kognitiven Perspektiven und Grundlagen her beeinflussten Herangehensweise und Sachordnung und Denkposition aus. Die betriebswirtschaftliche Sicht der Unternehmensführung kann dabei als Ausgangsplattform genutzt werden, auch wenn einige verbreitete Auffassungen deutlich einer pragmatisch begründeten, teils auch methodologisch argumentierenden Kritik unterzogen werden müssen.

Die wichtige Dimension, die sich durch das ganzheitliche Denken in Sachen Unternehmensführung fast von selbst ins Spiel bringt, ist die Erfahrung und Erkenntnis, dass alles Geschehen in der Wirtschaft in eine vitale Kultur eingebettet ist. Sie ist das geistige Medium, das auf die Unternehmensführung gestaltend und leitend einwirkt, so wie überhaupt Kultur der mentale Nährboden der Wirtschaft ist. Wirtschaft funktioniert niemals ohne Kultur.

Aber natürlich ist Kultur mehr als das, und es können sehr wohl innerhalb derselben Gesellschaft – erst recht natürlich unter verschiedenen Gesellschaften – akzentuierte kulturelle Grundorientierungen und Verhaltensmuster in Streit geraten mit anderen. So kann die politische Kultur in Opposition treten zur kommerziellen Kultur des Marktes, und so kann die Kultur des Kunstschaffens wiederum mit jenen beiden in Konflikt stehen. In keinem dieser gesellschaftlichen Felder macht es Sinn, sich die Praxis ohne Kultur vorzustellen.

Die Praxis der Unternehmenstätigkeiten spielt als Bodenhaftung eine bedeutende Rolle, ohne dass hier jedoch eine ausgefeilte Pragmatik angestrebt wird. Der besondere Akzent wird dabei auf die persönlichen Momente der Qualifikation für Aufgaben der Unternehmensführung gelegt. Unternehmensführung ist eben eine besonders herausgehobene und einer spezifischen gesellschaftlichen Verantwortung unterworfene Leitungsaufgabe, die neben Talent und Erfahrung insbesondere die Eigenschaften des gekonnten Umgangs mit der mit mancherlei harmlosen, aber auch einigen gravierenden Zufälligkeiten gespickten Zukunft aufweisen muss.

Ein gesteigertes Bewusstsein für die Unvollkommenheiten und Zufälligkeiten des Marktes und mehr noch des gesamten gesellschaftlichen Umfeldes ergibt sich nicht aus Zahlen, Zahlenkolonnen, Statistiken, Powerpoint-Präsentationen in bunten Balkendiagrammen und erst recht nicht aus komplizierten mathematischen Optimierungsmodellen. Rationalität ist – wer wollte das bestreiten? – in der Praxis unverzichtbar und bildet das Gerüst aller Entscheidungsprozesse. Sich aber auf sie allein zu stützen, ist irrational und letztlich lebensfern.

Jedes Buch, das sich einem Sachgebiet widmet, ob Lehrbuch oder wissenschaftliche Studie, nimmt mit der Feder des oder der Verfassers einen bestimmten geistigen Standort ein, von dem aus ein Horizont der Wahrnehmung sich ausbreitet, der von dem des nächsten Nachbarn sehr verschieden sein kann. Es wird große Flächen gleicher oder ähnlicher Wahrnehmungen geben, weshalb sich Gedankenaustausch lohnt. Das ist bewährte akademische Praxis.

Der Theoretiker nimmt indessen nicht nur einen Standort ein, sondern steht dort selbst auf einem Sockel. Er strebt nicht nur einen erweiterten Horizont an, sondern legt Wert auf sachlich korrekte, überprüfbare Beobachtungen und abgeklärte Befunde. Der Theoretiker ist ein geistiger Herrscher, der nach unverrückbarer Erkenntnis sucht – und dabei manchmal vergisst, dass seine Weisheit nur vorläufiger Natur sein kann (Popper 2005). Es liegt in der Natur des Erkenntnisstrebens, dass diese zwar nach Vollständigkeit strebt, sie aber nie erreichen kann. Ihm entgehen die ein wenig oder gar gänzlich anderen Wahrnehmungen jener, die von anderen Standorten aus die gleiche Sache untersuchen. So bleibt das Streben nach Erkenntnis ein ewiger Fluss.

Dieses Buch nimmt einen bislang nur wenig besetzten Standort ein und blickt doch auf die gleiche Welt, die jeden Betriebswirt und jeden Unternehmer interessiert. Dieser etwas andere Blick schafft keine neuen Fakten, wohl aber andere Vorstellungen und Deutungen, die einen geistigen und pragmatischen Mehrwert erzeugen können. Den gilt es zu beschreiben, zu versachlichen, zu begründen und diskutabel zu machen. Diese Form des kreativen Umgangs mit Erscheinungen der Wirklichkeit gehört zu den Traditionen vor allem der Geisteswissenschaften, zu denen ich die Ökonomie insgesamt rechne. Historikern ist dies nicht unbekannt. Die Geschichte des dreißigjährigen Krieges ist zeit- und epochenbedingt immer wieder neu gefasst und verfasst worden, und das seit Friedrich Schillers berühmtem Anfang, die ihn zum Geschichtsphilosophen machte.

Auffällig an vielen betriebswirtschaftlichen Lehrbüchern ist ihre Abstraktheit und ihr tendenziell aufs Rationale gerichteter Formalismus. Nicht alles, was man darin findet, hat die methodologische Eigenschaft einer ausgeklügelten Theorie. Es handelt sich zumeist um eine klassifikatorische, zum Teil sogar nur aufzählerische Herangehensweise zur systematischen Erkenntnis der Unternehmensrealität, eine methodologische Grundposition, die schon als solche auf ein theoretisches Vorverständnis schließen lässt. Lehrbücher müssen wohl so sein, aber sie riskieren, wenn keine interpretierenden Erläuterungen hinzutreten, ein einseitig positivistisches Bild des Unternehmenshandelns.

Die Praxis kommt darin nur illustrativ in Form von einleuchtenden Beispielen vor, die das Verständnis verallgemeinerter Aussagen und Erkenntnisse stärken und zugleich als Befunde für deren Gültigkeit dienen können. Solche Darstellungen sind zwar, vor allem im systematischen Teil dieses Buches, ein unverzichtbares Mittel zur Ordnung des Denkens, und wir werden darauf zurückgreifen. Doch die methodologische Eigenart dieser Herangehensweise erkennt man darin, dass ihre Aussagen sich umso mehr von der Wirklichkeit entfernen, je kriterienreicher Klassifikationen ausfallen und Auflistungen sich in Einzelheiten verlieren. In der Praxis ist häufig die undifferenzierte Wahrnehmung und offene Deutung einer Lage, also die durch Erfahrung gefestigte Faustregel, der bessere Ratgeber. Ich werde darauf im Zusammenhang mit der *Intelligenz des Unbewussten* und der *Macht der Intuition* ausführlich zurückkommen (Gigerenzer 2008, aus älteren philosophischen Bemühungen auch Bergson 2007).

Für eine Pragmatik, also eine Lehre der Bedingungen für die Handhabung von Erkenntnissen und Regeln (einschließlich Faustregeln) in der Unternehmenspraxis, haben theoretisch angelegte Abhandlungen Leitplankencharakter, die aber bei weitem nicht ausreichen. Sie dienen der systematischen Orientierung in realen Situationen und helfen, das Denken zu ordnen. Aber sie sind oft nicht verlässlich oder zu grobkörnig. Die Perspektive der wissenschaftlichen Distanz und Wertabstinenz verträgt sich häufig nicht mit den konkreten, komplexen Situationskomponenten der Praxis, einfach deshalb, weil das Leben sich nicht klassifizieren und in geklärte Ordnungsschemata einfügen lässt, sondern interpretatorische Kompetenz verlangt.

Das Kennzeichen von Pragmatik ist die ganzheitliche Herangehensweise, also der Versuch, aus einigen Indizien und mit Hilfe von Erfahrung in jeder Lage ein Bild, eine innere Vision oder ein ausgearbeitetes Szenario zu entwickeln, das in nahezu allen wichtigen Dimensionen durch Lücken gekennzeichnet ist und doch in einem relativ frühen Stadium der Wahrnehmung Entscheidungen abverlangt. Ganzheitliche Wahrnehmung riskiert Vagheit, und genau das lässt sich in vielen realen Lagen in einen Vorzug verwandeln, indem der Macht der Erstarrung (z. B. in Bürokratien) die Kraft der Kreativität und Improvisation entgegen gestellt wird.

Vagheit in der Wahrnehmung ist eine vom Gehirn gelenkte vorauseilende Ahnung einer Situation, die mit nur wenigen markanten Indizien auskommt. Der Vorteil besteht darin, dass eine schnellere und gezieltere Mobilisierung der Aufmerksamkeit erreicht werden kann im Vergleich zum Aufwand detaillierter Ermittlungen. Dass und wie dies funktioniert, kann jeder erfahren, der in einer auf wenige markante Merkmale ausgerichteten Karikatur die Übereinstimmung mit einer lebenden Person oder einer realen Konstellation ableitet, obwohl das Bild unvollständig und akzentuiert verschoben ist. Das bekannte Gesellschaftsspiel, in dem markante Eigenschaften schubweise hinzugefügt werden, um das Objekt zu erraten, funktioniert nach dem gleichen Muster.

Im Verhältnis zu dieser Pragmatik steht das wissenschaftliche Bemühen um empirische Sicherung von Aussagen und vor allem die Vorstellung, Situationen durch detailliertes Datenmaterial berechnen zu können, auf ziemlich verlorenem Posten. Der für manche mathematischen Modelle erforderliche Zeitaufwand zur Erlangung passender Befunde kann selber zu einem Wirtschaftlichkeitsproblem werden, weil der Zeitaufwand dazu tendiert, die empirischen Befunde (die ja selber schon notwendigerweise Vergangenheiten sind) durch realen Wandel zu entwerten, und auf diese Weise ein Missverhältnis zwischen Aufwand und Nutzen entsteht.

Der Kunst, eine Lage aus wenigen Fragmenten zu deuten, und darin enthalten der durch Erfahrung gestützten Kunst zu beurteilen, ob die Fragmente vertrauenswürdig und schlüssig genug sind, kommt in der Unternehmenspraxis eine erhebliche Bedeutung zu. Diese (durchaus trainierbare) Kunst ist keine Besonderheit der Unternehmenspraxis, hat aber hier ihre spezifischen Akzente. Nach dem allgemeinen Prinzip, dass das Ganze mehr ist als die Summe seiner Teile, enthalten komplexe bildhafte Gestalten (also wahrgenommene Lebenssituationen ebenso wie Gemälde, Monumente, Dokumente, Erzählungen) innere Botschaften oder Bedeutungen, die sich nur in der Zusammenschau erschließen lassen. Das gilt für alle von Menschhand geschaffenen Zustände der kulturellen Wirklichkeit, vom kultivierten Boden bis zu Brückenkonstruktionen, von kommerziellen Erzeugnissen bis zu Kunstwerken. Sie alle haben eine intentionale Gestalt, die es zu deuten gilt, wenn man ihren Sinn verstehen will.

Wenn wir uns beispielsweise vornehmen, die innere Botschaft eines Mosaiks zu verstehen, etwa eine der berühmten byzantinischen Mosaiken in den Kirchen und Kathedralen von Ravenna, würden wir rasch begreifen, dass weder eine Statistik der einzelnen Steinchen noch irgendeine rationale Klassifikation derselben auch nur annähernd zum Verständnis der Botschaft dieser Wandgemälde beitragen können. Diese Kunst der Interpretation ist ein geradezu lebensentscheidendes Qualifikationsmerkmal gekonnter Unternehmensführung, wenn man an die mosaikartige Vielfalt und Bewegtheit des Marktgeschehens denkt.

Das Prinzip *das Ganze ist mehr als die Summe seiner Teile* gehört spätestens seit Ludwig von Bertalanffys *General Systems Theory. Foundations, Development* (Bertalanffy 1968) zu den Standards der Systemtheorie. Bertalanffy erklärte: *The meaning of the somewhat mysterical expression >the whole is more than the sum of its parts< is simply that constitutive characteristics are not explainable from the characteristics of isolated parts. The characteristics of the complex, therefore, compared to those of the elements, appear as >new< or >emergent<* (Giessmann 2009, 172).

In diesem Buch wird nicht die Perspektive der akademischen Distanz und Analytik eingenommen, sondern nach einer Pragmatik des ganzheitlichen Verstehens von Situationen und Zwängen, von Bindungen an Traditionen und vom kreativen Umgang mit den Möglichkeiten der Zukunft gesucht. Doch muss zugleich klargestellt werden, dass eine Pragmatik, wie sie hier angestrebt wird, selber auch eine Form der distanzierten Betrachtung eines Gegenstandes oder einer Konfiguration darstellt.

Pragmatik ist eine auf Generalisierung ausgerichtete Abstraktion, keineswegs die Praxis selbst oder auch nur deren Ersatz. Das ist jedoch völlig normal, denn jedes Denken ist abstrakt, auch das des Praktikers. Andernfalls würde er nicht überlegt, sondern instinktiv und biologisch vorprogrammiert operieren, was nicht der Fall ist. Das pragmatische Denken wird, und das ist hier wichtig, durchgehend von den realen Gegebenheiten her geleitet und ist nicht auf die Entdeckung von allgemeinen Gesetzen oder Gesetzmäßigkeiten ausgerichtet.

Die gedankliche Position, die ich im pragmatischen Denken einnehmen versuche, ist die eines praktizierenden Unternehmensführers oder die eines Unternehmensberaters. Das kann nur im Sinne einer empathischen Bemühung geschehen, die zweifellos die Distanz zur Wirklichkeit nicht aufhebt, wohl aber diese im Verstehen zu ergründen sucht. Der Unternehmensberater ist vielleicht die am besten passende innere Position, denn sein Engagement oder sein konkreter Auftrag zeichnet sich aus durch die Distanz desjenigen, der nicht direkt in das Geschehen eingebunden ist, und zugleich den pragmatischen Blick, das Ganze des Geschehens ins Auge zu fassen, aufbringen muss, um erfolgreich beraten zu können.

Für das Verständnis der Lage und Perspektiven eines Unternehmens in seiner äußeren Umgebung, vornehmlich natürlich des Marktes und des gesellschaftlichen Umfeldes, sind die bekannten drei Zeitzustände von grundlegender Bedeutung: die Vergangenheit, die Gegenwart und die Zukunft. Das klingt zunächst ziemlich lapidar. Doch unser Verhältnis zur Vergangenheit ist individuell und allgemein nicht frei von Tücken und Missverständnissen, insbesondere wenn es um deren Geltung für die Gestaltung der Zukunft geht. Auch die Gegenwart hat es in sich, denn sie umfasst alle Vorgänge, die noch im Werden, also noch nicht

Vergangenheit, aber auch nicht mehr bloße Zukunft sind, und genau darin verbergen sich zahlreiche Gefährdungen und Fehlerquellen.

Die Eigenart der Zukunft ist der Umstand, dass sie eine Einbildung des Denkens ist. Sie ist uns nur als eine Erscheinung des Denkens vertraut. Wir denken in einzelnen Facetten der Zukunft an die Zukunft als gedachtes Raum-Zeit-Kontinuum, aber wir kennen sie nicht, ahnen nur, wie sie aussehen könnte und sind uns der Zufälligkeiten bewusst, die auf uns zukommen können. Die Zukunft existiert nicht real, sondern ergibt sich im Ausleuchten eines inneren gedanklichen Möglichkeitsraumes, der sich ein Bild ausmalt von dem, was sein und werden könnte und worin sich ein Ansatz für ein Eingreifen bietet. Aber dieses Denken ist keine Sache des reinen Verstandes allein, sondern wird durch kaum kontrollierbare Vorgänge des Vorbewussten beeinflusst. Das hat, wie wir sehen werden, ganz erheblichen Einfluss auf das unternehmerische Denken *in* die Zukunft (nicht nur *an* die Zukunft!).

Konkret bedeutet dies vor allem für den ersten Teil, dass wir uns in jedem einzelnen Fall zu fragen haben: Woher kommt dieses uns real begegnende Unternehmen und welchen kulturellen Geist hat es auf seinem Weg aufgenommen und integriert? Wie kam es zu dieser oder jener Branche an diesem oder jenem Ort? Wie hat sich über die Jahre, über die Jahrzehnte oder zuweilen sogar über die Jahrhunderte der Unternehmensexistenz der Zeitgeist der historischen Wirklichkeit in den spezifischen Zuständen und Profilen dieses Unternehmens niedergeschlagen? Aus welchen Komponenten setzt sich die gegenwärtige Leistungskraft materiell und intellektuell zusammen? Was lässt sich vom spezifischen Standort des Unternehmens aus über die relevanten Spektren der Zukunft aussagen, welche unvermeidlich – teils selbst provoziert, teils unerwartet durch Zufall ins Spiel gebracht – spezifische Herausforderungen vorführt, die das ganze Können einer versierten Unternehmensführung verlangt?

Ein erster Schritt zu einem umfassenden Verständnis eines Unternehmens ist das Bewusstsein davon, dass der gegenwärtige Zustand eine Vorgeschichte hat, in der gewisse Kontinuitäten angelegt sind, die teilweise bis in die Zukunft hinausragen. Dennoch bleibt kaum etwas, wie es ist. Kontinuität ist, wie vieles im menschlichen Denken, eine Einbildung, die durch die Länge des Zeithorizonts des Denkens entsteht. Auf kurze Sicht sieht das meiste an Beständen und Zuständen in einem Unternehmen wie unverrückbar aus. Doch in einem ausreichend langen Horizont wird das Unternehmen wahrscheinlich gänzlich verschwunden sein und mittelfristig zumindest sein Profil deutlich verändern.

Ein zweiter Schritt wird die Erkenntnis untermauern, dass jedes Unternehmen ein Unikat ist, dass es also niemals zwei völlig gleiche Unternehmen geben kann, so wenig wie es in einem Wald zwei völlig gleiche Bäume gibt. Und doch bilden die Bäume alle zusammen eine Einheit, die wir Wald nennen, oder die wir

Einführung: Wirtschaften als kognitiver Prozess 61

im Falle einer auf eine Stadt, eine Region, ein Land begrenzte Menge von Unternehmen als *die* Wirtschaft dieser kulturellen Gebilde bezeichnen. Warum gerade dieser Oberbegriff *Wirtschaft* schwierig ist, wird noch sehr viel genauer zu untersuchen sein. Es handelt sich, anders als bei Bäumen, nicht um dingliche Kategorien, die diesen Obergriff bilden, sondern um mentale Konstruktionen. Die Wirtschaft kann man nicht sehen oder überhaupt dinglich wahrnehmen, sondern nur sprachlich-terminologisch konstruieren, wobei stets eine Unschärfe an den Rändern bleibt. Eine Behörde ist unter marktwirtschaftlichen Bedingungen (auch das ein unscharfer Oberbegriff) kein Unternehmen, aber sie könnte mit dem, was sie tatsächlich tut, zur Wirtschaft gehören. Ein staatlich subventioniertes Kunstmuseum muss sich zwar mit materiellen Dingen versorgen, aber seiner Aufgabe nach gehört es nicht zur Wirtschaft. Dennoch ragt es in sie hinein.

Was die vielen Unikate, die einzelnen real existierenden Unternehmen trotz ihrer Einmaligkeit miteinander verbindet, sie also in vielen Erscheinungsformen und Dimensionen sehr ähnlich macht, sind die Grundmuster, nach denen sie funktionieren. Diese Grundmuster haben sich in einer langen geschichtlichen Formungsentwicklung herausgebildet, und zwar einerseits aus der Logik des nach Vermehrung suchenden Investivkapitals und andererseits aus dem nachhaltigen Kampf gegen historische Widerstände und um Privilegien, z. B. die Erringung von Marktfreiheiten gegen fürstliche Obrigkeiten. Diese Grundmuster, etwa der hierarchische Aufbau oder die Ausgestaltung der Rechtsform eines Unternehmens, sind in einem ständigen Wandel begriffen, also kein toter Stoff, sondern Ausdruck von Vitalität. In diesem Problemtypus liegt zugleich eine fundamentale Ähnlichkeit, die auch zu Vergleichsstudien herangezogen werden kann.

Alle Unternehmen sind, jedenfalls in einer modernen Marktwirtschaft (und nur davon wird in diesem Buch die Rede sein), mit einer Doppelfunktion ins Leben oder genauer: in den Markt getreten: Sie müssen mit ihren Leistungen zur Versorgung aller mit Waren und Diensten beitragen, um an das begehrte Geld zu gelangen, und sie müssen den Kapitalinvestoren eine Rendite zusichern, um derentwillen das Unternehmen gegründet wurde. Erfolgreiche Unternehmensführung hat daher stets beide Seiten zu beachten: Gesellschaftliche Akzeptanz (vornehmlich, aber nicht nur, vermittelt über den Markt) und Akzeptanz durch die Investoren (vornehmlich, aber nicht nur, vermittelt über den ausgeschütteten oder re-investierten Gewinn und die Gewinnaussichten).

Jedes Unternehmen lebt an seinem Platz in einer Umgebung, die sich aus zwei Komponenten zusammensetzt:

- aus der Landesnatur als den (fast) unveränderlichen Gegebenheiten aus Klima, Geländeeigenschaften und der Eignung für die Besiedelung und Nutzung, die den natürlichen Rahmen der Unternehmensexistenz markieren, und
- aus den gesellschaftlichen Gegebenheiten, die sich durch die tradierten Lebensweisen der Menschen, ihre Siedlungsgestalten, ihre Art der Bodennutzung, ihre Regeln, Werte und Institutionen des Zusammenlebens bilden. Da diese Gegebenheiten Menschenwerk sind, sind sie im Prinzip durch Menschen veränderbar.

Die zweite Komponente werde ich später mit dem Oberbegriff *Kultur* belegen. Doch dazu sind noch ausführliche Erläuterungen notwendig, vor allem die Einsicht, dass alles Wirtschaftshandeln und alle Wirtschaftsinstitutionen, also auch Unternehmen, kulturell verfasst sind. Die prägende Rolle der Kultur im Wirtschaftsgeschehen ist innerhalb der Ökonomie eine viel zu schwach berücksichtigte Gestaltquelle, mächtiger als alle Logik und Systematik des Denkens.

Unternehmen sind als lebendige Elemente des Zeitgeschehens mitten drin im Prozess des Werdens der wirtschaftlichen Gestalten und, weiter gefasst, der Gesellschaftskultur. Sie sind also selber treibende Kräfte der Veränderung und der Stabilisierung. Sie tragen durch ihre Aktivitäten dazu bei, dass sich die Kultur festigt oder verändert, zum Guten oder zum Bösen. Wollen wir die Lage eines Unternehmens in seinem kulturellen Umfeld verstehen, müssen wir uns mit den geschichtlichen Bewegungen der Gesamtkultur befassen, wenn auch heruntergebrochen auf den Ausschnitt, der für ein einzelnes Unternehmen von Bedeutung ist oder sein könnte.

Im historischen Teil werden wir neben den essenziellen Komponenten der Unternehmenskultur einen besonderen Akzent auf die allgemeine Kulturgeschichte der Wirtschaft legen, vor allem die der modernen Marktwirtschaft. Das schließt einige weitere Bereiche der Gesellschaftsgeschichte ein, zumindest in ihren wichtigen Grundzügen: Politik, Wissenschaft, Technologie, Bildung sowie Teile des Rechtssystems. Dabei steht nicht irgendein geschichtswissenschaftliches Erkenntnisinteresse im Vordergrund, sondern ein geraffter Blick auf die zentralen Wirkungskategorien, die zu jeder Zeit, doch in großer Variationsbreite auf die Existenzbedingungen eines Unternehmens einwirken.

Was ich damit erreichen möchte, ist ein vertieftes Verständnis für die komplizierten Wechselwirkungen zwischen einem Unternehmen und seiner historisch gewachsenen und teilweise von ihm selbst mitgestalteten Außenwelt. Diese Außenwelt erscheint einem auf Unternehmensebene Handelnden wie ein in Umrissen durchaus bekanntes Seegebiet, dessen feste Küsten und Untiefen, Strömungen und Gefahrenzonen in brauchbarem Kartenmaterial eingezeichnet sind.

Einführung: Wirtschaften als kognitiver Prozess

Ein Unternehmensführer ist dann vergleichbar einem Kapitän, der sein Schiff kennt und weiß, was er ihm zumuten kann, der seine Mannschaft formt und ermutigt, der Seekarten lesen und nautische Instrumente bedienen und dennoch trotz allem auf seine Erfahrungen nicht verzichten kann, denn die konkrete Lage ist komplexer und ständig in Bewegung. Ein Kapitän muss jederzeit auf Unerwartetes gekonnt reagieren können.

Mit dem Bild vom Kapitän auf See haben wir eigentlich schon die Grundidee, das Aufgabenbündel und die Art der Ausrüstung metaphorisch erfasst, die in der Praxis eine professionelle Unternehmensführung ausmacht. Das klingt sehr einfach, steckt aber voller Tücken und Unsicherheiten, die teilweise aus der Komplexität und Unübersichtlichkeit moderner Märkte resultieren, teilweise auch mit den gestiegenen Anforderungen an die Führungsqualitäten von Menschen auf der Schiffsbrücke ihres Unternehmens zusammenhängen.

Mit den heute zugänglichen Instrumenten und Verfahrensweisen der Unternehmensführung und Unternehmensberatung werde ich mich im zweiten Teil etwas näher befassen, wobei ich hier auf die vielfältige betriebswirtschaftliche Literatur zurückgreifen werde, teilweise aber auch nur auf sie verweisen kann. Ich werde nicht umhin können, auf einige Schwächen dieser methodischen und instrumentellen Konzepte für die Unternehmensführung, wie sie in der Betriebswirtschaftslehre ausgebreitet und der Praxis empfohlen werden, mit kritischen Anmerkungen hinzuweisen. Die Gründe liegen, wie schon gesagt, in der systematischen Diskrepanz zwischen dem rationalistischen Ehrgeiz und der daraus folgenden methodologischen Grundorientierung der Lehre und den Schwierigkeiten ihrer praktischen Umsetzbarkeit.

Erst nachdem auf diese Weise die historischen und die systematischen Grundlagen geschaffen sind, kann ich mich im dritten Teil ganz der individuellen Qualifikation von Unternehmensführern zuwenden. Das ist einer der schwierigsten Aspekte moderner Unternehmensführung, der mich ausführlich beschäftigen muss und deshalb relativ viel Raum in dieser Abhandlung beanspruchen wird. Ein paar Stichworte an dieser Stelle mögen vorerst genügen: Intellektuelle Bildung, kreative Kompetenz, empathische Fähigkeiten, intuitives Potential, Improvisationskunst und Verantwortungsethik. Sie sind Anhaltspunkte, die im konkreten Einzelfall in ihren Ausprägungen das historische Ambiente eines Unternehmensführers spiegeln.

Das sind im Moment nur Schlagworte einer Pragmatik der Unternehmensführung. Aber deren Brisanz wird rasch deutlich, wenn wir uns die gravierenden historischen Veränderungen und Herausforderungen vor Augen führen, die sich in den unruhigen Zeiten unserer Gegenwart abzeichnen und denen sich ausnahmslos jedes Unternehmen wird stellen müssen. Es könnten harte Zeiten werden, wenn wir an die Probleme des Klimawandels, der drohenden Überbevölkerung der Erde, der Erschöpfung natürlicher Ressourcen, der Degeneration kultureller und zivilisatorischer Werte und Errungenschaften denken. Doch auch Chancen und Entwicklungsperspektiven können sich zeigen, die von einer zukunftsfähigen Unternehmung aufgegriffen und schöpferisch genutzt werden können.

2 Die Systemeigenschaften der Unternehmung

Die Zukunft war früher auch besser
(Karl Valentin)

2.1 Aus der Vergangenheit in die Zukunft

2.1.1 Die Reichweite des Vorausblicks

Die Vergangenheit ist das Reich der unwiderruflichen Ereignisse, die sich mit ihren Ausstrahlungen und Fernwirkungen oft über Jahrzehnte und zuweilen Jahrhunderte bis in die Gegenwart und über diese hinaus in die Zukunft erstrecken. Unsere Vorstellungen über die Vergangenheit sind in gleicher Weise wie die über die Zukunft gedankliche Konstruktionen unserer Vorstellungskraft. Zwar gibt es Zeugnisse vergangenen Geschehens, insbesondere dann, wenn sie verdinglicht wurden, also beispielsweise zu festen Bauten, Denkmälern, technischen Einrichtungen führten, die noch nicht gänzlich zerfallen sind. Aber die volle Wirklichkeit der Vergangenheit ist verschwunden und nicht mehr zurückholbar.

Wegen ihrer scheinbaren Unverrückbarkeit treten uns die Zeugen der Vergangenheit in ähnlicher Festigkeit gegenüber wie die Objekte und Konfigurationen der Natur selbst. Ein Berg ist ein Berg, und seinen sehr langsamen Zerfall durch Zerbröseln nehmen wir selbst in Zeiträumen von mehreren hundert Jahren sinnlich nicht wahr, denn Veränderungen registrieren wir nur durch Vergleich zweier Zustände desselben Objekts in der erlebten Zeit.

Liegen diese Zustände sehr dicht nebeneinander und werden sie zu einer extrem schnellen Folge von Zustandsänderungen, nehmen wir sie nur noch als Film wahr; liegen sie dagegen zeitlich extrem weit auseinander, wird uns die Veränderung nicht bewusst. Unsere sinnlichen Wahrnehmungen liegen in einem schmalen Streifen zwischen sehr langen und sehr kurzen Zeitdistanzen. Was wir als Film wahrnehmen, ist eine Makrostruktur, die das Gehirn konstruiert, die physikalisch jedoch nicht existiert. Im schmalen Streifen sinnlich wahrnehmbarer Veränderungen liegen Zerfallserscheinungen der verschiedensten Art. Das sind natürliche physikalische Vorgänge, die mit dem Begriff *Entropie* beschrieben werden.

Objekte menschlichen Ursprungs sind gegen das allmähliche Zerbröseln anfälliger als natürliche Objekte, beispielsweise eine gotische Kathedrale aus dem Spätmittelalter. Anfälliger ist die Kathedrale deshalb, weil sie als künstliches, statisch kunstvoll austariertes Gebilde gegen die natürliche Entropie nur durch spezielle konstruktive Vorkehrungen gegen zu schnellen Zerfall zeitweilig, aber nicht für alle Zeit geschützt werden kann. Der Zerfall betrifft die Konstruktion ebenso wie die materielle Zusammensetzung eines Menschenwerks, beispielsweise Risse im Mauerwerk und chemische Zersetzung der Baustoffe.

Die Künstlichkeit von Menschenwerk macht es zu einer gewagten Konstruktion, die den natürlichen Kräften der Entropie (der vollständigen Gleichverteilung von Elementen, mithin dem Chaos) entgegenwirkt und folglich leichter angreifbar ist als der vielleicht seit hunderttausenden von Jahren erreichte relativ stabile Zustand eines Naturfelsens, dem Winderosion und Wasserausschwemmung nur sehr langsam zusetzen. Wir können auch sagen: Kulturwerke bedürfen erheblich mehr Stützungs- und Pflegeaufwand als natürliche Objekte. Ein in Kultur genommener Boden für die Erzeugung von Lebensmitteln bedarf, um seine Fruchtbarkeit aufrecht erhalten zu können, deutlich mehr Pflege- oder Kultivierungsaufwand als ein naturbelassener Boden. Deshalb gibt es – aus Gründen der Wirtschaftlichkeit – Grenzen des Kultivierungsaufwands mit der Folge, dass Böden ermüden und unergiebig werden. Dies ist eine der gefährlichsten Entwicklungen in der weltweiten Landwirtschaft (Montgomery 2010).

Die Erosion von Böden hat Parallelen in dem oft sehr langsam sich vollziehendem Verschleiß von kulturellen Werten. Damit sind nicht Bauwerke und dingliche Objekte aus Menschenhand gemeint, sondern Zerfallserscheinungen von normativen Konstruktionen, die das Zusammenleben der Menschen ermöglichen, im Extremfall die Verwahrlosung von Moral. Solche Erscheinungen spielen sich augenscheinlich auf internationalen Märkten ab, auf denen Rücksichtslosigkeit und hemmungslose Gier im Vordringen sind, was nichts anderes bedeutet als eine deutliche Tendenz zu chaotischen Zuständen (Bendixen 2010 b).

Das Problem dieser Zerfallserscheinungen ist ihre Langsamkeit. Wer in eine Welt hineingeboren wird, die schon deutliche Bestands- und Strukturveränderungen erfahren hat, wird diese nicht wahrnehmen, da sie dem gewohnten Bild und vertrauen Welterfahrungen entspricht. Das gilt im Positiven wie im Negativen. Heute Geborene werden sich kaum eine Welt ohne elektronische Medien vorstellen können, so wie die älteren unter uns sich die Lebensverhältnisse im 19. Jahrhundert und früher kaum realistisch vorstellen können. Dennoch spielt die Wahrnehmung von schleichenden Veränderungen aus der Vergangenheit heraus eine wichtige Rolle, denn die Kontinuität der Kräfte, die diese Prozesse erzeugen, werden sich in der Zukunft ungehindert fortsetzen, wenn ihnen nicht rechtzeitig entgegen gewirkt wird.

Kulturwerke, zu denen fraglos die dinglichen Konstruktionen von Fabriken und Produktionsanlagen ebenso gehören wie die mentale Strukturierung und

Stabilisierung der Unternehmensorganisation als effiziente und zugleich innovativ wirkende soziale Ganzheit, sind den Möglichkeiten der Natur(gesetze) abgerungene Kunstgebilde mit einem gewagten und daher gefährdeten, folglich pflegebedürftigen Aufbau. Hochkomplizierte Kulturwerke sind nicht nur Kathedalen und Paläste, Rathäuser und Brückenbauten, Gemälde und Skulpturen, sondern auch Bürobauten und Fabriken, maschinelle Anlagen und verkaufsfertige Waren und die gesamte Infrastruktur, die teils in staatlicher, teils in privater Obhut errichtet und unterhalten werden.

Sie alle unterliegen dem natürlichen Zerfall ihrer materiellen Konstruktion. Deshalb verursachen sie nicht nur Kosten der Herstellung, welche sich aus den Anstrengungen zur Überwindung natürlicher Gegenkräfte ergeben, z. B. der Widerstand von Gesteinsmaterial gegen Bearbeitung, bevor sie zu Hochbauten eingesetzt werden können, sondern auch aus ständigen Anstrengungen zur Aufrechterhaltung der aus dem Natürlichen hervorragenden kühnen Konstruktion.

Alles praktische Wirtschaften, soweit es die Herstellung betrifft, ist Kulturarbeit und, da diese Kulturleistungen menschliche Gestaltungen und physische Arbeit verlangen, fallen entsprechende Kulturkosten an. Dass diese nicht immer den erwarteten Geldwert erreichen, um im Handel geschäftlichen Erfolg zu zeitigen, hängt mit den von vielen Zufällen bestimmten Wertentwicklungen zusammen, denn die öffentliche oder kommerzielle Wertschätzung kümmert sich nicht um Herstellkosten und Pflegeaufwand, sondern folgt den kulturellen Lebensmustern der Nutzer. Die Kulturarbeit an einen Produkt kann technisch gelingen, aber kulturell scheitern: durch überholte Symbolik oder monotone Ästhetik, Stilwandel in der Gesellschaft, Qualitätssteigerungen durch innovative Konkurrenzerzeugnisse, Sinnverlust für den langen Atem der Geschichte (Unterschätzung des Wertes von Tradiertem).

Die Zeugnisse menschlicher Vergangenheit sind auch auf eine ganz andere, eher indirekte Weise von herausragender Bedeutung, weil sie zu ihrer Zeit aus einem bestimmten geistigen Gestaltungsbewusstsein heraus geschaffen wurden, und dieses geistige Gestaltungsbewusstsein, das wir als die mentale Seite der Kultur bestimmen werden, bleibt auch dann erhalten und kann spürbar gemacht werden, wenn das dingliche Objekt fast nur noch eine Ruine ist. Die menschliche Phantasie kann in einem Torso noch lesen oder nachempfinden, aus welchem kulturellen Bewusstsein heraus einst das jetzt ruinierte Objekt geschaffen wurde. Wem kommen nicht Gedanken dieser Art, wenn er irgendwo ein antikes Ruinenfeld vor sich hat!

Der Mensch kann das, was ihm als überliefert sinnlich entgegentritt, als eine Mitteilung der Vergangenheit wahrnehmen, die für die Gegenwart Bedeutung haben könnte und auf seine individuelle Weise deuten. Wo ihm der sinnliche Zugang durch Zeitablauf oder räumliche Entfernung fehlt, kann er die Deutungsweisheit von erfahrenen Historikern, Archäologen und Kulturwissenschaftlern in Anspruch nehmen und sich über Dokumentationen ein Bild machen. So entstehen im Gehirn des Menschen kleine oder große Welten der Vergangenheit, die auf sein gegenwärtiges Handeln kognitiv einwirken, weil sie erhärtete Fakten bieten oder aber, dies keineswegs selten, Stimmungen vermitteln und deshalb eher intuitiv als bewusst ins Spiel kommen.

Was in solchen Erinnerungen auf eine eher hintergründige Weise wichtiger als alles konkrete Deutungswissen werden kann, wird bei allen kulturellen Objekten und Konstellationen von der Tatsache bestimmt, dass sie Menschenwerke sind, hinter denen stets eine funktionale, ästhetische oder symbolische Absicht steckt, die den kulturellen Geist jener Epoche in sich birgt. Das menschliche Gedächtnis arbeitet mit kompakten Eindrücken und Bildern, die nicht analytisch zerlegt sind, sondern Ganzheiten repräsentieren, die nicht konturenscharf zu sein pflegen und in denen sich verschiedene Episoden durchmischen können. Um das für sich auszuprobieren, braucht man nur ein technisches oder Industrie-Museum aufzusuchen oder in einem städtischen Museum die glorreichen Zeugnisse der Vergangenheit auf sich wirken zu lassen.

Der Naturwissenschaftler hingegen deutet nicht den Geist, der die Natur einst geleitet haben mag, diesen Berg oder jene Landschaft so zu schaffen, wie sie sich präsentieren, denn die Natur denkt nicht und entwirft nicht, sondern ereignet sich entsprechend ihren Kausalitäten, ohne nach einem Sinn oder Zweck zu fragen. Menschen haben zwar häufig den *spiritus loci* einer natürlichen Formation oder Erscheinung zu ergründen versucht und darauf ihre religiösen Rituale aufgebaut, z. B. der Olymp als Wohnsitz der Götter oder das Gewitter als das Wüten Wotans.

Anders der Archäologe, der Historiker oder der Kulturanthropologe. Ein Kulturobjekt stößt vornehmlich deshalb auf Interesse, weil es aus einer Gestaltidee hervorging und diese in den kulturellen Lebensideen und Lebensmustern eines vielleicht längst verschwundenen Volkes wurzelt, die es zu enträtseln gilt. Zugleich tritt damit deutlicher ins Bewusstsein, dass die vergangene Ideenwelt, in der das Objekt seine geistigen Wurzeln hat, einst eine Gegenwart war, die in eine Zukunft hinausragte, eine Zukunft, die für uns in der Gegenwart längst selber eine Vergangenheit geworden ist. Jede Vergangenheit war einmal eine Gegenwart, die ihrerseits aus einer Vergangenheit heraus einer Zukunft entgegenging. Geblieben ist nur die Materialisierung oder Verdinglichung, also das, was aus den Entschlüssen und dem Tatendrang von Menschen übrig blieb und Spuren hinterließ, die man lesen und deuten kann.

Vergangenheit, Gegenwart und Zukunft sind daher keine objektiven Tatbestände, sondern Denkkonstruktionen eines auf dem Pfeil der Zeit wandernden Beobachters, der in jedem Augenblick ins Bewusstsein ruft, welchen Weg er

Die Systemeigenschaften der Unternehmung 69

gegangen ist und welche verzweigungsreiche Zukunft sich vor ihm erstreckt. Er denkt nicht nur sich selbst als in Bewegung befindlich, während seine Umwelt stehen bleibt, sondern nimmt auch deren „Wanderungen" (Wandlungen, Strömungen, und Kontinuitäten) wahr. Es ist also Bewegung in der Bewegung.

Im Berufsfeld eines Unternehmers haben sehr weit zurückreichende Vergangenheiten relativ wenig Aussagekraft, auch wenn die gesamte Lebenserfahrung eines Menschen weit über die Berufssphäre hinausreicht und das im Gedächtnis archivierte Episodenwissen keinen krassen Unterschied macht zwischen dem Berufsleben und den Lebens- und Erlebnishorizonten. Es werden die Anfangsbedingungen für das Unternehmen, auch wenn dessen Gründung vielleicht Generationen zurückliegt, in der Erinnerung sein oder nicht selten in einer dokumentierten Geschichte des Unternehmens niedergelegt sein. Es werden besondere Ereignisse, etwa eine ruhmreiche Erfindung oder die Umgründung von einem Familienunternehmen in eine juristische Personengesellschaft, deutlich im Bewusstsein aktuell sein. Es können Niederlagen, Krisenzeit, verpasste Chancen und besondere Vorkommnisse eine Rolle spielen. Dieser spezifische Fokus auf die Vergangenheit formt auf die eine oder andere Weise das Gegenwartshandeln des Betreffenden, selbst wenn dies nicht immer bewusst wird.

Die Erkenntnis, dass solche vom schaffenden Menschen hervorgebrachten Kulturwerke kategorial andere Eigenschaften aufweisen als die Formationen der Natur, ist eine wichtige Erfahrung, weil wir gewohnheitsmäßig den Tatsachen der Vergangenheit (den Sachen der Tat) eine Qualität von Objektivität zuzuweisen gewohnt sind, die sonst nur aus den Naturwissenschaften bekannt ist. Das geschaffene Ding hat als Materie zweifellos einen ähnlichen Rang der Unwiderrufbarkeit, aber an ihm ist nicht der Stoff, sondern der Geist von Bedeutung, aus dem heraus er geschaffen wurde. Der Stein, aus dem eine Kirche gebaut wurde, mag für Baumeister von Interesse sein, die die Statik beurteilen sollen. Doch der kulturelle Geist, aus dem das Bauwerk gestaltet wurde, ist immaterieller Natur. Er existiert zwar nicht unabhängig von dem Objekt, teilt aber nicht in gleicher Weise die Vergänglichkeit der Stoffe, aus denen die Kirche geformt wurde.

Die Gestalt aber ist eine Entscheidung, genauer: ein Prozess formender Einzelentscheidungen in den Phasen der Verwirklichung, und jede einzelne Entscheidung hatte Alternativen vor sich, solange nicht zur Tat geschritten wurde. Die Tatsachen der Vergangenheit sind nichts als die Ergebnisse entschiedener Wahlen. Diese unterliegen nicht den Naturgesetzen. Die Ehrfurcht vor dem Faktischen kann daher leicht zu einem Fetisch werden, wenn man den empirischen Befunden aus der Vergangenheit zu viel Bestimmungsmacht für die Gegenwart einräumt. Was uns aus der Vergangenheit durch Überbleibsel und Schriftstücke übermittelt wird, hat keine den Naturerscheinungen vergleichbare, sondern eine normative Geltung; denn auch das ist eine Entscheidung in der Gegenwart, ob man das Überkommene fortsetzen oder zu einer Erneuerung ansetzen will. Diese Bemerkungen gelten ohne Abstiche auch für die gegenwärtige Lage eines Unternehmens und dessen Vorläufer in der Vergangenheit. Auch sie sind kein objektiver Bestand, sondern bilden sich aus deutenden Rückblicken auf der Grundlage ausgesuchter Merkmale. Die Vergangenheit eines Unternehmens sieht jeweils anders aus, je nachdem durch welche Brille des Interesses man blickt. Man kann eine Erfolgsgeschichte, eine technologische Geschichte, eine Geschichte des baulichen Wachstums oder eine Geschichte der Führungsgenerationen verfassen. Das Ergebnis ist jedes Mal anders. In allen pragmatischen Fällen aber geht es darum zu verstehen, wie das Unternehmen durch alle Widrigkeiten hindurch hat bestehen und Erfolge erzielen können und was davon als Klugheit und Ansporn für die Zukunft mitgenommen werden kann.

Die von der Betriebswirtschaftslehre inspirierten Darstellungen über die Existenz- und Erfolgsbedingungen eines Unternehmens sind allesamt um das Moment der Gewinnerzielung zentriert, was natürlich der Grundidee eines Unternehmens entspricht und dessen wirtschaftlichen Kern ausmacht. Die betriebswirtschaftlichen Vorgehensweisen zur Bearbeitung dieser monetären Seite zeichnen allerdings ein Bild des Unternehmens, das wir – durchaus mit einem kritischen Unterton – eine Gewinnerzielungsmaschine nennen können.

Gewinn und in Verbindung damit die ökonomische Rationalität, d. h. die Logik der Wirtschaftlichkeit des Geldeinsatzes, erlangt die Oberhand als Auswahlmerkmal gegenüber den verwickelten Tatsachen der Wirklichkeit, so dass der Betrieb tatsächlich zu einer Gewinnmaximierungsmaschine stilisiert wird. Aber das ist theoretische Konstruktion, wenn nicht Wunschdenken. Man kann nicht ernten, ohne zuvor den Boden bearbeitet und die Erfahrungen und Unterstützung anderer herangezogen zu haben und sich zu vergewissern, ob die Ernte marktfähig sein wird. Ein Unternehmen, das sein gesellschaftliches – und nicht nur sein kommerzielles – Umfeld nicht einschätzen kann, wird seine Gewinnmaximierungsmaschine nicht erfolgreich arbeiten lassen können.

Was dennoch zunächst für diese betriebswirtschaftliche Brille spricht, ist die unleugbare Tatsache, dass jedes Unternehmen in einer Marktwirtschaft vom Geld her kommt. Folglich dankt man auch in der Praxis in Kategorien des Geldes und schreitet zur Tat mit dem klaren Ziel, über die Einnahmen das Geld mit einem angemessenen oder möglichst großen Gewinnanteil zurückzuholen, ob ausgeschüttet oder zur Investition von Wachstum im Unternehmen verbleibend. Wir nehmen diese monetäre Sicht zum Ausgang für die Frage, welche Bedeutung darin die Vergangenheit hat und wie das Markante darin sichtbar gemacht werden kann.

Das Bemerkenswerte am Geld als der Quelle der Unternehmensexistenz ist das *Denken* daran, nicht der vor einem liegende Haufen Münzen oder Geldscheine, auch nicht der wohltuende oder beunruhigende Blick auf den Kontoauszug der Bank. Die Physis des Geldes ist der materielle Träger einer hochkomplexen Wertverdichtung, in der die ungeheure Reichweite von Macht und Einfluss, von Abenteuern und Errungenschaften, von Leistungsstolz und überwundenen Kämpfen, von hinterlassenen kulturellen Botschaften und dem Leiden von Unterlegenen und Geopferten die Phantasien vom Geld beflügeln. Dies alles erschließt sich dem *Denken* in Geld und an Geld, nicht der *Physis* des Geldes. Es ist der *Geist des Geldes,* aus dem ein Unternehmen hervorgeht und lebt, so wie auch Unternehmensführung *geistige* Arbeit und nicht bewusstlose Körperkraft ist.

Die monetäre Dimension, das *Denken* in Geld, ist eine von fast unendlich vielen Möglichkeiten, die Vergangenheit eines Unternehmens aufzurollen. Keine dieser Möglichkeiten kann die ganze Fülle einer Unternehmensexistenz erfassen. Jede von ihnen ist für sich eine mögliche, aber auch nur eine partielle Rekonstruktion, durch die besondere Gesichtspunkte hervorgehoben werden, je nach dem Erkenntnisinteresse. Die monetäre Dimension legt spezifisches Gewicht auf das Element *Geld* und damit zusammenhängend auf die Leistungsfähigkeit des Betriebes, aus Geld ein Mehrgeld zu machen. Doch, wie wir an späterer Stelle weiter ausführen werden, ist Geld nicht nur ein schnödes Tauschmittel, sondern selber eine kulturelle Erscheinung. Der denkende Umgang mit Geld ist deshalb nicht bloß eine Rechenoperation, sondern ein gezielter Griff in ein unbestimmtes Bündel von Werten, die kompakt handhabbar werden durch das physische Geld (Münzen, Geldscheine, elektronische Speichermedien).

Der betriebswirtschaftliche Blick auf die Vergangenheit ist nicht auf diese monetäre Dimension beschränkt, auch wenn diese als Leitdimension gelten muss, denn um sie rankt historisch die Entstehungsgeschichte des Unternehmens als institutioneller Typus in Marktwirtschaften. Die Unternehmung als ein maßgebliches Aktivum in jeder Marktwirtschaft ist untrennbar mit dem geschichtlichen Heraufkommen von Marktwirtschaften verbunden. Darauf komme ich noch zu sprechen.

Auch unter monetärem Fokus reicht der Blick zurück nicht aus (so wenig wie es der Blick nach vorn tut), um die ganze Vielfalt der Wertsondierungen zu erfassen, die ein Unternehmen leisten muss. Ein Unternehmen lebt ja nicht als selbstgenügsamer Einzeller in einem Nahrungsfluidum, sondern ist intelligenter Teil eines sozialen Organismus, Wirtschaft genannt, und erfüllt darin normative und physische Funktionen. Es agiert darin nicht beliebig, sondern in Wechselbeziehungen. Ein flüchtiger Blick auf die Umsatzzahlen des letzten Jahres oder der letzten Perioden bleibt an der Oberfläche kurzfristiger Übersichten und lässt wenig Spielraum, in den Entwicklungen die Vorboten von Veränderungen zu eruieren. Diese erschließen sich jedoch erst mit umfassenden Lagedeutungen. Der Blick zurück muss deshalb das ganze Kontinuum der Existenz als Teil des sozialen Organismus erfassen und zu rekonstruieren suchen, um die Qualitätsfaktoren zu bestimmen, und das reicht gewöhnlich weiter in die Vergangenheit zurück. Ein Unternehmen, das beispielsweise nichts als die Umsatzerfolge erkennen will, muss die Warenumsätze nicht über endlos lange Perioden zurückverfolgen, sondern kann sich mit den letzten wichtigen Jahren, vielleicht nur mit dem letzten Jahr begnügen. Aber was sagen solche Zahlen aus für Erfolgskriterien wie Stressstabilität in Umbruchzeiten, intelligente Teamformationen zur Einlösung von unerwarteten Chancen oder Navigationsfähigkeiten in unsicheren Zeiten? Die Verdichtung des Wertegefüges eines Unternehmens auf das Kriterium *Geld* reduziert dagegen den Blick auf eine eindimensionale Kategorie, hinter der sich eine komplexe Vielfalt an Einflussfaktoren verbirgt, die die lediglich statistisch oder buchhalterisch erfassten monetären Effekte bewirkt haben.

Der Grund für die übliche statistische Verdichtung auf die monetären Effekte ist relativ einfach: Der Umsatz des vergangenen Jahres wurde unter inneren und äußeren Bedingungen erzielt, die zum größten Teil auch in der Gegenwärtig noch gelten. Besondere Vorkommnisse können leicht herausgerechnet werden, beispielsweise eine längere Produktionsunterbrechung durch einen Streik. Bei weiter zurückliegenden Perioden wird die Interpretation schon schwieriger. Vergleicht ein Unternehmen zum Beispiel seine Umsätze seit der Zeit vor 10 Jahren mit den heutigen, müsste der Übergang von der D-Mark zum Euro und die Geldwertveränderungen in den Jahren seither herausgerechnet werden, um die vom Unternehmen selbst induzierten Wachstumsimpulse freizulegen. Steigende Umsätze und steigende Gewinne könnten nämlich teilweise auf die Veränderungen des Geldwertes oder der Kaufkraft der Währung und nicht auf gewachsene Leistungsstärken des Betriebes zurückzuführen sein.

Für einen ergiebigen Rückblick können wir jedoch eine ganz andere Brille aufsetzen, um die Leistungspotentiale des Unternehmens zu erkennen, die gewissermaßen hinter den monetären Vorgängen wirksam sind. Etwas pauschal können wir sie als die geistigen, kreativen und kulturellen Kompetenzen der Unternehmenslenker bezeichnen. Von deren Eigenschaften in Bezug auf alle Geldfragen und darüber hinaus auf die langfristigen Perspektiven der Unternehmensexistenz hängt das konkrete Leistungspotential auf der elementaren Ebene der Geldvorgänge entscheidend ab.

Ein Unternehmen kommt nicht deshalb ohne Existenzgefährdung durch unruhige Zeiten, weil es auf einem Geldpolster schwimmt, sondern weil es von Lenkern geleitet wird, die zu navigieren gelernt haben. Was sind das für mentale und emotionale Eigenschaften, die für die Navigation in unruhigen Zeiten maß-

Die Systemeigenschaften der Unternehmung 73

geblich sind? Das ist eine der entscheidenden Grundfragen, für die wir in unserer kognitiven Theorie der Unternehmensführung nach möglichen und hilfreichen Antworten suchen werden. Der Geldfluss ist kein Automatismus und der erzielte Gewinn kommt nicht aus einem einarmigen Banditen. In einem ersten noch undifferenzierten Schritt können Umsatzstatistiken, Trendberechnungen und andere Geldströme einige Startindizien liefern. Wem es dagegen darauf ankommt, etwa in der Rolle eines Unternehmensberaters, zu tief greifenden und nachhaltig wirkenden Empfehlungen für die gesamte Unternehmensführung oder eine einzelne Kampagne vorzudringen, muss das komplizierte Geflecht an mentalen und emotionalen Kompetenzen verstehen und zu gestalten versuchen, die an den Lenkungsmanövern der Unternehmensführung beteiligt sind und in jedem praktischen Einzelfall eine einzigartige Komposition bilden. Diese Annäherung kann sich allerdings nicht auf die Führungsebene beschränken, sondern muss das Potential des Ganzen ins Auge fassen.

Das Leistungspotential eines Unternehmens steckt nicht im verfügbaren Kapital (Geld allein ist tot), auch nicht in der installierten Technologie und der festgefügten Organisation. Es lebt in den beteiligten Menschen, ob Führungskraft oder nicht, und es lebt im kollektiven Geist, der Unternehmenskultur, die zu schaffen, zu pflegen und zu vitalisieren Sache der Unternehmensleitung ist. Für diese Aufgabe sind Menschen mit besonderen Persönlichkeitsmerkmalen gefordert. Nicht jeder, der kalkulieren und Rechenmodelle bedienen kann, ist dadurch schon ein geeigneter Navigator in unruhigen und herausfordernden äußeren Bedingungen.

In den nächsten Abschnitten werde ich mich mit den zuletzt genannten Aspekten näher befassen und einige Kategorien herausarbeiten, die bei der komplexen Rekonstruktion von Potentialen aus der Untersuchung der Vergangenheit bis an die Gegenwart heran ein Grundgerüst der Erkenntnis bieten können. Diese Kategorien sind indessen nicht mehr als eine Anleitung, kein Ersatz für eine auf den einzelnen Fall bezogene Untersuchung. So könnte es beispielsweise wichtig sein, vom Geist und den Antrieben des oder der Unternehmensgründer auszugehen und dem Zeitenwandel nachzuspüren, um bis in die Gegenwart den Erfolgsweg oder auch manche Umwege und Niederlagen aufzudecken und die Komponenten einer langfristigen Tragfähigkeit für die Zukunft freizulegen. Schöpferische Fähigkeiten sind dabei nur *ein* Aspekt. Krisenresistenz und die Intuition für den richtigen Moment, in dem Entscheidungen gefällt werden müssen, sind zwei andere Kompetenzen von hohem Rang.

2.1.2 Kontinuität und Wandel

2.1.2.1 Das Kontinuum des Wandels

In diesem Abschnitt gehe ich auf zwei Basiskategorien ein, die mit zu den schwierigsten und heikelsten gehören, weil sie in der Praxis häufig existenzielle Probleme oder Entwicklungsbrüche aufdecken: Kontinuität und Wandel. Zur Unzeit zum Maßstab erhoben, können Einschätzungen von Kontinuität und Wandel je nach den Umständen fehlerhafte Maßnahmen verursachen. Wie aber erkennt man, wann es an der Zeit ist, auf Beständigkeit zu setzen, und wann es an der Zeit ist, den geordneten Wandel zu beginnen, um einem möglichen Niedergang oder Chaos zu entgehen?

Probleme und Konflikte brechen oft dann auf, wenn Übergänge nicht gestreckt und in maßvollen Schritten vollzogen werden, oder im umgekehrten Fall Zwänge oder Chancen folgenlos verebben, weil notwendiger Wandel sich zu lange hinzieht. Übergänge zu begleiten, ist eine klassische Aufgabe für erfahrene Unternehmensberatung, die den Stil des professionellen Coachings beherrscht (Fischer-Epe/Schulz von Thun 2004, Radatz 2009, Migge 2007, Rauen 2008).

Die Spannung zwischen Kontinuität und Wandel wird beispielsweise spürbar, wenn es in der Unternehmensleitung einen Rechtsformenwechsel oder einen Generationenwechsel gab oder gibt (Landes 2006). Der Vater und vielleicht auch Unternehmensgründer repräsentiert in seiner Person und im Stil seiner Unternehmensleitung die Kontinuität, die über Jahrzehnte den Erfolgsweg des Unternehmens garantierte. Der Sohn wird auf dem Entstandenen vielleicht aufbauen wollen, aber seinen eigenen Stil und seine eigenen Visionen verwirklichen. Mit ihm kommt dann in der Regel der Wandel ins Spiel. Ebenso dramatisch können technische Innovationen werden, deren Zukunftspotential am Anfang schwer einzuschätzen ist.

Kontinuität ist der Obergriff für eine Reihe von Einzelaspekten, die teilweise konzertieren, teilweise kontrastieren, in allen Fällen aber Grundstrukturen der historischen Entwicklung bilden, die die Konturen und Strukturen eines Gesamtbildes entstehen lassen: Stabilität, Berechenbarkeit, Zuverlässigkeit und Belastbarkeit als deren wichtigste Stützen. Sie signalisieren positive Zustände, die jedoch auch Gefährdungen mit sich bringen können, wenn sie als Maßstäbe des Handelns überzogen und nicht mit allen anderen Komponenten ausgewogen werden. Dann wird leicht aus Stabilität Erstarrung, aus Berechenbarkeit Determinismus, aus Zuverlässigkeit Servilität und aus Belastbarkeit Nachgiebigkeit. Die Grenzen sind natürlich fließend.

Die Gefährdungen können bis zur Existenzbedrohung eines Unternehmens führen und haben ihre Ursachen entweder in den Binnenstrukturen oder werden durch undifferenzierte Außenwahrnehmung akut, nicht selten auch durch ein Zusammenwirken beider Komponenten, die im Verlauf der Unternehmensentwicklung nicht erkannt, unterschätzt oder einfach laufen gelassen wurden. Ein Blick in die Vergangenheit einer Unternehmensentwicklung kann, muss aber nicht immer, eine Vorahnung solcher entscheidender Momente vermitteln, die in weiteren Schritten genauer untersucht werden können.

Wir nennen solche sich oft über Wochen, Monate oder sogar Jahre hinziehenden Phasen in der Entwicklung eines Unternehmens Zeitenwenden oder Umbrüche. Meist wird in solchen Fällen von Krisen gesprochen. Doch dieser Begriff hat den zu alarmierenden Touch von etwas Bedrohlichem. Letztlich aber ist jede kleine Unentschiedenheit eine Krise, da man das Ergebnis nicht voraussagen und nicht beeinflussen kann. Das muss ja nicht unbedingt bedrohlich sein.

Zeitenwenden sind Erscheinungen, in denen das relevante Umfeld des Unternehmens entweder massive Veränderungen der Existenzbedingungen einleitete und dem Unternehmen bestimmte, häufig nicht präzise ermittelbare Zwänge auferlegte, die an der Existenz des Unternehmens rütteln und wirtschaftliche Erfolge entweder unerwartet vorantreiben oder aber sie aus der Bahn werfen. Zeitenwenden sind Diskontinuitäten, also Abweichungen vom stetigen Normalverlauf und erkennbar an Umstrukturierungen und Neufassungen wesentlicher Komponenten des Unternehmens und seiner Führung. Kontinuität und Wandel gehören wie Zwillinge zusammen und müssen in konkreten Einzelfällen als die beiden Seiten derselben Medaille angesehen werden.

Ein weiterer Gesichtspunkt ergibt sich aus der Unterscheidung zwischen Tatsachen der Vergangenheit einerseits, etwa dem gewählten Standort einer Produktionsstätte mitsamt seiner technischen Ausstattung, seines geschulten Personals und den technischen Verbindungen zur Außenwelt, z. B. Gleisanschlüsse und Zuwegungen, und andererseits den geistig-schöpferischen Potentialen, etwa den langjährigen Erfahrungen, der kreativen Kompetenz, des offenen Klimas der Unternehmenskultur. Diese Unterscheidung ist deshalb von Bedeutung, weil Kontinuität und Wandel ihre Wurzeln im Geistigen haben und auf dem Weg zur Welt der Taten und Tatsachen das Problem der Unumkehrbarkeit des Geschehenen vor sich sehen.

Die Reihenfolge von Denken und ausführender Tat entspricht der allgemeinen Logik des (bewussten, nicht des instinktiven) Handelns, welches jeder vollendeten Tat einen sie gestaltenden und auslösenden Denkprozess voraussetzt. Eine Tatsache ist immer zuerst eine Denksache. Einen Denkprozess kann man abbrechen, umleiten, verzögern, wieder aufgreifen und überspringen, und das nahezu in jeder beliebigen Sekunde; eine zur Tatsache gewordene Handlung ist unumkehrbar in der Welt. Sie kann zu einem Meilenstein des Erfolgs, aber auch zu einem Hindernis oder Stolperstein der verpassten Chancen und unerkannten Zwänge des Wandels werden.

So einfach die Logik von Denken und Tun erscheint, jedenfalls wenn man Handeln als eine bewusst gesteuerte Aktivität ansieht, so schwierig ist ihre Beachtung in der Wirtschaftspraxis. Die Gründe sind klar: Man kann ermitteln und erklären, was man physisch vor sich sieht, man kann die Fakten zählen, kombinieren und deuten, indem man Rückschlüsse über ihre Ursachen versucht zu ziehen. Nur eines kann man nicht: in die Köpfe derer hineinsehen, die sich das alles ausgedacht haben, und damit entziehen sich dem objektiven, gesicherten Blick die eigentlich entscheidenden Vorgänge.

Dieser Umstand hat wohl zur Hauptsache dazu beigetragen, dass sich die Betriebswirtschaftslehre zu einer Wissenschaft entwickelte, die sich an die konkreten, empirisch bestimmbaren Tatsachen hält. Die Rekonstruktion von motivgelenkten psychischen Vorgängen beim Entscheiden und in konkreten Taten ist üblicherweise nicht Sache der Betriebswirtschaftslehre, jedenfalls nach ihrem gegenwärtig herrschenden Selbstverständnis. Im pragmatischen Schrifttum ist das freilich anders, denn dort kommt die Realität ins Spiel und verlangt kompakte Einschätzungen und praktisch wirksame Vorgehensweisen.

Einer der bekanntesten Betriebswirte des 20. Jahrhunderts, Erich Gutenberg, hatte schon Anfang der fünfziger Jahre in seinem grundlegenden Werk *Grundlagen der Betriebswirtschaftslehre* [Band 1: Die Produktion] auf die produktive Kraft des von ihm so genannten dispositiven Faktors, dem Unternehmensleitungskollektiv, hingewiesen mit der Bemerkung, dass die in der Persönlichkeit und kulturellen Verankerung eines Unternehmensführers liegenden Wurzeln seiner Leistungsfähigkeiten ins (wie Gutenberg meinte) Irrationale führe, welches nicht Sache der Betriebswirtschaftslehre sein könne, sondern in die Psychologie gehöre (Gutenberg 1983).

Ich schließe mich dieser in weiten Teilen der Betriebswirtschaftslehre auch heute noch verbreiteten Sicht nicht an und kritisiere damit zugleich das gravierende Manko, dass damit die entscheidende Komponente der Leistungsfähigkeit von Managern und Unternehmensführern aus der wissenschaftlichen Betrachtung eliminiert wird und man glaubt, auf ein vermeintlich rationales Phantom, den Homo oeconomicus, bauen zu können. *Vermeintlich* bezieht auf die behauptete Geltung der Logik einer formalen Operation als pragmatisches Prinzip. Ein isoliertes Postulat, das daraus häufig abgeleitet wird, ist selbst irrational.

Der Homo oeconomicus ist eigentlich nichts als ein Algorithmus, der in volkswirtschaftlichen Theorien des Marktgeschehens eine gewisse Studienberechtigung haben mag, aber als Richtmaßstab für die Praxis der Unternehmensführung gänzlich absurd ist. Er gehört auch methodologisch nicht in die Be-

Die Systemeigenschaften der Unternehmung 77

triebswirtschaftslehre, die mit der volkswirtschaftlichen Mikroökonomik keineswegs identisch ist. Die Logik des Handelns ist weder in der Praxis, wie wir noch sehen werden, noch in der Theorie eine einfache Angelegenheit. Aus den bisherigen, noch zu vertiefenden Anmerkungen über praktisches Denken und Gestalten leiten wir ein erstes Prinzip der Unternehmensführung ab:

Prinzip 1:

Alles beobachtbare reale Geschehen in der Wirtschaft hat seinen Ursprung im Denken von Menschen, denn dort bereiten sich die Gestalten vor, die durch ausführende Taten in die wirkliche Welt gesetzt werden.

Dieses Prinzip mache ich zugleich zur Grundlage meiner weiteren Untersuchungen über die Bedeutung der (Unternehmens-) Vergangenheit für die Einschätzung von Entwicklungspotentialen für die Zukunft.

Eine weitere Bemerkung zum Begriffspaar *Kontinuität und Wandel*, bevor ich auf die erwähnten Einzelaspekte oder –kategorien zu sprechen komme, betrifft die Zeit. Die Zeit ist nicht nur ein naturwissenschaftliches, sondern vor allem auch ein soziologisches Thema von besonderem Rang. Das Zeitempfinden in Epochen vorherrschenden Glaubens an ein geschlossenes, von einer unergründlichen Schicksalsmacht determiniertes Firmament, also die lange Periode vor der so genannten kopernikanischen Wende, hat bis in die Kultur des Alltagsgeschehens ein gänzlich anderes Zeitempfinden hervorgebracht und andere Strukturen gebildet als in der Neuzeit.

Die Vergänglichkeit alles Irdischen und damit die Vorstellung von unumkehrbarem Wandel war den Menschen im Mittelalter fremd. Sie glaubten an die gottgewollte und nur von Ihm gelenkte Ewigkeit trotz aller Bewegtheit in der Gegenwart, die man aber als stationären Kreislauf, als die ewige Wiederkehr des Gleichen begriff, nicht als eine in nur einer Richtung verlaufende, niemals wiederkehrende Entwicklung.

Die Neuzeit hat die Vorstellung von der Unendlichkeit des Universums ins Zeitempfinden eingebracht und damit „Schleusentore" der Alltagshektik und Arbeitshetze, der zunehmenden Verdichtung von Veränderungsprozessen oder, allgemein formuliert, das vielschichtige Problem der Beschleunigung des Lebens geschaffen (Rosa 2005). Zwar wurde damit die Idee eines geschlossenen Kosmos aufgebrochen und der Wandel in der Zeit bekam etwas Natürliches. Doch dieser Wandel blieb im Empfinden der Zeitgenossen eine göttlichem Willen und Dirigismus unterworfene Schicksalsmacht, die der Mensch nicht beeinflussen kann. Die Geschichtsphilosophie Giovanni Battista Vicos (1668 – 1744) brachte diese Vorstellung zur Sprache, und noch Albert Einstein (1879 – 1955) meinte (gegenüber Niels Bohr), dass Gott nicht würfelt (also die Welt nicht vom Zufall beherrscht wird). Ereignisse wie der Sacco di Roma 1527 oder die Französische Revolution 1789 deutete man als göttliche Fügungen und Fingerzeige, den revoltierenden Menschen darin als deren Instrument. Man konnte sich den Vorgängen nicht entziehen, nicht einmal durch Flucht, wie der französische König Ludwig der XVI. erfahren musste.

Eine moderne Version der Geschichtsphilosophie kann auf das unkontrollierbare Wirken des Zufalls verweisen, dessen das Neue provozierende und zugleich das Alte zerstörende Gewalt ein auch Naturwissenschaftlern nicht unbekannter Meister des Geschehens ist (Monod 1996). Anton Zeilinger schreibt dazu: *Der Zufall stellt also offenbar ein konstitutives Element unserer Welt dar. Es geht nur nicht darum, ihn nicht aus der Welt zu verbannen, sondern ihn als Quelle für Neues schlechthin zu sehen. Wenn man dies akzeptiert, so gilt es, durch unser Handeln Bedingungen zu schaffen, bei denen der Zufall die Möglichkeit hat, etwas Positives zu bewirken* (Zeilinger 2008, 23).

Ein historisches Musterbeispiel für das Zustandekommen einer ebenso einmaligen wie zufälligen Konstellation bietet Volker Reinhardt in seiner Schilderung der Plünderung Roms 1527. Andere krasse Beispiele sind der so genannte Amsterdamer Tulpenwahn in den 1630er Jahren (Dash 2008) und in unseren Tagen der Ausbruch und die Folgen der internationalen Finanzkrise in den Jahren nach 2007. Das waren Ereignisse besonders dramatischer Auffälligkeit. Doch der Alltag steckt voller kleiner, manchmal sich gefährlich aufschaukelnder Zufälligkeiten.

Die Dynamisierung des Lebens war das große Thema von Hans Jonas. Die Auflösung der gefestigten Vorstellungen einer in sich geschlossenen Welt, wie sie das Mittelalter beherrschte, und der Aufbruch zu einer in ständiger (Fortschritts-) Bewegung befindlichen Kulturentwicklung war seine wichtige Grunddiagnose (Jonas 1979, 251).

Die starke Betonung des Wandels als eine das menschliche Dasein von Grund auf in ständige Bewegung bringende Lebensform hat in der Wirtschaft schon relativ früh zu Entgrenzungen bis hin zu Enthemmungen geführt, worin die ökonomischen Kräfte historisch sogar eine führende, wenn nicht auslösende Rolle gespielt haben mögen (Bendixen 2007 a). Die Wirtschaft hat von dieser Dynamik nicht nur in Gestalt der Ideologie der unbegrenzten Gewinnmaximierung und des für ewig fortsetzbar angenommenen Wirtschaftswachstums profitiert, sondern hat sich aktiv an dieser Dynamisierung beteiligt, denn Gewinnmaximierung und Wirtschaftswachstum sind (theoretisch wie wirtschaftspolitisch) die Bedingungen für das Funktionieren der Märkte der Neuzeit in den Formationen der kapitalistischen Marktwirtschaft, und das gesellschaftlich zugleich erwünschte Mittel sind Innovationen als Etappen des Fortschritts.

Die Zeit als Strukturierungskriterium steckt in beiden Begriffen, in Kontinuität ebenso wie in Wandel, und schwingt ungenannt ständig mit. Ein und derselbe Vorgang kann sich als kontinuierlich zeigen vor dem Hintergrund einer relativ kurzen Zeitspanne, muss aber als ein Wandel identifiziert werden vor einem längeren Zeithorizont. Das ist eine Relativität der Wahrnehmungen, die nicht so lapidar ist, wie sie im ersten Augenblick erscheinen mag. Wahrnehmungen sind subjektiv verarbeitete Signale aus der Außenwelt und unterliegen so mancher Täuschung.

Die Wahrnehmung einer singulären Erscheinung, etwa eines langgezogenen Tons, bekommt durch das umgebende Sicht- und Geräuschfeld eine bestimmte Färbung. In der Musik spielt man mit den Klangfärbungen eines Grundtons durch begleitende Instrumentierungen und Klangakzentuierungen, ganz abgesehen davon, dass ein singulärer Ton selbst ja aus Schwingungen und damit Bewegungen besteht, die das menschliche Ohr als solche nicht wahrnimmt.

Der durchgezogene Grundton eines Musikinstrumentes in einem Orchesterwerk (der so genannte Orgelpunkt) verändert seine physikalische Schwingungsfrequenz nicht, wohl aber in Verbindung mit der Polyphonie der Begleitinstrumente seine Klangfärbung für den Zuhörer. Eine bestimmte Tonart, z. B. c-moll, muss nicht einmal durchgehend erklingen. Sie wird quasi in Abwesenheit durch die Tonintervalle der übrigen Klangpassagen ständig indirekt zitiert und entsprechend empfunden (Altenmüller 2009, weitere Einzelheiten in Bendixen/Weikl 2011).

Der Ton einer Kirchturmglocke „steht" für mehrere Sekunden im Raum und kann sich mit nachfolgenden Tönen anderer Glocken sogar vermischen. Doch wandelt er sich von Beginn an mit sich abschwächenden Schwingungen, bis er verschwunden ist. In langer Sicht ist kein Ton beständig, in kurzer Sicht klingt er konstant, doch verändert er seine Tonqualität und sogar seine Tonlage, wenn man sich schnell genug auf den Kirchturm zubewegt oder sich entfernt. Mit einem Seitenblick auf Einsteins Relativitätstheorie können wir sagen, dass der Ton einer Glocke nur dann als gleich wahrgenommen wird, wenn der Beobachter stillsteht. Verändert sich die Distanz zwischen dem Tonerzeuger und dem Tonempfänger, verändert sich der wahrgenommene Ton selbst.

Das sind physikalische Erscheinungen (des so genannten Doppler-Effekts), die wir symbolisch auf die veränderten Wahrnehmungen auf geistiger Ebene übertragen können, wenn es sich um kurzfristig kontinuierlich erscheinende

Vorgänge handelt, die sich aber in längerer Sicht als unbeständig erweisen können. Ein und dasselbe Objekt, z. B. ein Kirchturm, wird aus unterschiedlichen Standortperspektiven verschieden wahrgenommen, obwohl er sich (zumindest kurzfristig) gleich bleibt. Was sich also verändert, ist das innere Bild des Beobachters, und dieses innere Bild ist das, was das Gedächtnis des Wahrnehmenden stimuliert (er kann auf Grund seines Vorwissens einen Kirchturm von einem Bürohochhaus unterscheiden). Kontinuität und Wandel sind, wie erwähnt, Denkkonstruktionen, die der Wirklichkeit nicht innewohnen, es sei denn in der lapidaren Feststellung, dass nichts bleibt, wie es ist, und folglich immer alles im Fluss ist (*panta rhei*, wie bereits der Philosoph Heraklit sagte).

Diese Relativität der Wahrnehmungen ist der wohl häufigste Anlass für Meinungsverschiedenheiten und so manchen Konflikt, gerade auch im Geschäftsleben. Die unterschiedliche Einschätzung der allgemeinen Geschäftslage hat in der Regel drei typische Ursachen: Erstens kann eine Meinungsverschiedenheit auf unterschiedlichen äußeren Wahrnehmungen beruhen, verursacht durch die nicht lösbare Unvollständigkeit von Wahrnehmungen, zweitens kann sie durch unterschiedliche Blickpunkte oder Standorte auf ein und dieselbe Sache hervorgerufen sein und drittens können unterschiedliche Erfahrungen aus dem Gedächtnis abgerufen werden, die zu verschiedenen Beurteilungen führen.

Die Zeitperspektive führt zu einem weiteren Prinzip, das ich meinen weiteren Betrachtungen unterlegen werde:

Prinzip 2:

Es gibt keine absolute, sondern nur relative Kontinuität objektiver Erscheinungen. Auf lange Sicht sind alle Erscheinungen im Wandel, solange das Universum sich ausdehnt.

So wenig wie es nach menschlichem Ermessen eine absolute Ewigkeit gibt, so gewiss ist andererseits die Tatsache, dass der Wandel eine unaufhörliche Bewegung ist, jedenfalls solange das Universum sich ausdehnt und mit dieser Ausdehnung die Evolution der Natur weiterläuft. Es gibt also nichts Kontinuierlicheres als den Wandel.

Alle Wahrnehmungen sind eine Frage des Zeitraums der Betrachtung, wobei Realzeiten, etwa eine Woche, zu unterscheiden sind von virtuellen Zeiträumen, etwa der Zeitraum der Industriellen Revolution. Letztere ist real nicht erfahrbar, sondern existiert nur als eine Konstruktion im Gehirn, dies allerdings unter Zuhilfenahme innerer und äußerer Gedächtnisarchive (z. B. Publikationen von Historikern). Historische Zeiten und Epochen sind künstlich eingezogene Zeitgrenzen in einem kontinuierlich fließenden geschichtlichen Ereignisstrom. Das Thema *Zeit* besitzt deshalb noch eine weitere wichtige Komponente. Die Zeit als solche ist ein grenzenloses Kontinuum der Bewegung (in der Ausdehnung des Universums) und zugleich eine menschliche Urerfahrung, die alles plastische Vorstellungsvermögen überschreitet. Zeitvorstellungen werden konkret, indem man sie in fassbare Ausschnitte gliedert, die stets einen Anfangszeitpunkt und einen Endzeitpunkt aufweisen. Das Tagwerk beginnt am Morgen und endet am Abend. Das Jahr nimmt seinen Anfang am 1. Januar und läuft am 31. Dezember aus. Auch wenn ein Geschäftsjahr eine davon abweichende Zeitlage einnimmt, bleibt der Zeitraum als solcher in gleicher Ausdehnung begrenzt. Andere Zeiträume von pragmatischer Relevanz sind die menschliche Lebenszeit oder der Zeitraum seit der Gründung eines Unternehmens bis in die Gegenwart.

Ein Einzelereignis nimmt immer einen Zeitpunkt (genauer: ein begrenztes Zeitfenster) im Zeitkontinuum ein, der entlang der Zeitskala genau definiert ist. Ihm selbst wäre aber ohne einen zeitlichen Rückbezug zu dem, was vorher war und was danach folgte, nicht anzumerken, ob sich in ihm ein langfristiger Wandel vollzieht oder sich lediglich eine Oszillation um eine kontinuierliche Entwicklungslinie ereignet hat. Beispielsweise konnte man im Augenblick des Geschehens die Belagerung Wiens durch das osmanische Heer im Frühjahr 1683 selbst im Wissen um die Vorgeschichte nicht verstehen, ob es sich um ein punktuelles Ereignis in der langen Kette der fast alltäglichen kriegerischen Auseinandersetzung handelte oder sich darin eine Epoche machende Umwälzung ankündigt, die mit der Zurückdrängung der Türken aus großen Gebieten Osteuropas endete.

Diese Situation ist ein fundamentales Kennzeichen von allen Gegenwartslagen, in denen sich etwas vollzieht und von denen man nicht weiß, ob sich damit ein grundlegender Wandel ankündigt, dem man tunlichst folgen sollte, oder ob nach einer gewissen Zeit der alte Normalzustand wieder hergestellt wird, so dass man sich darum nicht weiter kümmern muss. Eine Abschwächung der Konjunktur kann ein völlig normaler Vorgang sein, über den sich kein erfahrener Unternehmensführer sonderlich aufregen muss. Sie kann aber auch ein frühes Indiz für einen aufkeimenden Umbruch bedeuten, auf den man sich besser mit Bedacht einstellt, wohl wissend, dass, wenn alle Beteiligten sich so verhalten, der Umbruch mit umso größerer Gewissheit eintritt.

Eine Beurteilung der Eigenschaften eines gegenwärtigen Ereignisses wird dann nicht gelingen, wenn man es nur als solches und ohne Rückbezug zum zeitlich und räumlich relevanten Umfeld wahrnimmt. Das ist vergleichbar mit der Situation eines jungen Klavierschülers, der seinem Lehrer stolz erklärt, er könne schon sechzehntel Noten spielen, und dieser ihn auffordert: Na, dann spiel doch mal eine! Die meisten realen Ereignisse versteht man eben nur im Zusammenhang mit Zuständen und Ereignissen der umgebenden Situation. Das Einzelne wird erkennbar und verstehbar nur im Kontext des Ganzen, das selber wiederum als ein Einzelnes in einem umgreifenden Kontext erscheint und gedeutet wird. Diese Schichtung der Geschichte ist ein grenzenloses Spiel mit den Konstruktionspotentialen des Gehirns.

Erfahrungen haben daher stets einen Zeithorizont, der sich auf die Vergangenheit oft auch zugleich auf die Zukunft erstreckt. Da die Zukunft ungesichert und im Rahmen gegebener Handlungsmöglichkeiten gestaltbar ist, gewinnt man relative Gewissheit der eigenen Position und Möglichkeiten des Handelns nur durch einen Blick in die Vergangenheit, ohne sich jedoch vollständig von ihr einfangen zu lassen. Die Vergangenheit ist fixiert, und gerade deshalb ist sie nicht immer ein guter Lehrmeister.

2.1.2.2 Die Komponenten des kontinuierlichen Wandels

Nimmt man die Vergangenheit nicht als einen verlässlichen Lehrmeister, sondern nur als kongenialen Trainer, dann befindet man sich als handelnder Mensch permanent vor die Frage gestellt: Weitermachen wie bisher oder den äußeren Einflüssen nachgeben? Das richtige Maß oder die Balance zu finden zwischen dem Wert stabilisierender Erfahrungen, Überzeugungen und für sicher gehaltenen Realitätswahrnehmungen auf der einen Seite und der frühen Erkenntnis eines auf die Dauer nicht zu umgehenden Wandels, kann durch Gewohnheit, falsch verstandenem Konservativismus oder einfach Sturheit zu unfruchtbaren Vorfestlegungen und Prinzipien führen. Die an sich erstrebenswerte Stabilität wird allzu leicht durch Erstarrung entwertet.

Aus der allgemeinen Erkenntnis, dass es absolute Kontinuität nicht gibt und dass die Wahrnehmung von Wandel eine Frage des Betrachtungszeitraums und der Lagebeurteilung ist, kann gefolgert werden, dass es hinsichtlich der Notwendigkeit von Veränderungen darum gehen muss, die Spuren des Wandels frühzeitig wahrzunehmen und daraus passende Schlussfolgerungen zu ziehen.

In einem anderem Zusammenhang werde ich diese Kunst, im Blick voraus den rechten Weg zu finden, also nichts zu übereilen, aber auch nichts hinzuschleppen, als Navigationskunst beschreiben. Sie ist der intellektuelle und zugleich tatkräftige Kern der Unternehmensführung.

Stabilität
Stabilität bedeutet gesicherte Fortsetzung eines bestehenden Zustandes. Damit wird keine Form von absolutem Stillstand vorgeschlagen, sondern Vitalität um

Die Systemeigenschaften der Unternehmung 83

einen in sich ruhenden Kern, also oszillierende Bewegungen um eine Homöostase. Ein stabiler Kernzustand kann jedoch übermächtig werden, so dass die ihn umrankenden Funktionsstrukturen und -prozesse zum Zentrum hin gefesselt werden und schließlich im Kern aufgehen, wie in einem Schwarzen Loch. Absolute Starrheit wird man in sozialen System kaum finden; das wäre Grabesstille. Aber so manche totalitären Herrschaftssysteme tendieren in diese Richtung und halten sich nur, solange sie keine stärkeren Erschütterungen erfahren. Sie sind mithin gefährdet und auf längere Sicht für die Zukunft nicht gerüstet.

Die Natur hat auf ihre Weise vielfältige Vorkehrungen getroffen, einerseits um ihre Hervorbringungen zu stabilisieren und sie andererseits doch den Kräften der Zerstörung und des Zerfalls auszusetzen. So halten beispielsweise Bäume Starkwinden relativ schadlos stand, weil die biologische Zellstruktur des Holzes Festigkeit mit Biegsamkeit verknüpft. Stabilität ist ein Gegengewicht gegen natürliche Kräfte der Zerstörung, des Zerfalls und des Zusammenbruchs, häufig schlicht wegen des thermodynamischen Hauptsatzes (Entropie = natürliches Streben nach Gleichverteilung der Elemente eines Systems) und der Gravitation.

Stabilität aus Menschenhand ist eine Kulturleistung, die ständig durch Naturkräfte bedroht ist und folglich sorgfältig gepflegt werden muss. Kultur ist in ihren dinglichen Formen, etwa eines Deichs, selbstverständlich nicht nur ein Bollwerk gegen die Natur (besser eigentlich: ein Bollwerk in der Natur), sondern in vielen Bereichen eine Form der Glorifizierung menschlichen Könnens. In ihren normativen Gestalten ist Kultur eine Form der Konstruktion sozialer Ganzheiten, welche den inneren Zusammenhang von Gemeinschaften gerade dann stärken sollen, wenn den Menschen ein Höchstmaß an individueller Freiheit ohne Zerfall in Chaos gesichert werden soll. Doch davon später mehr im konkreten Zusammenhang mit Fragen der Unternehmensführung, denn innere Stärke des Ganzen bei gleichzeitiger individueller Initiativ- und Kreativkraft gehört zu den Kernfragen dieses Themas.

Stabilisierung als Kulturleistung ist überall dort am Werk, wo der Mensch seine Lebensverhältnisse nach eigenen Vorstellungen sichern will und muss. Die Weinrebe (ihrer Natur nach ist sie ein Auwaldgewächs, wo sie natürlichen Halt an Bäumen und Sträuchern findet) braucht für ihre Ranken ein stabiles Gerüst, der Berghang braucht eine den Bodendruck auffangende Stützmauer, das Betriebsgebäude muss auf festem Untergrund errichtet sein und die Kathedrale kann Jahrhunderte überdauern, weil die Baumeister der Gotik einige fundamentale Gesetze der komplexen Baustatik entdeckten. Stabilität setzt absichtlichen oder zufälligen Ein- oder Angriffen von äußeren Kräften Widerstand entgegen. Absichtliche Eingriffe können durch Zwänge des äußeren Wandels notwendig werden. Doch allzu kräftige Stabilität erhöht den Aufwand über Gebühr. In der Stabilität liegt deshalb zugleich eine Neigung zu unwirtschaftlicher Starrheit.

Die genannten Beispiele stammen allesamt aus der dinglichen Welt und stehen für physikalische Stabilität. Zweifellos handelt es sich durchwegs um Kulturwerke, die das menschliche Leben gegen Störungen und Zerfall absichern sollen, so unvollkommen das mit dem jeweils verfügbaren Wissen, den tradierten Erfahrungen und dem instrumentellen (handwerklichen) Können gelingen mag. Kulturwerke sind sie deshalb, weil in ihnen der von kulturellen Werten und Mustern her geprägte Gestaltungswille und das Gestaltungskönnen des Menschen in der Nutzung natürlicher Eingriffsmöglichkeiten zum Ausdruck kommen.

Kultur ist ein sich in den Gestalten, etwa Bauwerken oder Werkzeugen, aber auch sozialen Lebensformen und Institutionen, wahrnehmbares und von Ideen und gedanklichen Konstruktionen geleitetes Streben. Kultur hat im denkenden Individuum ihren Ursprung und wird zur kulturellen Tatsache durch dingliches Handeln. Die kulturellen Formen und Gestalten, die sich zuerst im formenden Denken eines Menschen bilden, sind ihrerseits das Ergebnis eines Lernprozesses im Umgang mit und in den Erfahrungen in der äußeren Welt, und zwar der natürlichen ebenso wie der gesellschaftlichen, und mit den von dort her erzwungenen Anpassungen. Die inneren (kognitiven) Prägungen durch lernende Erfahrungen resultieren sowohl aus Naturvorgängen als auch aus sozialer Kommunikation, häufig aus beidem zusammen, beispielsweise in einem Expeditionsteam oder einem Forschungsprojekt.

Jedes einzelne Gehirn ist also gewissermaßen ein Spiegel der äußeren Kultur, allerdings stets nur ein individueller (subjektiver) Ausschnitt daraus, der sich teilweise aus der Vergangenheit dieses einzelnen Lebens rekonstruieren lässt, z. B. aus einem ausführlich dokumentierten Lebenslauf oder einer Biographie. Der Blick in die Vergangenheit kann erklären, aus welchen stabilen Erfahrungs- und damit Gedächtnisstrukturen die Handlungen eines Menschen hervorgegangen sind und welche zufälligen oder spezifischen Einflüsse darin sich einmischten. Der gleiche Gedankengang kann auch angewendet werden, wenn man die kulturelle Stabilität eines ganzen sozialen Gebildes, etwa eines Unternehmens, ermitteln will.

Kulturelles Streben ist nicht gegen die Natur als Ganzes gerichtet, der kulturell motivierte Mensch ist nicht der Feind der Natur, sondern arbeitet in den Rahmenbedingungen des Möglichen unter Nutzung und Berücksichtigung von Naturkräften. Der Fuchs gräbt seinen Bau nicht gegen die Natur, sondern folgt instinktiv ihren Bedingungen und Gegebenheiten, der Webervogel konstruiert sein hängendes Nest nicht wider alle Naturgesetze, sondern nutzt ihre Möglichkeiten zum Schutz seines Geleges gegen Schlangen und andere Raubtiere. Auch der Mensch tut im Grunde nichts anderes, nur dass er eben seine Intelligenz einsetzt, um in einem sehr weiten Umfang Naturgesetze für sich dienstbar zu machen.

Der sich kultivierende und zivilisierende Mensch hat (im Grundsatz und als Möglichkeit) die Macht der Erkenntnis, wie weit er sein Spiel mit den Kräften der Natur treiben kann, ohne die stabilen Grundlagen zu zerstören, auf denen er sein gesamtes Habitat errichtet. Er hat zwar die Macht der Erkenntnis. Aber besitzt er auch die Weisheit der Begrenztheit seiner Macht? Erkenntnis der Begrenztheit schützt vor dem Übermut, unumkehrbare Erfahrungen mit den Folgen eigenen Tuns zu riskieren und dann feststellen zu müssen, dass der Schritt über die Grenze hinaus das Verderben bedeuten kann. Zu fordern wäre eine Erkenntnis in der zweiten Potenz, die ihre eigene Begrenztheit thematisiert ähnlich wie *eine Philosophie also, die ihre eigene Gefährlichkeit – die Verführung durch sich selbst – zum Thema macht. Philosophie ist nötig, um den Schaden, den sie anrichtet, in Grenzen zu halten oder eben mit den Worten Schillers: nur die Philosophie kann das Philosophieren unschädlich machen* (Safranski 2009, 208).

Die menschliche Intelligenz besitzt ein ambivalentes Potential, denn wird mit den Kräften des gestaltenden Verstandes eine Tat wirklich vollzogen, hilft keine Weisheit mehr, das Geschehene zurückzunehmen. Einsicht in die Begrenztheit menschlicher Tatkraft und Macht ist daher eine notwendige Geistesleistung, die weit *vor* der eigentlichen Tat aufzubringen ist. Die kognitiven und sentimentalischen Geisteskräfte des Menschen bestimmen die Klugheit (und Verantwortlichkeit) seines Handelns. *Hier* befindet sich der Kern vernünftigen Wirtschaftens, nicht in der blinden Gefolgschaft eines abstrakten Rationalitätsbegriffs.

Der Begriff des Sentimentalischen hat einen gewissen Bedeutungswandel erlebt, der heute in die Nähe von Gefühlsseligkeit, also Emotion ohne gegenständlichen Bezug oder Anregung von außen, abgedriftet ist. Anders noch Friedrich Schiller in seiner Schrift *Über naive und sentimentalische Dichtung*. Sentimentalisch denkt jemand, der sich der Natur mit Empfindungen nähert, also von Ideen ausgeht. Der Naive dagegen ist die Natur selbst. Rüdiger Safranski schreibt dazu: *Der sentimentalische Dichter, der aus dem Abstand zur Natur arbeitet, findet seinen Schwerpunkt im Bewußtsein, nicht im Instinkt, er muss sich zwingen und kommandieren* (Safranski 2009, 122).

Die Schillersche Deutung des Sentimentalischen wirft ein bestimmtes Licht auf Adam Smiths Buch *The Theory of Moral Sentiments* aus dem Jahre 1759, das schon 1926 von Walther Eckstein mit *Theorie der moralischen Gefühle* übersetzt wurde. Es dürfte fraglich sein, ob *sentiments* schlicht mit *Gefühle* übersetzt werden kann. Der Titel *Theorie der moralischen Wahrnehmungen* käme dem von Smith Gemeinten wohl deutlich näher. Gerhard Roth schreibt zu Gefühl: *Das deutsche Wort >Gefühl< kommt im 17. Jahrhundert auf und meint ursprünglich* *den ganz allgemeinen Aspekt des Sich-Anfühlens und Erlebens. Es entspricht (z. B. bei David Hume) dem englisch-französischen Begriff >sentiment<. Man begriff Gefühle als eine Art Wahrnehmung, benachbart den Sinneswahrnehmungen, dem Vorstellen, Erinnern und Denken* (Roth 2003, 285).

Die Errichtung von stabilen Kulturwerken ist nicht nur aufwendig, denn jede Überwindung von Naturkräften und natürlichen Widerständen erfordert physikalische Arbeit, sondern ist zugleich ein Versuch, dem ununterbrochenen Wandel zumindest zeitweilig aus dem Weg zu gehen. Die Widerstandsfähigkeit eines Bauwerks oder Zustandes macht zwar den äußeren und zuweilen imponierenden Eindruck von Kontinuität, die die Zeiten überstand und überstehen kann. Doch der Eindruck kann täuschen, denn die Kräfte der Natur sich mächtig und unaufhebbar, allen voran die Kräfte der thermodynamischen Hauptsätze, welche ständig daran nagen, komplexe Strukturen zu demontieren, sie also dem Zerfall oder der Entropie auszusetzen. Ihre Wirkungen können oft nur durch ständig pflegliche Unterhaltung und Erneuerung über lange Zeiträume gemildert werden.

Das gilt für Objekte und Konstellationen der physischen Natur, beispielsweise den Verlauf eines Flusses, ebenso wie für menschliche Bauwerke, beispielsweise die Flussbegradigungen und –vertiefungen. Ein alter Gebirgsstock wird mit der Zeit durch Frost, Regen, Beben und Wind allmählich abgetragen und über seine Flüsse in der vorgelagerten Ebene verteilt. Das sind natürliche Vorgänge, die den engen Zusammenhang von Kontinuität und Wandel in Abhängigkeit von der Wahrnehmungszeit verdeutlichen: Sie Silhouette des Gebirgsstock ändert sich während einer menschlichen Lebenszeit sichtbar nicht. Er scheint, als würde hier die Ewigkeit regieren. Doch schon ein Gletscher kann innerhalb relativ kurzer Zeit sein Profil verändern und damit anzeigen, welche Kräfte des Klimawandels an ihm nagen.

Die gleichen Kräfte arbeiten ständig auch an menschlichen Bauwerken und greifen deren Stabilität mit der Zeit an, so dass sie zusammenbrechen würden, wenn sie nicht erneut durch menschliche Arbeit, also Kulturleistungen, wiederhergestellt würden. Eine alte Burganlage auf einem Berggipfel, sich selbst überlassen, zeigt schon nach kurzer Zeit alle Anzeichen des Zerfalls: vermooste Mauerrisse, herabgestürzte Mauerteile, Buschwerk in den Innenräumen. Das Schicksal von menschlichen Bauwerken, die nicht mehr genutzt und damit ihrem natürlichen Schicksal überlassen werden, geht in gleicher Weise der Entropie, ihrer fast völligen Elementarisierung, entgegen wie natürliche Strukturen.

Dennoch gibt es einen gravierenden Unterschied zwischen beiden Vorgängen, der nicht nur die Länge des Zerfallszeitraumes betrifft, der im Falle der Abtragung eines Gebirges um ein Vielfaches länger dauert als die am Erdzeitalter gemessene kurze Periode menschlicher Kulturarbeit. Deren Zerfall ergibt sich aus der eigentlich widernatürlichen Künstlichkeit von Kulturwerken. Kulturwerke wie beispielsweise eine Burganlage haben oder hatten einen bestimmten Zweck, dem sie ihre physische Gestalt verdanken. Die Natur dagegen ist zwecklos, vielleicht sogar sinnlos, weil sie einfach nach ihren Gesetzmäßigkeiten verläuft, ohne darin einem definierten Endzweck oder einem höheren Sinn zu folgen.

Für manche Philosophen, Theologen und andere Geisteswissenschaftler, selbst für einige Naturwissenschaftler galt und teilweise gilt die Vorstellung einer über allem stehenden Schicksalsmacht als gegeben, die das irdische Geschehen mit unsichtbarer Hand lenkt. Die Natur selbst mag unbeseelt sein, aber eine Schicksalsmacht über ihr sorgt dennoch für einen Endzweck der Evolution. Dies mag vorerst so stehen bleiben (Bendixen 2010 b).

Aus der Zweckhaftigkeit von Kulturwerken ergibt sich eine doppelte Zerfallsbedrohung ihrer physikalischen Stabilität: durch die thermodynamischen Kräfte und andere Naturgesetze einerseits und durch den Zweckverlust als Kulturwerk andererseits. Wird eine Burganlage nicht mehr genutzt, weil sie als Residenz- und Verteidigungsanlage im historischen (also von menschlichem Zweckhandeln inszenierten) Wandel keiner kulturellen Aufgabe mehr dient, etwa wegen verkehrstechnischer Unzugänglichkeit und der fortschreitenden Militärtechnologie, lassen die geistigen Kräfte des Menschen nach, die zur Kulturpflege notwendig sind. Das Werk wird seinem natürlichen physikalischen Schicksal überantwortet, wenn nicht spätere Generationen von Kulturromantikern an eine Restaurierung herangehen.

Absolute Stabilität gegen den Wandel kann es für physische Objekte und Konstellationen nicht geben, und zwar weder für natürliche noch für kulturelle Bestände. Aber unerwünschter Wandel kann mit Anstrengungen, also mit Gestaltungswillen und Geldmitteln (zum Erwerb von Arbeitsleistungen), verzögert werden. Die antike Hafenstadt Ephesos in Kleinasien liegt heute infolge der Versandung und Verlandung der ägäischen Küste an dieser Stelle etwa 5 Kilometer landeinwärts. Dieser Prozess war mit den Mitteln und dem bautechnischen Wissen der Antike nicht aufzuhalten. Die Hafenstadt Hamburg liegt etwa 120 Kilometer vor der Nordseeküste an der Elbe. Ihr Hafen wäre ohne technische Vertiefungen der Fahrrinne für Hochseeschiffe nicht mehr nutzbar, wenn nicht permanent gegen Versandung und Verschlickung der Elbe gearbeitet würde.

Die Erhaltung einer so wichtigen Hafenanlage im nordeuropäischen Wirtschaftsraum erfordert einen ständigen Aufwand, um ihre Funktionstüchtigkeit als wirtschaftlich nutzbares Kulturwerk stabil zu halten. Das ist nicht nur eine Frage der kulturellen und ökonomischen Bedeutung dieser Zweckanlage. Es ist der Wille zur Stabilität und damit zur Fortsetzung dieses Bauwerkes, der das entscheidende Kriterium der Kontinuität zur Geltung bringt. Dieser Wille zur Kontinuität schloss zu keiner Zeit den Wandel aus, selbst nicht nach den verheerenden Zerstörungen in Hamburg während des Zweiten Weltkriegs. Der kontinuierliche Wandel im Gefolge der Einflüsse sich verändernder äußerer Umstände und Bedingungen einschließlich des technischen Fortschritts ist das eigentlich Stabile in diesem Kulturwerk. Und diese Erkenntnis gilt allgemein.

Betrachten wir nun die Frage von Stabilität und den darin liegenden Risiken der Erstarrung, beispielsweise aus der Perspektive eines mittelgroßen, traditionsreichen Unternehmens irgendwo in einer Stadt, die nicht notwendigerweise eine Großstadt sein muss. Wir stellen uns vor, dass dieses Unternehmen einst einen Standort innerhalb der Stadt einnahm, diesen aber aus Gründen beengter Raumverhältnisse im dicht bebauten Umfeld dieses Geländes aufgab und in ein Gewerbegebiet am Stadtrand umsiedelte, wo es noch heute arbeitet. Dieser fast alltägliche Vorgang war aus Gründen der Stabilität der Unternehmensentwicklung notwendig, weil die innerstädtischen Bedingungen den geplanten Produktionserweiterungen entgegen standen. Die Umsiedelung ist ein klassisches Beispiel für Stabilität durch Wandel.

Es hätte aber auch anders kommen können. Das Unternehmen hätte einem Patriarchen mit engen wirtschaftlichen und kulturellen Traditionen und Bindungen unterstehen können, der den sein Imperium begründenden Standort innerhalb der Stadt nicht aufgeben wollte und stattdessen vor Ort Umbauten einleitete, beispielsweise die Aufstockung der Betriebsgebäude, um Flächen für Produktionserweiterungen zu gewinnen. Diese Entscheidung hat auf ihre Weise Stabilität im Auge. Doch kann sie sich im Verlaufe der Zeit als eine riskante Erstarrung erweisen.

Je stärker die Investitionen für Umbauten (bilanztechnisch und physisch) zu Buche schlagen, umso problematischer wird die Lage, wenn aus anderen als unternehmensinternen Gründen ein Wandel erzwungen wird, beispielsweise durch verkehrstechnische Modernisierungen der Innenstadt. Denkbar ist, dass der Patriarch über seinen Einfluss auf den Magistrat diese Maßnahmen verhindern kann. Dann überträgt sich die Erstarrung auf die urbane Umgebung und womöglich auf die Stadtentwicklung im Ganzen.

Die Ungewissheit, der ein Unternehmen konfrontiert ist, erstreckt sich auf die Unvorhersagbarkeit vieler wichtiger Faktoren und Konstellationen in der marktlichen und gesellschaftlichen Umgebung und auf das Nichtwissen über Gegebenheiten, die in der Gegenwart unentdeckt wirksam sind und unberechenbar die Szene des Wirtschaftens verändern. Da man nicht weiß, was man nicht weiß, bleibt die Ungewissheit eine permanente Gefährdung der unternehmerischen Operationen, innerbetrieblich wie im äußeren Umfeld. Unberücksichtigt bleibe hier vorerst, dass die Überraschungen, die die Lebensszenen im Horizont der Gegenwart aufwühlen können, ein Glücksfall sein können oder im umgekehrten Fall zur Bedrohung werden.

Die Systemeigenschaften der Unternehmung 89

Berechenbarkeit
Der kluge Navigator wird die Möglichkeiten genauer Berechnungen wahrnehmen, wenn die innere Logik von Abläufen, beispielsweise das präzise Wissen über notwendige Arbeitsgänge und deren Ressourcenverbrauch in einem Bauprojekt, eine sichere Kalkulation erlauben. Dass die meisten Kalkulationen allein wegen ihres prognostischen Charakters, aber oft auch aus verhandlungsdiplomatischen Gründen, dem tatsächlichen Verlauf fast nie exakt entsprechen, zuweilen sogar krass auseinanderfallen, ist eine bekannte Erscheinung, die bei öffentlichen Aufträgen regelmäßig den Rechnungshof alarmiert.

Der Fehler, den betriebswirtschaftlich vorgebildete Manager häufig machen, besteht in einem unangemessenen Vertrauen in die vermeintliche Wahrheit und pragmatische Geltung kalkulierter Befunde. Wer einer Kalkulation ohne ergänzende Interpretation vertraut, etwa den Kostenvoranschlägen eines Großprojektes, überantwortet seine Deutungskompetenz einem scheinbar objektiven Kalkül, stimmt den Budgets in Verhandlungen zu und bringt auf diese Weise das Projekt durchs Parlament oder bei zuständigen Regierungsstellen. Kalkulationen sind wichtig, doch sie sind nicht mehr als eine Plattform für sachgerechte und viel weiter reichende Interpretationen.

Die Erfahrung lehrt, dass Kalkulationen umso überzeugender wirken, je detaillierter sie ausgefeilt sind. *Da haben,* so wird man sagen, *viele Experten über viele Stunden und Tage über den Fall gebrütet; das kann doch nicht ganz falsch sein.* Dennoch stellt sich die grundsätzliche Frage, bis zu welchem Grad die Berechenbarkeit von künftigen Verläufen gesichert sein muss, um sich auf die Zahlen und Angaben verlassen zu können, und welche Folgen es haben kann, wenn der Wunsch nach genauer Berechnung in einem riskanten Determinismus stecken bleibt.

Sich auf geschätzte Zahlen und prognostische Berechnungen festzulegen, kann ein irrationales Risiko bedeuten; sich auf keinerlei Zahlen und Berechnungen zu stützen, kann in einem Vabanquespiel enden. Berechenbarkeit hängt daher unmittelbar mit der Fähigkeit zusammen, künftige Bedingungen und Verläufe des Handelns hinsichtlich ihrer Verlässlichkeit einschätzen zu können, um darauf aufbauend eine ganzheitliche Beurteilungsplattform aufzurichten, die den weiteren Planungen eine Richtung und eine brauchbare Struktur an Stützpfeilern bietet. Man muss sich nur darüber im Klaren sein, dass eine Plattform nicht immer eine sichere Verankerung in den Tatsachen hat.

Die Berechenbarkeit eines Vorgangs beruht auf der Annahme, dass die Verlaufsformen der einzelnen Schritte bestimmten Kausalitäten unterliegen. Die Unterstellung von Kausalität folgt dem naturwissenschaftlichen Prinzip, dass jedes Ereignis eindeutig aus Ursachen folgt und dass, sofern diese Ursachen vollständig (!) bekannt sind, angestrebte Ereignisse durch geeignete Manipulation der Ursachen gezielt erreicht werden können. Diese Berechenbarkeit ist die Grundlage der Technik, und deren historische Errungenschaften sind ein fassbarer Beleg dafür, wie weit der Mensch in der Erkenntnis naturgesetzlicher Kausalität gekommen ist.

Heute melden sich jedoch Zweifel, ob dieser Weg zu einem sinnvollen und durchhaltbaren Ergebnis gelangen kann. Die Erfolge scheinen den technischen Fortschritt zu bestätigen und die Hoffnung zu nähren, dass der Mensch die Kräfte der Natur zähmen und für seine Zwecke nutzen kann. Die darin steckende geistige Energie kennt jedoch keine eingebauten Grenzen, die dem ständigen quantitativen Mehr an Wohlstand rechtzeitig genug Einhalt und Richtungsänderungen vorgeben können. Hans-Peter Dürr schreibt dazu: *Dies hängt damit zusammen, dass wir uns weigern, den durch die Wissenschaft aufgedeckten, revolutionär erweiterten Charakter der Wirklichkeit nicht nur formell, sondern mit allen Konsequenzen zu akzeptieren. Dies würde uns zu einer Bescheidenheit bezüglich des prinzipiell Wissbaren nötigen. Wenn die neue Physik uns zeigt, dass die Zukunft prinzipiell nicht vorhersagbar und die Natur keine Maschine ist, dann bedeutet das, alle gesellschaftlichen und ökonomischen Strukturen, die sich an diesem überholten Weltbild orientieren, infrage zu stellen* (Dürr 2009, 166).

Nun sind aber menschliche Taten, durch die ein dingliches Objekt oder eine dingliche Objektkonstellation entsteht, zwar den Naturgesetzen und damit den Kausalitäten der Dingwelt unterworfen, aber sie sind beabsichtigte Objekte und damit die kausalen Folgen bewusst ausgewählter Ursachenkombinationen, deren Auswahl und zweckbedingter (finaler) Einsatz selber nicht der naturgesetzlichen Kausalität unterliegen. Mit anderen Worten: Sie sind Zweckobjekte, bei deren Entstehung es Spielräume der Kombination von Kausalketten und –vernetzungen gibt, die eine Gestaltwahl ermöglichen, wenn es um die Bestimmung von Zwecken geht. Nicht alles, was uns als kausal begründet erscheint und sich sozusagen selbst erklärt, ist tatsächlich auf eindeutige Ursache-Wirkungs-Ketten bestimmt. Viele Kausalitäten sind nur geglaubte, nicht geklärte Kausalitäten (von Foester 2010, Riedl 2010).

Nicht alle möglichen Zweckzustände sind geeignet, das Gewünschte herbeizuführen, und unter denen, die das leisten können, kommt letztlich nur eine zum Zuge, nämlich diejenige, die alle übrigen Kriterien (die meist eine Kombination von Zeitaufwand, Geldaufwand und Verfahrenssicherheit) am besten erfüllt, beispielsweise bei der Berechnung der kostengünstigsten Produktionsanlage, die sowohl die Kosten der Fertigung minimiert und zeitlich mit allen übrigen Produktionsprozessen synchronisiert werden kann als auch ein möglichst niedriges Niveau an Störanfälligkeit aufweist.

Die technischen Abläufe selbst unterliegen den naturgesetzlichen Kausalitäten, diese aber werden umklammert durch die gezielte Zwecksetzung. Deshalb gilt also in wirtschaftlichen Zusammenhängen das Prinzip der Finalität, welchem sich die Wahl der Produktionsfaktoren und ihrer Kombination unterordnen. Die Finalität ist eine Umkehrung der Logik der Kausalität dadurch, dass nicht nach den unausweichlichen Folgen des Zusammenwirkens verschiedener Ursachen gefragt wird, sondern nach den am besten passenden Ursachenkombinationen, die den angestrebten Zweck erfüllen.

Auf diese Weise gelangt eine normative Komponente in den Sachzusammenhang, so dass eine naturgesetzlich sichere Voraussage darüber, was tatsächlich geschehen wird, nicht mehr oder nur dann möglich ist, wenn der Wille des Handelnden unverrückbar feststeht und Abweichungen von der finalen Logik vollständig unterbunden werden können. Das wäre selbst in Sklavenhaltergesellschaften unmöglich. Entscheidend aber ist hier, dass tatsächliche Irregularitäten des Verhaltens als irrational gelten, also dem Bestreben nach zu bekämpfen sind.

Rationalität als pragmatisches Postulat bekommt auf diese Weise die Qualität einer Verhaltensnorm aus dem Kalkül der verlässlichen Berechenbarkeit heraus. Sie ist eine aus dem Streben nach Berechenbarkeit menschlichen Verhaltens abgeleitete Grundnorm, die systematisch vom Zwang zur individuellen Verhaltenlenkung auf das Systemverhalten, etwa ein ganzer Produktionsbetrieb, übertragen und mittlerweile als gängige Grundnorm übertragen wurde.

Aus alledem folgt, dass die Betriebswirtschaftslehre ihrer methodologischen Grundlage und ihrem Selbstverständnis nach eine normative Wissenschaft ist und dies auch mit Blick auf ihre pragmatische Geltung sein muss. Dennoch muss an späterer Stelle die Normativität der ökonomischen Rationalität als eine Überforderung der Praxis kritisiert werden, wenn sie Dominanz einfordert. Sie ist tendenziell als individuell erzwungenes Postulat uneinlösbar und endet auf der Systemebene im Extremfall in tyrannischen Strukturen, wenn man so will: im Totalitarismus.

Finalität ist von ihrer Logik her zwar die Schwester der Kausalität. Aber als kulturelle Praxis ist sie von ihr grundverschieden. Damit stellt sich die Frage, ob Finalitäten in gleicher oder angenäherter Weise wie kausale Vorgänge berechenbar sind und wie die jeweilige Ausgangslage definiert sein muss, um Berechnungen mit genügender Gewissheit und Zuverlässigkeit anstellen zu können. Sehen wir von operativen Berechnungsfehlern ab, so kommen im Prinzip zwei Komponenten mangelnder Genauigkeit in Betracht: Unvollständige Kenntnis aller Ursachen, die nur in vollständiger Kenntnis des gesamten Ursachenkomplexes einen erwünschten Zustand mit Gewissheit herbeiführen können, und die Unbestimmtheit der Ausprägungen und Eigenschaften jeder einzelnen dieser Ursachen oder Faktoren der Herbeiführung des erwünschten Zustandes.

Wir können die Erläuterungen zu beiden Komponenten an einem vereinfachten Vorgang festmachen. Das Ziel eines produktiven Vorgangs sei der Transport einer bestimmten Warenmenge an einen entfernten Ort. Zu ermitteln ist, welche Transportart die günstigste ist. Weiterhin können wir annehmen, dass die genauen Entfernungen der Transportwege, z. B. der Eisenbahn und eines LKW, sowie die Transportzeiten und die Standardkostensätze je Entfernungseinheit und Gewichts- oder Volumeneinheit bekannt sind. Die Berechnungen mögen auf diese Weise ergeben haben, dass der LKW-Transport wegen der Flexibilität der Verladetechnik und der benötigten Beförderungszeit die kostengünstigste Variante darstellt. Welche Unvollständigkeiten und welche Unbestimmtheiten können diese Rechnung unsicher machen?

Unvollständigkeit zeigt sich stets dann am auffälligsten, wenn unerwartete Zufälle in das Geschehen hineinspielen, die sich – so ist der Zufall definiert – nicht vorhersagen lassen und folglich nicht rechensicher berücksichtigt werden können. Dabei müssen wir zwei Arten von Zufallsereignissen unterscheiden: solche, die als Typus bekannt, aber als Ereignisse weder zeitlich, noch örtlich und in ihren Eigenschaften bestimmbar sind, und solche, deren Auftreten in jeder Hinsicht eine Überraschung bedeuten. Die erste Art von Zufällen kann versicherungstechnisch in ihren Folgen zu einem gewissen Teil aufgefangen (und somit als pauschale Kosten in die Berechnung eingefügt) werden. Die zweite Art ist dagegen absolut unerwartet, etwa ein Unwetter, welches Transportwege versperrt. Es ist nicht immer leicht, beide präzise zu unterscheiden.

Denkbar wäre beispielsweise der Fall, dass wegen unerwarteter Witterungsverläufe Straßensperrungen für den LKW-Verkehr etwa durch Erdrutsche oder Überschwemmungen den Transportverlauf beeinträchtigen und beachtliche Umwege notwendig werden. Zwar hilft heute die elektronische Navigationstechnik, die Kosten solcher Umleitungen zu vermindern. Aber die Verzögerung des Transports um vielleicht entscheidende Stunden kann am Bestimmungsort empfindliche Störungen verursachen, etwa zu einer Unterbrechung von permanenten Fertigungsprozessen führen. Unerwartete Störungen eines produktiven Ablaufs, hier also im LKW-Verkehr für technische Zulieferungen, sind nicht berechenbar, sondern können nur in ihren Auswirkungen gemildert werden, wenn beispielsweise ein Mindestvorrat am fernen Fertigungsort gehalten wird, um solche Unterbrechungen zu vermeiden. Auch das ist ein Kostenfaktor.

Wir bewegen uns mit diesem Beispiel im Problembereich der Logistik, deren Wirtschaftlichkeit sich darin erweist, dass sie den Normalverlauf zum Maßstab macht und weitgehend in sich optimiert und dass sie für unvorhergesehene, im Durchschnitt über längere Perioden jedoch einschätzbare Störungen Ersatzprogramme bereit hält. Logistik ist allerdings nur ein wichtiger, aber nicht der einzige Anwendungsfall für das Problem der unvollständigen Kenntnis aller relevanten Faktoren. Sehr viel komplexer und rechentechnisch oft nur noch mit groben Schätzungen zu bewältigen sind umfangreiche Kampagnen wie etwa die Berechnung der Vorteilhaftigkeit der Standortverlagerungen einer Produktionsstätte an einen Ort günstigerer Fertigungsbedingungen. Berechnungen sind auch in solchen Fällen unumgänglich, aber sie haben mehr den Charakter von Peilungsgrößen oder Umrissschätzungen, denen keine absolute Gewissheit zugeschrieben werden kann, als den von Eindeutigkeit. Die mathematische Form der Berechnung kann Exaktheit vortäuschen. Wer sich in solchen Situationen über die mangelnde Eindeutigkeit von Berechnungen hinwegsetzt, begeht den verbreiteten Fehler des unangemessenen Determinismus'.

Die Unbestimmtheit möglicher Ereignisse und Zustände der komplexen, unübersichtlichen Art kennzeichnet nicht nur den Geschäftsalltag eines Unternehmens, sondern sie ist auch prinzipiell nicht zu beseitigen. Sie folgt daraus, dass menschliche Entscheidungen keinen naturwissenschaftlichen Kausalitäten unterliegen und die ihnen zugrunde liegenden Finalitäten von außen nicht zugänglich sind, sondern auf eindeutige und geklärte Äußerungen angewiesen sind. Diese sind aber allzu oft nur irreführende Täuschungsmanöver aus taktischen Motiven oder auch ungewollte Selbsttäuschungen.

Sowohl das Marktgeschehen als auch das Gesellschaftsleben allgemein sind alles andere als determinierbare Systeme. Sie sind Spielfelder, und die Freiheit darin ist ein vitaler Bestandteil, ohne den die Gesellschaft zum Stillstand käme. Eben diese Freiheit schließt ein Kontinuum an Handlungsmöglichkeiten ein, die von außen als irrational oder willkürlich erscheinen mögen, im subjektiven Empfinden und Erleben aber als stimmig und folgerichtig wahrgenommen werden.

Des Menschen Wille mag zwar, wie manche Philosophen und Gehirnforscher meinen, nicht wirklich frei sind, sondern von den Kräften des Unbewussten und damit unkontrollierbar gesteuert werden. Doch scheint es so zu sein, dass der Mensch lernen kann, sich nicht vollständig vom Unbewussten treiben zu lassen, sondern Verzögerungen einbauen kann zur Abschätzung von unmittelbaren Folgen und sogar Fernwirkungen. Er kann gegebenenfalls seinen inneren Andrang blockieren. Handlungsverschiebungen zur Gewinnung höherer Grade an Rationalität sind eine mächtige historisch nachhaltige Kulturleistung.

Indessen ist das aus den Tiefen des Gedächtnisses kommende Unbewusste seinerseits kein wilder Haufen ungezügelter Triebe. Vielmehr spielen lebenslange Erfahrungen und daraus kommende Gravuren der Erinnerung eine strukturierende Rolle, ohne dass dadurch allerdings Beherrschung entsteht. In den Gedächtnisgravuren sind schwer zugängige Erfahrungen verdichtet, die sich in konkreten Lagen als Intuition zu Wort melden können. Intuition ist weder ein

Ausdruck kühler Rationalität noch ein Ausdruck zügelloser, heißer Triebe, sondern vielleicht so etwas wie die Weisheit des Unbewussten, welches lebensförderliche Handlungen des Menschen hervorbringt (Gigerenzer 2008). Die Bedeutung der Intuition als ein Kernstück der kognitiven Theorie der Unternehmensführung wird noch ausführlicher beschrieben und erörtert werden.

Auch intuitives Handeln ist nicht auf bewusster Berechnung gegründet. Auch ihr wohnt die Eigenschaft inne, dass sie Fehlhandlungen bewirken kann. Sie ist aber in hochkomplexen Situationen eine sinnvolle, oft die bessere Vorgehensweise und sie bildet vielfach eine Interpretationshilfe bei nicht vertrauenswürdigen Berechnungen. Im Beispiel der Verlagerung einer Betriebsstätte können die berechneten Gunstfaktoren, z. B. die örtliche Steuergesetzgebung in einem anderen Land, schwankende Währungsparitäten oder gewährte Fördermittel für ausländische Investoren, von einem zum anderen Tag entfallen oder auf gravierende Weise verändert werden. Solche Ereignisse sind meist nicht präzise vorhersagbar, denn sie folgen der Logik menschlichen Wollens, in diesem Beispiel politischer, womöglich ideologisch vorbelasteter Entscheidungen, und können allenfalls auf ein gewisses Minimum an Verlässlichkeit bauen (wenn die Erfahrung dies begründet). Aus dieser Einsicht können wir ein weiteres Prinzip ableiten:

Prinzip 3:

Je stärker menschliche Entscheidungen den Verlauf eines Ereignisses bestimmen, umso weniger ist dessen Ergebnis berechenbar.

Berechnungen bieten zwar eine oft notwendige Startbasis für Planungen und Entscheidungen, aber sie sind nicht mehr als eine vorläufige Plattform für ganzheitliche Deutungen und Beurteilungen auf der Grundlage von Erfahrung, Intuition und Phantasie.

Determinismus ist eine Praxis gegenüber Ereignissen und Zuständen, durch die alles, was geschieht, für kausal erklärbar und damit berechenbar und schließlich steuerbar gehalten wird und nach der es im Prinzip nur eine Frage des Kennens und Könnens ist, alle relevanten Faktoren rechentechnisch zu berücksichtigen. Das ist in manchen Lagen zumindest dem Streben nach eine erforderliche Tugend. Präzisionsanforderungen höchsten Maßes wird man überall dort vorfinden, wo auch nur der geringste Rechenfehler, beruhend auf ungenauer Kenntnis des gesamten Faktorenkomplexes einen Fehlschlag führen können, beispielsweise in der Raumfahrttechnik oder in der Erzeugung von Kernenergie in Atommei-

Die Systemeigenschaften der Unternehmung 95

lern. Ähnliche Anforderungen finden sich in vielen anderen Bereichen, etwa der Arzneimittelindustrie oder in der Chemieindustrie.

Von Determinismus wollen wir aber nur dann sprechen, wenn das Sicherheitsstreben zu einer unangemessenen Besessenheit führt in dem ehrgeizigen Versuch, komplette Beherrschung von bestimmten Vorgängen zu erlangen. Es ist die Übertreibung, die hier zu einem Problem werden kann. Solche Besessenheit eines überzogenen Beherrschungsstrebens ist nicht selten der Vater von Gesetzesdetaillismus (z. B. in der Steuergesetzgebung) und behördlichem Bürokratismus. Determinismus dieses Typs ist eine Art (anscheinend unheilbarer) sozialer Krankheit, wenn man beispielsweise an staatlichen Totalitarismus denkt. Aus der Angst vor dem (oft auch kreativen) Chaos wird bei Übertreibung ins Gegenteil leicht Erstarrung.

Aus den genannten Gründen unvermeidlicher Unvollständigkeit des Wissens und der im Umfeld von Entscheidungen unsicheren Eigenschaften von Situationsfaktoren ist die Berechenbarkeit und mehr noch ihre Extremform, der Determinismus, kein absolut sicheres Mittel zur Rekonstruktion und Beurteilung von Unternehmenslagen und ihren meist weit in die Vergangenheit zurückreichenden Ursachen und Ursachenkonstellationen. Deterministisches Denken, Planen und Kalkulieren ist deshalb im Regelfall kein geeignetes Mittel, die Geschichte einer entstandenen Situation zu rekonstruieren. Auch im Nachhinein kann kein historisches Ereignis, sei es geringfügig oder gravierend, so vollständig überprüft werden, dass man dadurch mit genügender Sicherheit eine auf Kontinuität bauende Übertragung auf die gegenwärtigen Verhältnisse begründen kann.

Vergangenes Geschehen erscheint häufig als eine zwangsläufig Folge aus historischen Umständen, mögen sie zufällig zusammentreffen oder absichtlich herbeigeführt worden sein. Doch in den Augenblicken des Geschehens hatte niemand einen vollständigen Überblick, konnte niemand mit logischer Kausalität rechnen, und die Lage für die Handelnden war zu der Zeit in gleicher Weise unsicher, wie sie es für jeden gegenwärtig Handelnden ist. Es wäre unlogisch, bestimmten Ereignisfolgen nachträglich eine Art historische Kausalität oder historischen Determinismus anzuhängen.

Das Problem dabei ist die fragwürdige Überzeugung, dass die Welt des realen Geschehens berechenbar ist und man im Geschäftsleben wie anderswo gegenwärtige Gewissheit dadurch erreichen könne, dass man so detailliert wie möglich prekäre ebenso wie normale Lagen analytisch und rechentechnisch (statistisch) untersucht und abbildet. Die Gewöhnung ans reine Kalkulieren untergräbt mit der Zeit die Fähigkeiten zu ganzheitlicher Deutung und zu Schlussfolgerungen aus der Kompetenz von Erfahrungen und intuitivem Durchforsten von Möglichkeitsräumen. Manche statistisch-operative Instrumente wie beispielsweise die Powerpoint-Präsentationen können zu existenziell gefährlichen Manövern führen. Wegen der Bedeutung dieses Umstandes sei eine Passage aus einem Buch von Frank Schirrmacher ausführlich zitiert:

... Wieder andere sind seit der Informationsflut skeptischer geworden, zum Beispiel der Wissenschaftshistoriker George Dyson, dessen Familie wie keine andere mit Erfolgen der modernen Naturwissenschaft verbunden ist. Immer wieder geht es um den Januar 2003 und darum, ob Computer nur deshalb so zuverlässig wirken, weil wir keine Risiken mehr abschätzen können.

Eine harmlose Powerpoint-Tafel ist nichts anderes als ein gefilterter Denkprozess. Im Fall der Columbia allerdings in einer Art gefiltert, die maßgeblich an der Katastrophe der Raumfähre im Januar 2003 mitschuldig ist.

Durch ein Video hatte die NASA damals festgestellt, dass die Raumfähre zweiundachtzig Sekunden nach dem Start von einem Stück Hartschaum getroffen worden war, das womöglich lebenswichtige Systeme beschädigt hatte. Was würde das für die Columbia bedeuten, wenn sie wieder in die Erdatmosphäre eintreten würde? Die Techniker hatten zwölf Tage Zeit, das Problem zu lösen: so lange befand sich die Raumfähre noch auf der Umlaufbahn um die Erde. Techniker der Flugzeugfirma Boeing, die Teile der Raumfähre gebaut hatte, halfen nach ausführlichen Diskussionen mit Erklärungen: 28 Powerpoint-Illustrationen, auf deren Grundlage die Verantwortlichen der NASA zu der irrigen Annahme kamen, für die Columbia bestehe keine Gefahr.

Der Informatiker und Grafikdesigner Edward Tufte hat diese Präsentationen Jahre später noch einmal ausgewertet und herausgefunden, dass sie eine völlig falsche Vorstellung von dem erzeugen musste, was wichtig war und was nicht: Während erst später im Kleingedruckten und bei den kleinen Aufzählungspunkten Zweifel und technische Probleme geschildert wurden, war die obere Hierarchie der Präsentation, waren die Überschriften und Zusammenfassungen der einzelnen Sheets, hervorgehoben durch besonders dicke Aufzählungspunkte, optimistisch und positiv.

Die NASA-Verantwortlichen wurden also von der Grafik falsch navigiert: Sie ließen sich durch diese vereinfachende Schein-Logik täuschen und gaben Entwarnung. Dabei hatten die Erkenntnisse, die dieser Grafik zugrunde lagen, auf ihrem Weg durch die Organisationshierarchie der NASA eine merkwürdige Veränderung erfahren: Sie wurden immer verständlicher, einfacher und weicher.

Was aber fast noch bemerkenswerter war: Tufte fand heraus, dass die Illusion, eine >Information< zu bekommen, die Kreativität und Diskussionsbereitschaft gelähmt hatte. Ingenieure an der Basis hatten in mehreren Hundert E-Mails die Probleme geschildert, und zwar in vollständigen Sätzen, mit logischen Satzteilen. Erst die Übersetzung der Erkenntnisse für die höheren Leitungsebenen der NASA in die Informationsgrafik des Computersystems hatte zur Verfälschung geführt.

Dennoch werden im späteren Columbia-Untersuchungsbericht Tuftes Erkenntnisse besonders hervorgehoben und die NASA aufgefordert, für wichtige Dokumentationen keine Powerpoint-Präsentationen mehr zuzulassen (Schirrmacher 2009, 83 – 85).

Die Systemeigenschaften der Unternehmung 97

Powerpoint-Präsentationen sind, da sie vereinfachte, übersichtliche und dem menschlichen Bildverständnis bequem entgegen kommende Darstellungen nutzen, ein sinnvolles Instrument, wenn es um erste Schritte für ein intellektuelles und intuitiv-kreatives Eindringen in Verfeinerungen auch nicht-quantitativer Art und in der Gewinnung einer ganzheitlichen Vorstellung der Lage geht. Sie werden problematisch, wenn über sie Simplifizierungen erzeugt werden, die zu verzerrenden Entscheidungen und riskanten Handlungen verleiten.

Fast könnte man die Devise ausgeben: Wer seine Firma ruinieren will, der greife zu Powerpoint-Präsentationen und lasse andere daran glauben. Natürlich ist das überspitzt. Manche Inhalte lassen sich durch Bildprojektionen um ein Vielfaches klarer zum Ausdruck bringen als viele Worte und komplizierte Sätze. Das hängt damit zusammen, dass gesprochene Sätze vom wahrnehmenden Gehirn aus linearen Signalfolgen in innere Bildvorstellungen übertragen werden. Dieser Vorgang wird erleichtert, wenn das Gemeinte in zuverlässiger Weise durch ein ganzheitliches Bildsignal präsentiert werden kann, Sinnestäuschungen nicht ausgeschlossen.

Verlässlichkeit
Verlässlichkeit ist eine signifikante Komponente der Unternehmenskultur. Sie spiegelt nicht nur Eigenschaften auf der Ebene der Unternehmensführung und qualifiziert diese, wenn sie erfolgreich eine Unternehmenskultur hat entstehen lassen und sie bewusst gefördert und geprägt hat, die über alle Unregelmäßigkeiten des Alltagsgeschehens hinweg transparent und geltend bleibt.

Verlässlichkeit ist ein durchgängig wichtiges Kriterium des gesamten sozialen Gefüges eines Unternehmens mit einem über allem Tagesgeschehen wirksamen Geist des Vertrauens, der Zusammenarbeit und der Entfaltungsspielräume. Das Fehlen oder eine geschwächte Ausprägung dieses Kriteriums macht sich in entsprechenden Krisenentwicklungen bemerkbar, auch in solchen wie verpassten Chancen der Beteiligung an technologischen Neuerungen.

Verlässlichkeit steht inhaltlich in einer Verwandtschaft zur Berechenbarkeit. Doch sie bezieht sich nicht wie diese auf quantifizierbare Faktoren in logischen Kalkülen, sondern in Verhaltenserwartungen, auf die in der Annahme ihrer Erfüllung weit reichende, komplexe Ziele und Entscheidungen gegründet werden. Solche stabile Verhaltenserwartungen gelten für die Unternehmensführung gegenüber den Mitarbeitern ebenso wie in umgekehrter hierarchischer Richtung.

Verwandt sind beide auch in den Risiken ihrer möglichen Übertreibung. Werden Verhaltenserwartungen über soziale Sanktionen erzwungen, womöglich gen die Einsichtsfähigkeit und Überzeugung der Betroffenen, lähmen sie das kognitive Mitgehen der Menschen in einem sozialen Gefüge, welches im Sinne des Ganzen auch solche Situationen zu bewältigen hat, die von Zufälligkeiten und Störungen gezeichnet sind. Unter dem Begriff *Vertrauen* hat Niklas Luhmann schon sehr früh in seinem Gesamtwerk auf diese Erscheinungen hingewiesen (Luhmann 2000). Letztlich ist es eine Frage der Praxis des Einzelfalls, ob eine Balance zwischen Vertrauen in die Empathiefähigkeit des Einzelnen, den Sinn des Ganzen zu verstehen und zu beachten, einerseits und der notwendigen Strenge der Einforderung von organisatorisch korrektem Verhalten andererseits gelingt.

Unternehmenskulturen sind abstrakte, nicht-dingliche Wertnetze und Verhaltensmuster, die sich – keineswegs immer widerspruchsfrei und in konkreten Lagen stets auslegungsbedürftig – zu einem sozialen Ganzen zusammenfügen. Wie alle kulturellen Werte und Lebensmuster können auch die Komponenten der Unternehmenskultur nicht quantifiziert werden. Sie sind daher weder berechenbar und deterministisch organisierbar noch sind sie als mental und emotional wirkende Formationen lenkbar wie eine maschinelle Anlage.

Unternehmenskultur ereignet sich. Sie kann sich aus technischen Arbeitszwängen, aus Berufstraditionen, aus den Verankerungen in lokale oder regionale Traditionen und aus weiteren sozialen Einflüssen von außerhalb des Betriebes formen. Ein solcher Formungsprozess kann von der Unternehmensführung verstanden und gezielt gefördert werden, soweit die Leitungspersonen nicht selbst schon in bewährte Umgebungstraditionen eingebunden sind und dadurch eine Unternehmenskultur organisch heranwächst und ausreift. Aus diesen unwiederholbaren und in jedem Einzelfall einmaligen Faktorenkombinationen folgt, dass jede Unternehmenskultur ein Unikat ist.

Die Verlässlichkeit als Kern der Unternehmenskultur ist ein ethisches Abstraktum, dessen Wirkungen nur aus Taten und ihren Ergebnissen herausgelesen werden können. Der Geist der Unternehmenskultur ist eine relativ haltbare Kulmination von Arbeitsstilen, die teilweise durch die Rationalitäten im Arbeitsvollzug, etwa durch prozesstechnische Notwendigkeiten, zu einem großen Teil aber auch durch langjährige Praxis nach der bewährten Methode von Versuch und Irrtum ausgeformt und tradiert werden.

Verlässlichkeit wie auch andere Kategorien der Unternehmenskultur sind Prägungen der Gedächtnisarchitektur von Menschen in dem betreffenden Sozialgefüge, die in jedem der beteiligten Gehirne Spuren und innere Bilder hinterlassen, die in entscheidenden Momenten im Betriebsgeschehen abgerufen werden können. Diese Prägungen sind kein fester Bau, sondern ein Potential, das durch äußere Reize und Anforderungen aktiviert werden kann. Innerhalb der Persönlichkeitsstruktur eines Menschen existiert dieses Potential neben anderen, die aus sozialen Situationen außerhalb des Unternehmens aufgerufen werden können,

z. B. politische Betätigungen, familiäre Beziehungsgefüge oder sportliche, künstlerische, kulinarische Vergnügungen. Weil ein Mensch vielfache und teilweise sich kreuzende kulturelle Wertpotentiale abrufen kann, wann immer äußere Umstände dies anregen oder erzwingen, ist er normalerweise in der Lage, in seinem Verhalten situationsbedingt zu changieren. Unternehmenskultur wird daher nicht erfolgreich sein, wenn sie zu einem Joch gemacht wird, das dieses Wechselnkönnen ausschließt und das Gefühl sklavischer Unterordnung und Abhängigkeit hervorruft. Wird Verlässlichkeit erzwungen, wird sie zur Servilität, d. h. zu individuellen Geisteshaltungen, die aus eigenem Antrieb keine Normüberschreitungen mehr riskieren und ihre Kreativität in anderen Potentialen außerhalb des Betriebes verankern. Servilität ist die Übertreibung von Verlässlichkeit durch Missachtung der Individualität und sie ist zugleich ein Zeichen des Misstrauens von Unternehmensleitungen in die aktivierbaren Leistungspotentiale von Mitarbeitern.

Die Stärke einer Unternehmenskultur besteht darin, dass die Beteiligten ihren Geist aufnehmen, ohne sich als denkende Individuen mental und emotional aufgeben zu müssen. In diesem Moment liegt die Qualität und Stärke einer Unternehmenskultur, auch kreative Potentiale aufkommen zu lassen, wenn Situationen dies verlangen. Dem Einzelnen wird zutraut, auch in ungewohnten und unerwartet auftretenden Vorkommnissen innerhalb oder außerhalb des Unternehmens im Geiste des Ganzen erfinderisch zu werden.

Unternehmenskultur lebt als ein angenommenes Potential in jedem Einzelnen im Unternehmen, vom Pförtner bis zum Direktor, vom Außendienstmitarbeiter bis zum Techniker in der Konstruktionsabteilung. Dennoch ist sie nicht eine einfache Addition individueller Geisteshaltungen, selbst dann nicht, wenn das individuelle Verhalten im Arbeitsprozess vollständig synchronisiert ist. Das Ganze ist eben mehr als die Summe seiner Teile. Die Gesamtleistung eines Unternehmens, beispielsweise seine gefestigte Existenz in einer prekären allgemeinen Marktlage, weist Stärken aus, die sehr eng mit der Komponente der Verlässlichkeit zusammenhängen.

Dieser Geist des Ganzen, seine Prägekraft auf individuelles Verhalten, erweist seine Stärken in der Zeit. Er ist kein punktuelles Ereignis, das man für einen bestimmten Augenblick erkennen und beschreiben kann, sondern ein Phänomen in der Zeit. Er bleibt über die Zeit auch dann erhalten, wenn einzelne Elemente, etwa Teile der Belegschaft, ausgewechselt werden müssen oder wenn neue Belegschaftsmitglieder integriert werden müssen. Verlässlichkeit ist – neben anderen Kategorien wie Vertrauen, kreatives Mitgehen im Sinne des Ganzen und soziale Kompetenz – die Kernkategorie der Unternehmenskultur, denn sie erweist sich als Grundstein der Beständigkeit gegenüber der Wechselhaftigkeit des Tagesgeschehens, ohne jedoch zu erstarren und unbeugsam zu werden. Sie ist ein Teil des Kontinuums des Wandels.

Wie kann die Wirksamkeit einer Unternehmenskultur an der zentralen Kategorie der Verlässlichkeit im konkreten Einzelfall bestimmt werden? Dazu zunächst eine Vorbemerkung. Wie alle geistigen Zustände, solche eines Individuums ebenso wie solche eines Sozialkörpers, kann auch Unternehmenskultur und mit ihr der Aspekt der Verlässlichkeit nicht rational vollständig ergründet und aufgeklärt werden. Das Bewusstwerden einer Unternehmenskultur oder eines Teilaspektes derselben ist nicht eine Frage der empirisch-analytischen Zerlegung mit dem Ziel herauszufinden, was diese Welt im Inneren zusammenhält, sondern eine Frage des Empfindens ihres Geistes und des Verstehens ihrer über lange Zeit organisch gewachsenen Botschaften. Das Verstehen ist ein hermeneutischer Vorgang, wie er vielfach in historischen Studien, aber auch bei der Interpretation von Kunstwerken zum Ausdruck kommt.

Das bedeutet nun keineswegs, dass rational erkennbare und beschreibbare Indizien aus dem Ganzen keinerlei Gewicht haben. Im Gegenteil: Sie sind in der Regel eine erste Annäherung und können Fehlleitungen des Denkens verhindern. Dies ergibt sich daraus, dass menschliche Taten, sofern sie nicht aus purem Instinkthandeln hervorgehen (und meistens selbst dann noch), Vergegenständlichungen des vorangehenden Denkens sind. Im Denken formt der Mensch die Gestalten, die er verwirklichen will, im Voraus und bearbeitet danach – ganz seinem handlichen oder handwerklichen Können entsprechend – das gegebene Material.

Daraus folgt, dass jeder geschaffene Gegenstand als Ding und Figur dem Denken seines menschlichen Schöpfers folgt, und, da dieses Denken eines Menschen von seinen verinnerlichten kulturellen Werten und Mustern geprägt wird, ein solcher Gegenstand ohne jede Ausnahme eine kulturelle Seite hat, gewissermaßen seine kulturelle Ummantelung. Dieser kulturelle Mantel umfängt die bloße Materialität der Dinge. Daher kann ein Außenstehender in umgekehrter Reihenfolge aus den wahrnehmbaren dinglichen Eigenschaften mit allen Ungenauigkeiten der Interpretation auf das kulturelle Denken des Erschaffers rückschließen, also plastisch ausgedrückt, verstehen, was er damit hat sagen wollen. Das sind keine ausschließlich verbalen Botschaften der gezielten Kommunikation, sondern auch und oft massiv komplexe Signale und Symbole aus dem Reich der sinnlich-emotionalen Antriebe und Anstiftungen des Unbewussten. Wer bei der Arbeit vor sich her singt, gibt Stimmungen preis, sendet aber keine an andere adressierten Mitteilungen aus geklärten Aussagen aus.

Dieser Zusammenhang zwischen einer Denkfigur und ihrer Materialisierung gilt für die Arbeit eines Künstlers gleichermaßen wie für jeden Handwerker oder Produzenten von Ware. Der verstehende Rückschluss ist bei weitem nicht immer

Die Systemeigenschaften der Unternehmung 101

eine klare Sache des Verstandes, sondern bleibt in der Regel im weiten Feld der intuitiven Deutung und des phantasievollen inneren Einklangs des Betrachters mit dem Ding hängen (woraus sich letztlich sein Geschmack und seine ästhetischen Präferenzen bilden). Intuitionen und emotionale Regungen spielen auch beim Kaufverhalten von Konsumenten bekanntlich eine maßgebliche Rolle.

Die Eigenart oder Besonderheit der Kultur liegt in ihrer Doppelexistenz als geistige Prägung im Gedächtnis eines Menschen und in einer daraus abgeleiteten Übertragung der inneren Kulturmuster auf äußere Objekte. Das macht diese Objekt zu Trägern von Botschaften – bei Kunstwerken gezielt und ausgeprägt, doch auch bei Alltagsgegenständen wie den Waren im Supermarkt im Grundsatz nicht anders. Wir sprechen in diesem Zusammenhang von der Kongruenz zwischen kulturellen Denkmustern und der kulturellen Gestalt von Gegenständen (nicht aber von Identität!).

Dieser Sachverhalt der Kultur als Gestaltdimension lässt sich übertragen auf so hochkomplexe Gebilde wie ganze Unternehmen. Natürlich potenzieren sich die Probleme des „verstehenden Lesens der Unternehmenskultur" aus den vorgefundenen Indizien. Im Grunde muss jemand, der den Geist oder die innere Botschaft einer konkreten Unternehmenskultur verstehen will, in ähnlicher Weise geschult sein wie der Kunstinterpret oder ein Kunstkritiker. Was jedenfalls nicht sehr weit führt, ist der Versuch einer empirisch-analytischen Aufbereitung, wenn diese nicht markant zu einer hermeneutischen Vorgehensweise überschritten wird.

In der Betriebswirtschaftslehre findet sich eine umfangreiche Fachliteratur zum Thema Unternehmenskultur, auf die wir hier nicht im Einzelnen eingehen (Eine Auswahl: Sackmann/Böcker (2004), Herbst (2009), Rau (2007), Schmidt (2005), Rohac (2009), Landau (2007). In den meisten Fällen handelt es sich um systematische Darstellungen der Grundwerte und Rituale, die sich im Alltag eines Unternehmens ermitteln lassen. Diese Grundwerte und Rituale – ihrerseits Kategorien der Beständigkeit – erstrecken sich teils auf den Stil der Kooperation im Arbeitszusammenhang und den Stil der Unternehmensführung und teils auf die Art und Weise, wie in geschäftlichen oder innerbetrieblichen Problemlagen zu verfahren ist.

Die Geltung dieser Grundwerte und Rituale ist eine Frage der Kontinuität, indem sie mit einer signifikanten Regelmäßigkeit und relativen Gleichförmigkeit (bei aller Varianz im Detail) praktiziert werden. Unternehmenskultur ist, um es hier zu verkürzen, nur durch ein in die Vergangenheit zurückgreifendes Studium bestimmbar. Die Kontinuität im Geist der Unternehmenskultur ist für diejenigen, die die Geschichte eines Unternehmens über Jahre hinweg miterlebt und mitgestaltet haben, eine Empfindung, die nur teilweise verbalisiert werden kann. Sie ist gewissermaßen organisch verinnerlicht. Ein Außenstehender, beispielsweise ein

Change Manager oder Unternehmensberater, der die vorhandenen Potentiale freilegen will, um in die Zukunft hinauszudenken, muss eine gehörige Portion Empathie aufbringen, um sich in das geistige Klima eines Unternehmens hineinzudenken.

Belastbarkeit
Belastbar ist ein Gegenstand, wenn er die auf ihn einwirkenden Kräfte auffangen kann, ohne deformiert oder außer Funktion gesetzt zu werden. Belastbar ist eine Idee, wenn sie alle ihr entgegentretenden, wohlbegründeten Argumente aufnehmen kann, ohne ihr Wesen und ihre Bedeutung einzubüßen. Wir haben es hier mit einer Komponente der Unternehmensentwicklung zu tun, die eine physische und eine mentale Seite aufweist.

Die physische ebenso wie die mentale Belastbarkeit ist eine stützende Eigenschaft, die in der Praxis vor allem in unruhigen und unsicheren Zeiten von großem Nutzen ist, wenn nicht das Überleben bedingt. In beiden Fällen geht es um eine Balance zwischen zwei Polen:

- Wird die Belastbarkeit durch unnachgiebige Härte versteift, bietet sie zwar Sicherheit für die meisten Ereignisse und Einflüsse aus dem Umfeld, aber die Struktur droht zu brechen statt nachzugeben, wenn die Belastungen ein bestimmtes Maß überschreiten. Eine rigide Struktur mag für den Normalverlauf von Prozessen Präzision und Wirtschaftlichkeit bieten. Sie verursacht aber Fehlleistungen, wenn die äußeren Bedingungen zu dauerhaften Verschiebungen der Beanspruchung zwingen. Unnachgiebige Bürokratien sind die bekanntesten Fälle mit der Folge von Unwirtschaftlichkeiten und Leistungsschwächen durch Umwege. Ist man sich beispielsweise der Statik eines Bauwerks nicht sicher, muss man zusätzliche Aufwendungen zu dessen Versteifung aufbringen, um gegen Störungen aller Art gewappnet zu sein. Solche Verteidigungsanstrengungen sind stets mit erhöhtem Aufwand verbunden.
- Wird die Belastbarkeit dadurch erhöht, dass sie in den essenziellen Komponenten biegsam gehalten wird, geht der betreffende Gegenstand das Risiko der Verfälschung seines Wesens ein. Wird beispielsweise eine organisatorische Regel oder eine Rechtsnorm einem zu weiten Deutungsfeld überlassen, riskiert das betreffende Sozialgefüge eine schleichende Chaotisierung infolge von Orientierungsmangel.

Die physische Belastbarkeit von Gegenständen und die Optimierung der Balance zwischen Sicherheit und Minimierung des wirtschaftlichen Aufwandes auf der einen und Belastbarkeit auf der anderen Seite ist in der Regel Sache von Ingenieuren. Die Statik eines Brückenbaus verlangt einen erhöhten Grad an physischer Belastbarkeit nicht nur für schwergewichtige Überquerungen, sondern auch gegenüber natürlichen Kräften (Wind, Frost, Erdbeben usw.). Je präziser die Statik berechnet und geeignetes Baumaterial verwendet werden kann, umso wirtschaftlicher kann gebaut werden. Umgekehrt: Fehlen präzise Kenntnisse, muss der Materialaufwand aus Gründen der Sicherheit verstärkt werden. Vom Architekten der berühmten Karlsbrücke in Prag, Peter Parler, geht die Sage, er habe dem Mörtel rohe Eier beigemischt, um ihre Haltbarkeit zu erhöhen.

Die Belastbarkeit von Menschen, die bestimmten Gefahrensituationen ausgesetzt sind, hat eine physische und eine psychisch-mentale Komponente. Das ist, wenn die Balance entgleitet, in der Regel Sache von Psychologen und Medizinern, während die Balance selbst eine Frage der Zumutung von Normen aus Gründen des sozialen und wirtschaftlichen Zusammenhalts und damit eine Angelegenheit der Unternehmensführung ist.

Beide Formen von Belastungen in ein ausgewogenes Verhältnis zu bringen, ist für die Praxis der Unternehmensführung von größter Wichtigkeit. Die mentale und emotionale Belastbarkeit von Menschen ist jedoch keine berechenbare Größe und hängt in jedem Einzelfall von den persönlichen Konstituenten eines Menschen ab. Deshalb gehört die Gestaltung einer Organisation und die Ausgewogenheit einer tragfähigen Personalpolitik zu den Kernaufgaben der Unternehmensführung. Wir wenden wir uns in diesem Zusammenhang in der Hauptsache der Frage der mentalen und emotionalen Belastbarkeit von Menschen in einer Organisation zu.

Es handelt sich um einen der wesentlichen Bausteine der Verständigung in sozialen Gefügen und der ist im Kern eine Sache der Kommunikation und damit der Kommunikationsfähigkeit jedes einzelnen Beteiligten. Jede vorgetragene Idee, jede Regel, jedes kulturelle Muster und jede gesetzliche Norm formt das Sozialgefüge und strukturiert das Zusammenspiel der Kräfte in einem Handlungsverlauf. Da es zu einem großen Teil auf ein kommunikatives Zusammenspiel aller ankommt, um ein Gemeinschaftsziel zu erreichen, wird von jedem Einzelnen ein gewisses Maß an mentaler und emotionaler Belastbarkeit abverlangt. Ein betonter Individualismus kann eine problematische Sprengkraft im Ganzen entfalten.

Die eingefahrenen Bahnen der Kommunikation (Wege und Stile) sind die soziale Architektur der Organisation. Sie hat fast einen analogen Aufbau wie das menschliche Gehirn mit bestimmten durch die Zuordnung von Kompetenzen herausgehobenen Arealen, mit einer flimmernden Oszillation von Informationsflüssen in alle Richtungen und Gegenrichtungen, mit phänomenalen Bewusstseinserscheinungen oberhalb der biologischen Prozesse, die im individuellen

Gehirn als Ideen oder Visionen erlebt werden und im Ganzen der Organisation als soziale Intelligenz oder als Geist der Organisationskultur in Erscheinung treten.

Regeln oder Normen, ebenso wie Symbole, Sinnmuster oder Gestaltideen, sind Elemente in Verständigungsprozessen, die sich entweder in Verhandlung befinden, also noch nach einer Übereinkunft ihrer Geltung oder Bedeutung suchen, oder in Form von Gewohnheiten durch Bewährung in praktischen Lebenslagen oder schließlich durch Setzung aus einer Macht- oder Herrschaftsposition heraus Geltung erlangt haben. Ihre Auslegung in einzelnen Situationen kann relativ offen erfolgen, um ihren Sinn zu erfüllen, aber zugleich eng beim Geschehen bleiben; sie kann streng überwacht sein, um keine normativen Grenzüberschreitungen zuzulassen, wie das beispielsweise im Strafrecht der Fall ist, aber stets auch Auslegungen im Einzelfall erlauben.

In jedem Fall aber sind Regeln und Normen keine Naturgesetze und folglich veränderbar, zwar nicht beliebig, weil ihre Veränderung wiederum bestimmten Regeln folgt, etwa parlamentarische Gesetzgebungsverfahren, Verfahrensvorschriften für Unternehmensorgane oder Amtsmacht, aber wandelbar. Die Unternehmensleitung nimmt eine Machtposition ein, die ihre Regelungen und Normierungen aus ihrer Qualifikation und Kompetenz zur ganzheitlichen Führung und aus ihrer Verantwortung für die Existenz und Entwicklung des Unternehmens finden und praktizieren. In dieser Setzungsmacht kulminiert zugleich die Balance zwischen dem, was die Außenwelt (des Marktes, der Politik, der sozialen Lebensmuster usw.) an Bedingungen und Erwartungen setzt, und dem, was den wirtschaftlichen Prozessen als Ziel vorgegeben wird (konkret: Umsatzziele, Gewinnerwartungen, Kapitalakkumulation für weiteres Wachstum etc.).

Unternehmensziele erscheinen in der Abstraktion als gewillkürte Setzungen, als Festlegungen aus der Führungskompetenz. Das in der betriebswirtschaftlichen Literatur meist an die Spitze gestellte Unternehmensziel der Gewinnmaximierung ist streng genommen kein Ziel, sondern allenfalls ein Entscheidungsverfahren. Die Erzielung von Gewinn ist eine Notwendigkeit unter den Bedingungen des Marktes. Diesen zu maximieren, hat Aufforderungscharakter und verlangt bedingungslose Rationalität.

Diese Logik der Gewinnmaximierung lässt keine Alternativen zu (wenn man nicht als irrational gelten will); ihre Imperative sind keine freie Wahl. Gewinnmaximierung ist in der Welt der abstrakten ökonomischen Modelle keine Frage der Entscheidung, also kein Ziel. Der häufig Hinweis, dass das oberste Ziel eines Unternehmens die Gewinnmaximierung sei, ist eine unzulässige Befreiung von der Notwendigkeit, ein Unternehmensziel konkret zu benennen, was eine höchst komplizierte Angelegenheit sein kann. Im theoretischen Modell der reinen Marktrationalität gibt es im Übrigen auch keine Unternehmer, sondern nur

Algorithmen, allen voran der Homo oeconomicus. Der Unternehmer ist Vollzugsbeamter einer über ihm regierenden Logik.

In der Praxis sind Unternehmensziele Ergebnisse von Abwägungen zwischen Alternativen innerhalb des Spannungsfeldes zwischen eigenen Potentialen und den Rahmenbedingungen und Herausforderungen der Außenwelt (der Märkte und dahinter der Gesellschaft). Sie sind gehaltvoll, weil sie auf Lageeinschätzungen beruhen und auf Inhalte zurückgreifen, etwa auf eine Produkttechnologie, und sie sind veränderbar, wenn die äußeren Belastungen ein stures Durchhalten nicht mehr ratsam erscheinen lassen. Belastbare Ziele schaffen zwar Deutungsspielräume, aber sie können auch Unsicherheiten in der gesamten Organisationstextur hinterlassen.

Eine Regel oder Norm tendiert, vernünftiger und nachvollziehbarer Sinn vorausgesetzt, immer gegen Unnachgiebigkeit. Sie repräsentiert die gewollte Ordnung als Gegenpol zur Eigenwilligkeit von Individuen und der darin liegenden Tendenz zur Destrukturierung bis hin zur Chaotisierung, weil Regeln und Normen ihrer Natur nach dem Willen und den Plänen des schöpferisch tätigen Menschen zuwider laufen. Ein gewisses Maß an Eigenwilligkeit ist andererseits eine Voraussetzung für kreative Energien, um im Sinne des Ganzen etwas Nützliches zustande zu bringen. Es geht folglich nicht um eng gefasste Bindung, sondern um die Kanalisierung von Ereignisströmen in einem normativen, zielgebenden Rahmengefüge.

Im Erleben des Menschen werden die eigenwilligen Kräfte der Natur, insbesondere ihre unnachgiebige Tendenz zur Entropie, als chaotisch und von Zufällen durchsetzt empfunden. Die Unvollkommenheit menschlicher Voraussicht, Berechnung und Gestaltungsmacht ist das ewige Schlupfloch von Zufällen und unberechenbaren Vorkommnissen. Also setzt der Mensch mit seinen unvollkommenen Mitteln Ordnungen als Gegenmacht ein. Belastbarkeit als Nachgiebigkeit ohne Substanzverlust an der Gestaltidee ist keine Schwäche, sondern ein Zeichen der Weisheit aus der Erkenntnis, dass die äußeren Umstände oft stärker sind als die eigenen Potentiale.

Auslegungsspielräume gegenüber Zielen, Regeln und Normen erfordern aufmerksames Wahrnehmen und Deuten von Situationen und enthalten daher ein die Kreativität stimulierendes Potential. Das Fehlen von Auslegungsspielräumen hat andererseits zur Folge, dass über den Sinn von Regeln und Normen nicht mehr aufmerksam nachgedacht oder kreativ weitergedacht wird. Die Dämpfung von Mitdenken und Weiterdenken stärkt zwar die Präzision von zielorientierten Abläufen, trägt also im vordergründig betriebswirtschaftlichen Sinn zur Rationalisierung bei, verliert aber zugleich an Vitalität und kann zu Bürokratismen führen. Hochgradig rationalisierte Bürokratie wird leicht zur Irrationalität, wenn die

Korrespondenz zwischen dem eigenen Können und den Unberechenbarkeiten der äußeren Bedingungen, auf die geschmeidig zu reagieren ist, aus dem Lot gerät. Ein sinnvolles Maß für die Festigkeit von Regeln und Normen ist eine Kernaufgabe der Unternehmensleitung, die eng mit der Deutung der Außenwelt, insbesondere des Marktes, verbunden ist. Die Impulse und Zwänge zu Veränderungen innerhalb eines Unternehmens kommen zu einem erheblichen, wenn nicht überwiegenden Teil aus den Bedingungen der Umwelt. Die Erfahrung lehrt, dass Unternehmen mit einem hohen Grad an fester, relativ unnachgiebiger Organisation und technischer Rationalität in Krisenlagen rasch in bedrohliche Nachteile geraten, weil das geforderte Maß an Flexibilität nicht erreicht wird. Die Schwerfälligkeit von feinstrukturierten Regelungen liegt nicht in diesen selber, sondern ist eine Folge ihrer Verinnerlichung bei den handelnden Individuen, denen in ihrer eingeengten Handlungskompetenz kaum ein Mitdenken oder kreatives Nachdenken abverlangt worden ist.

Die organisatorische Gestaltung von Sozialgebilden wie Betrieben und ihren Arbeitsläufen gehört zum Kernbestand betriebswirtschaftlicher Sachgebiete und wissenschaftlicher Bearbeitung. Sie berührt zu einem bedeutenden Teil die (Organisations-) Soziologie und vor allem die Kommunikationswissenschaft. Auf umfassende Kommentierung der einschlägigen Fachliteratur zu diesem Themengebiet muss hier verzichtet werden. Dazu sei auf die lange Tradition wissenschaftlicher Publikationen verwiesen (Bokranz/Kasten 2003, Schreyögg 2008, Bullinger/Späth/Warnecke 2009, Siebenbrock 2008, Vahs 2007, Schein 2003, Schein 2008, Hüther 2003).

Zur Beurteilung der Lage eines konkreten Unternehmens, insbesondere seiner Zukunftsfähigkeit, kann die mentale und emotionale Belastbarkeit des Ganzen und seiner Teile durch ein Studium der Vergangenheit aufgehellt werden, wie das typischerweise bei seriösen Unternehmensberatungen zu geschehen hat. Die Indizien dafür sind sehr vielfältig und werden von den Besonderheiten des Einzelfalls stark geprägt. Wir können hier nur exemplarisch andeuten, wie solche Indizien gefunden und gedeutet werden können, ohne daraus allgemeine Prinzipien oder Lehrsätze abzuleiten.

Ein häufiges, wenn auch schwer zu quantifizierendes Indiz ist das Anschwellen von Bürokratismen und daraus folgenden Schwerfälligkeiten: zu lange Bearbeitungszeiten für Projekte, zu zeitraubende Gremien- und Komiteeverhandlungen, zu verwickelte Rückkoppelungen mit unterschiedlichen Gremien- und Entscheidungsstellen, Überladung der Anforderungen an das Berichtswesen. Dies sind nur Beispiele für Indizien, und es gehört in der Praxis eine gehörige Portion investigativer Kreativität und Deutungskompetenz dazu, um solchen Diskrepanzen auf die Spur zu kommen.

Die Freilegung von Ursachen, die häufig ihre Quellgebiete in den Unternehmensleitungen haben, ist eine sensible Angelegenheit, denn sie zielt letztlich auf die Bloßlegung von verinnerlichten Überzeugungen und Verhaltensweisen und weckt leicht oppositionelle Widerstände. Die Akzeptanz von Veränderungen ist keine Frage ausschließlich der intelligenten Einsichtsfähigkeit, sondern verlangt oft ein Lossagen von vertrauten Überzeugungen und bewährten Erfahrungen. Anpassungen brauchen Zeit und können nicht in Stunden oder Tagen erzwungen werden.

2.2 Lokalität und Raumerstreckung

2.2.1 Zeitdimension und Raumdimension

In den vorangegangenen Abschnitten haben wir einen speziellen Fokus auf das Thema *Kontinuität und Wandel* gelegt und es hinsichtlich einiger Kernkomponenten ausgeleuchtet. Kontinuität und Wandel sind so etwas wie ein zeitliches Grundmuster, eine Textur des gesamten Unternehmenslebens, und sie bilden die Basis für zwei weitere Themenkreise von zentraler Bedeutung: *Lokalität und Raumbezug* sowie *Individualität und Vernetzung*.

Diese beiden Themenkreise stehen dadurch in enger Verknüpfung mit *Kontinuität und Wandel,* dass die Kontinuität des Standorts, also der Ursprungsort oder die Lokalität wirtschaftlicher Operationen seine Qualitäten ändern kann, wenn der nahe oder ferne Raum um ihn einem markanten Wandel unterliegt, und dass die individuellen Besonderheiten eines Unternehmens(teils) ihr Profil und ihre Gestalt zwar festigen, aber ihre Rolle sich durch Vernetzungen aller Art im Laufe der Zeit verschieben können.

Die Zusammengehörigkeit von Zeit- und Raumdimensionen ergibt sich aus den im menschlichen Gehirn angelegten visuellen Repräsentationen, welche die Grundlage der existenziellen Orientierung in einem wahrgenommenen Raum und den darin lokalisierten Abläufen und Zuständen einschließlich der Eigenbewegung des Individuums darstellen. Das Erlebnis von Veränderung im Raum erzeugt das Prozessempfinden äußerer Erscheinungen, gleich ob diese auf Eigenbewegung oder auf Fremdbewegung zurückgehen. Jede Bewegung schafft eine andere Lokalität (andere Perspektiven, andere Strukturen und andere Konstellationen).

Der (physische und geistige) Standort wird von einem Aktivitätshorizont umgeben, der sich im Bewusstsein der Handelnden als vom Standort her gefärbtes Bild der äußeren Welt formt. Wir haben es hier also mit einer räumlichen Kategorie auf zwei Ebenen zu tun: dem (physischen) Stand*ort* mit den Perspektiven der Wahrnehmung von unmittelbaren dinglichen Gegebenheiten und dem (geistigen) Stand*punkt* als gedankliche Plattform mit einem kognitiven Horizont aus Erfahrungen und Bestrebungen in einem zu Taten herausfordernden Umfeld. Die verinnerlichte Lokalität (einschließlich des erlebten Lokalkolorits) im Orbit der Außenwelt unterliegt der ständigen Spannung zwischen Kontinuität und Wandel. Deren Mitvollzug im Geiste ist eine für erfolgreiches Disponieren als Unternehmer oder Manager und als Wirtschaftspolitiker der Regionalentwicklung eine kognitive Leistung höchsten Ranges.

Dieses in einer ständigen Spannung zwischen Kontinuität und Wandel sich bewegende Gedankengebilde (der geistige Standpunkt mit seinen schöpferischen Potentialen) schließt als weitere Dimension die Individualität und prägnante Selbstwahrnehmung eines Wirtschaftsakteurs ein und bestimmt und färbt die Verbindungen zur Außenwelt. Diese weitere Dimension wird aber erst im nachfolgenden Abschnitt näher behandelt.

Aus dem Ganzen ergeben sich bestimmte Grundmuster, die für jedes einzelne Unternehmen eigenartig und charakteristisch sind. Unternehmensführung als gekonnter Umgang mit diesen Grundmustern ist eine existenzielle Frage des Erkennens und Beurteilens der Stärken und Schwächen eines Unternehmensgewebes und damit die Grundlage seiner Zukunftsfähigkeit. Gekonnte Unternehmensführung ist folglich weit mehr als nur das rationale Optimieren von verfügbaren Ressourcen: Es ist die intellektuelle oder kognitive Fähigkeit, mit der unvermeidlichen Unschärfe der Lage und der künftigen Entwicklungen umgehen zu können.

Alle diese Themen nehmen sich reale Verhältnisse im Leben eines Unternehmens vor, die sich nicht im oberflächlichen, äußerlichen Anblick der Gegenwart erschließen. Reiner Empirismus, also die Analyse objektiver Tatbestände, und darauf aufbauende Bewertungen, zeigen nicht die geistigen Kräfte des Wandels, die über die Zeit wirksam waren und sein werden. Empirische Befunde werden erst dann zu einer geeigneten Beurteilungsbasis, wenn sich der Gedankenweg nachzeichnen lässt, durch den sie so geworden sind, wie sie sich gegenwärtig präsentieren. Kontinuität und Wandel sind Erscheinungen in der Zeit, deren Wirken durch einen Rückblick in die Vergangenheit erhellt werden kann, ohne deterministisch für die Zukunft maßgeblich zu sein. Als konkrete Zustände und Ereignisse weisen sie stets auch Raumkoordinaten auf, denen wir uns jetzt zuwenden.

Die Systemeigenschaften der Unternehmung 109

2.2.2 Betriebswirtschaftliche Kategorien

Die folgenden Überlegungen sind auf das etwas leichter fassbare Geschehen auf der elementaren (Mikro-) Ebene einzelner Unternehmen fokussiert. Die Begründung folgt allerdings nicht dem in der ökonomischen Theorie und Lehre gängigen Prinzip des so genannten methodologischen Individualismus, welcher postuliert, dass alle Erscheinungen auf der wirtschaftlichen Gesamt- oder Makroebene das Resultat individueller Wirtschaftsdispositionen sind (Hengsbach 1998, Euler/Freese/Vollmar 2010). Das aus der Systemtheorie geläufige Gegenprinzip, dass das Ganze mehr ist als die Summe seiner Teile (ursprünglich von Aristoteles formuliert), lässt den methodologischen Individualismus als radikale Version nicht zu.

Die Begründung fußt vielmehr darauf, dass ein einzelnes Unternehmen in vieler (wenn auch nicht in jeder) Hinsicht ein Mikrokosmos volkswirtschaftlicher Gesamterscheinungen ist und nun seinerseits in einer prägnanter erlebbaren und beobachtbaren Form jenes aristotelische Prinzip verkörpert: Die Gesamterscheinung eines Unternehmens, das Außenbild und das Binnenbild, ergibt sich, jedoch nicht rein additiv, aus einzelnen Aktionen und Kampagnen und diese ihrerseits bauen sich aus arbeitsteilig operierenden Individuen mit komplexen, spezifischen Leistungseigenschaften und Charaktermerkmalen auf. Der Charakter eines Menschen ist nun seinerseits wieder ein Makrobild unzähliger Erlebniskomponenten, und so könnten wir diese Betrachtung fast endlos fortsetzen. Das Unternehmen ist in der Hierarchie von Makro- und Mikrostrukturen also nur eine Zwischenstufe.

Definitionen der Unternehmung, wie sie in betriebswirtschaftlichen Lehrbüchern zu finden sind, beziehen sich auf den Typus *Unternehmung* im Allgemeinen und heben all jene Merkmale hervor, die sämtliche Unternehmen kennzeichnen, unabhängig von ihrem konkreten Sach- und Arbeitsgebiet, ihrer Größe, ihrem regionalen oder internationalen Verflechtungsgrad, ihrer singulären Geschichte.

Solche Definitionen sind zugleich Modellkonstruktionen auf der Grundlage von Kategorisierungen. Typologien dieser Machart, methodologisch zweifellos begründet, sind stets ein Blick aus der Vogelperspektive, nicht dagegen aus der Position eines Betrachters, der von seinem ebenerdigen Standpunkt aus horizontal um sich blickt. Der Typus *Unternehmung* wird deduktiv, nicht induktiv abgeleitet, auch wenn bei jeder Deduktion bildhafte Vorstellungen über reale Unternehmen mitwirken.

Die meisten betriebswirtschaftlichen Definitionen der Unternehmung lehnen sich an eine von Erich Gutenberg formulierte Version an (Gutenberg 1983). Danach ist die Unternehmung ein in marktwirtschaftlichen Systemen operierender Typus des Wirtschaftsbetriebs, dessen konstitutive Merkmale das Gewinnstreben (so genanntes erwerbswirtschaftliches Prinzip), die Kapitaleinlage aus privater Hand (das Prinzip des Privateigentums) und die Unabhängigkeit der wirtschaftlichen Dispositionen und Operationen (das Autonomieprinzip) sind.

Das sind unbestrittene, verallgemeinerte Merkmale, die jedoch aus der Standortperspektive eines einzelnen Betrachters oder für das Selbstverständnis eines Unternehmers so gut wie belanglos sind. Nicht dass sie nicht richtig oder verzichtbar wären, aber als Selbstverständlichkeiten sind sie pragmatisch unergiebig und (ver-)führen allzu leicht dazu, die maßgeblichen Erscheinungen zu übersehen, allen voran die Tatsache, dass alles unternehmerische Handeln aus einem geistig-schöpferischen (individuellen und interpersonal verbundenen) Denkakt hervorgeht, dessen konkrete Merkmale von komplexerem Kaliber sind als lediglich das Gewinnstreben, die private Investition und die Dispositionsfreiheit.

Die Standortperspektive ist ein lokalisierbarer Punkt auf dem Globus, von dem aus ein (geographisch realer) Horizont wahrgenommen und zugleich ein sehr viel weiter reichender geistiger Horizont in der Vorstellungswelt des Denkenden aufgebaut wird. Jede individuelle Vorstellungswelt ist ein einmaliger Kosmos, der nur diesem einen Menschen gehört und dessen Spuren sich in dessen Lebensgeschichte verlieren, in der markante Erlebnisse und Erfahrungen und ihre geistig-emotionale Verarbeitung eingeflossen sind. Dieses Innenbild der Außenwelt ist eine Konstruktion aus sinnlichen Wahrnehmungen (der physischen Welt, in der der Mensch lebte und lebt) und beeindruckender sozialer Kommunikation (den mentalen Verarbeitungen von kulturellen Mustern, ethischen Prinzipien, ästhetischen Präferenzen und sozialen Verbindlichkeiten).

Die in betriebswirtschaftlichen Lehrbüchern und Monographien verallgemeinerten Merkmale und Definitionen der Unternehmung sind zwar richtig und eignen sich zweifellos für logische Anknüpfungen im Rahmen theoretischen Erkenntnisstrebens, aber sie sind zusammen mit ihren (wenn man in betriebswirtschaftliche Lehrbücher von mehreren hundert Seiten blickt) umfangreichen, detaillierten Ableitungen und Ausführungen nur die halbe Wahrheit (wenn überhaupt so viel). Sie erfassen Grundzüge, die im Geschäftsleben eines Unternehmens zu selbstverständlich sind, um sie in die Rezepturen der alltäglichen Arbeitsvollzüge und im strategischen Rundumblick in die Markt- und Gesellschaftsszenerie ergiebig einzufügen.

Versetzen wir uns in die Lage eines real existierenden Unternehmens irgendwo in einer Provinzstadt, das dort vielleicht seit Generationen operiert, zu den bekannten produzierenden Gewerbebetrieben gehört, mit der örtlichen Bank geschäftlich eng verbunden ist, mit dem Magistrat der Stadt im Einvernehmen

Die Systemeigenschaften der Unternehmung 111

(oder auch im Konflikt) steht, das städtische Kulturleben und die Sportvereine finanziell unterstützt und sich den Problemen des Umweltschutzes stellt.

Aus dieser ebenerdigen Position rücken ganz nahe liegende Erscheinungen in den Vordergrund und prägen die Binnenwelt des Betrachters, beispielsweise die urbane Umgebung, die landschaftliche Prägung der Natur im nahen Umkreis, die örtlichen Infrastrukturgegebenheiten, die bauliche Konfiguration des Betriebsgeländes und eine variantenreiche Szene an Gesichtern und Figuren, die das soziale Geschehen innerhalb des Betriebes und in seiner alltäglichen Umwelt pflastern.

2.2.3 Die Unternehmung als Unikat

Die Verknüpfung von Zeit- und Raumkomponenten mit den verschiedenen Faktoren und Konstellationen lässt eine einzelne Unternehmung als einen zentrierenden Ort oder Knoten in einem sich räumlich ausbreitenden Umfeld erscheinen. Jedes reale Unternehmen ist deshalb ein Unikat.

Über diese der physischen (visuellen, akustischen, taktilen und gustatorischen) Wahrnehmungswelt angehörenden Komponenten der Konstruktion des individuellen Kosmos hinaus spielen geistige, durch direkte (Gespräche, Belehrungen) und indirekte (Lesen) Kommunikation angeregte Anreicherungen des individuellen Wissens eine gewichtige Rolle. Daraus bilden sich geistige Horizonte, die auch solche, sinnlich oft gar nicht zugängliche, Welten einschließen, die sich aus Berichten, Dokumenten und selbst literarisch-poetischen Quellen aufbauen.

Auf diese Weise entsteht eine Vorstellung von einem konkreten Unternehmen, das auch eine lange Reihe abstrakter Bildkomponenten aufweist: die Rechtsform, das wirtschaftliche Potential, das kulturelle Klima innerhalb des Betriebes, die Reputation gegenüber Lieferanten, Kunden und der kommunalen Öffentlichkeit, die ästhetische Ansehnlichkeit der Gebäude und vieles mehr.

Genau genommen entsteht nicht *eine* Vorstellung von einem Unternehmen, sondern so viele verschiedene, zuweilen konträre Vorstellungen wie es Menschen gibt, zu deren Erlebnisraum in der einen oder anderen Weise eben dieses Unternehmen gehört. Der Pförtner trägt sicher ein anderes Bild in sich als der Chauffeur des Chefs, dieser wiederum ein anderes als Ingenieur in der Konstruktionsabteilung, der Bürgermeister und der Kämmerer der Stadt, der Direktor des städtischen Museums und der Trainer der örtlichen Fußballmannschaft.

Jedes Unternehmen existiert an einem konkreten Standort (oder oft auch mehreren, teils sogar weit auseinander liegenden), betreibt möglicherweise mehrere Produktionsstätten auf einem Großgelände mit einer ausgeklügelten Logistik und weist erkennbare Züge der Nachhaltigkeit aus, die sich aus der langen Vergangenheit der Unternehmensexistenz rekonstruieren lässt. Ein solches Unternehmen ist in jeder Hinsicht einmalig und unwiederholbar.

Die Zusammensetzung all dieser Einzeltatbestände, die sich aus der physischen und geistigen Standpunktperspektive zu einem Gedankenkosmos fügen, nennen wir die Örtlichkeit oder Lokalität. Sie ist ein bedeutender Faktor der Gewinnung von Standfestigkeit im physischen wie im übertragenen Sinne und ist in gewisser Weise das Gegenstück zur Beliebigkeit des Standortes desjenigen, der sich über sein Handy zu Wort meldet, denn dem lassen sich nur eingebildete oder überhaupt keine aktuellen Raumfaktoren zuordnen.

Diese Örtlichkeit hat eine physische und eine geistige Seite, die sich in der konkreten Vorstellungswelt zu einem Gesamtbild vereinigen. Die Verinnerlichungen umfassen, wie gesagt, das physische Ortsbild und die Reichweite der Erfahrungs- und Kontaktwelt, insbesondere die Marktbeziehungen, das Einvernehmen (oder die Spannungen) mit den Behörden, die Kooperationen mit anderen Unternehmen, mit Verbänden, Banken und Forschungsinstitutionen. Diese Innenansichten sind an Einzelgehirne gebunden.

Innerhalb eines Unternehmens bilden sich zwar so viele Binnenwelten, wie Menschen darin tätig sind, doch sind diese Binnenwelten nicht beliebig, sondern weisen Ähnlichkeiten auf. Diese Binnenwelten decken oder überlappen sich weitgehend, wenn das unternehmenskulturelle Klima ein entsprechendes Ausmaß an Übereinstimmungen und Zustimmungen erzeugen kann. Kongruenz ist jedoch nicht Identität. Niemand kann sich vollständig mit irgendwem oder einer Institution identifizieren, sondern nur, wenn es glückt, eine hochgradige Empathieleistung in das Wollen und den Sinn des Ganzen eines Unternehmens einbringen und sich ein zwar subjektives, aber von der Unternehmenskultur geprägtes Bild davon machen, um sein individuelles Verhalten auszurichten.

2.2.4 Innenansichten und Außenansichten

Die kongruente, von den meisten innerhalb des Unternehmens weitgehend geteilte Innenansicht ist nicht identisch und unter Umständen nicht einmal stimmig mit den Außenansichten, die sich nicht involvierte Personen im Umfeld des Unternehmens bilden. Das Bild des Unternehmens, das sich andere von ihm machen, kann zwar und wird meist für die Unternehmensführung sehr wichtig sein. Man muss sich vorstellen können, wie Außenstehende über das eigene Unternehmen denken, um sich, ähnlich wie ein Schachspieler, mit der Logik des Verstehens seine eigenen Schachzüge erfolgreich zurechtlegen zu können. Die Fähigkeit, sich in die Lage anderer zu versetzen (Empathie), gehört deshalb zum

Die Systemeigenschaften der Unternehmung 113

kulturellen Rüstzeug qualifizierter Unternehmensführung und ist damit eine unternehmerische Kernqualität. Doch Empathie bedeutet keinesfalls, sich eine stimmige, identitätssichere Vorstellung davon zu machen, wie andere über das eigene Unternehmen tatsächlich denken (Breithaupt 2009). In deren Wahrnehmungen fließen – häufig den Betreffenden selbst nicht vollständig bewusst – Deutungen und Akzente ein, in denen deren Erfahrungen und emotionale Färbungen eine lenkende Rolle spielen. Es bleibt also immer das Bild vom Bild anderer, die sich ein Bild machen vom real existierenden Unternehmen. Diese Wahrnehmungs- und Deutungsungewissheiten machen jede gezielte Selbstdarstellung in der Öffentlichkeit zu einem schwierigen Gestaltungsproblem der Kommunikation. Wie immer man sich selbst öffentlich ausleuchtet, die Wahrnehmungen der anderen bleiben stets ein kaum oder nur vage fixierbarer Effekt.

Doch ein Bild ist niemals die Sache selbst, wie schon der belgische Maler René Magritte in seinem bekannten Gemälde einer Tabakspfeife genüsslich ausbreitete: Die geradezu perfekt abgebildete Tabakspfeife ist mit einer ins Gemälde eingeschriebenen Erklärung versehen: Ceci n'est pas une pipe (Dies ist keine Pfeife). Es ist eben nur die Abbildung einer Pfeife. Niemand könnte mit der Abbildung rauchen.

Außenstehende können sich ein Bild machen, wissen aber dadurch real nicht allzu viel über die Tatsachen. Es bleibt daher, vor allem wenn es um die Gestaltung eines Unternehmensimages (Corporate Image) geht, die Gefahr einer möglicherweise allzu starken Diskrepanz zwischen Unternehmensbild und Unternehmensrealität, das sich zu schwerwiegenden Problemen ausweiten kann, wenn es zur Konfrontation zwischen beiden kommt, beispielsweise die Erfahrung mangelnder Qualität der Erzeugnisse des Unternehmens im Kontrast zu dessen werblichem Auftritt in der Öffentlichkeit.

Außenstehende bilden sich mit unzähligen Färbungen aus den unterschiedlichsten realen Erfahrungen und Begegnungen mit einem Unternehmen eine bunte Palette individueller Vorstellungen, je nachdem, aus welchem sozialen Hintergrund die Betrachter kommen: Kunden, Lieferanten, Passanten, Behördenvertreter, Finanzbeamte, Verbandsvertreter, Umweltaktivisten, Gewerkschafter.

Das Außenbild hat eine starke sinnliche Komponente, wenn etwa bei der Nennen des Namens des Unternehmens in der Presse sofort das im Gedächtnis archivierte Bild des Gebäudes, seiner örtlichen Konfiguration, der ästhetischen Qualität seiner Fassaden, der Erzeugnismerkmale und möglicherweise der Gesichter von Personen aktiviert wird, die dem Unternehmen angehören (Kahrmann/Bendixen 2010).

Außenstehende, die niemals einen direkten sinnlichen Kontakt mit dem Unternehmen erlebt haben, beispielsweise Geschäftspartner in Übersee, sind auf vermittelte Bilder oder andere Angaben angewiesen, deren Übereinstimmung mit der Wirklichkeit sie nicht prüfen können. Sie bringen Glaubwürdigkeit und vor allem eigene Vorstellungen aus ihrer Erlebniswelt ins Spiel. Das Ergebnis ist ein konstruiertes Bild, dessen Einzelheiten vom gemeinten Unternehmen zwar imagepolitisch beeinflusst werden können durch entsprechend überzeugende Vermittlungen, die aber als Ganzheit häufig zu weit verschobenen Einbildungen führen.

Entscheidend für die Kommunikation zwischen einem Unternehmen und der Außenwelt ist jedoch nicht die tatsächliche Übereinstimmung zwischen Bild und Bildobjekt, also zwischen der tatsächlichen Lokalität und den Wahrnehmungen, die sich Außenstehende aus spärlichem Wissen und eigener Phantasie machen. Was zählt, ist letztlich die positive Stimmung, die im Zusammenhang mit einem Unternehmen aufkommt und ein konstruktives Geschäftsklima schaffen kann. Stimmungen sind emotionale Zustände, die sich aus Erscheinungen und Erfahrungen bilden und zu einer in sich stimmigen, qualifizierten Gesamterscheinung verdichten.

2.2.5 Selbstwahrnehmung und Selbstgestaltung

Im Unterschied und zugleich in großer Nähe zur Örtlichkeit und dem Innenbild eines Unternehmens ist die observierende Orientierung auf den Wandel der Selbstwahrnehmung und der Selbstgestaltung derjenigen Aspekte des Eigenbildes, die vom Unternehmen geformt und präsentiert werden können. Das auffällig (aber nicht unbedingt aufdringlich) geformte Selbstbild eines Unternehmens ist ein Deutungsangebot an die Öffentlichkeit und wird unterschiedlich aufgenommen, bleibt aber stets das Anküpfungsobjekt der äußeren Wahrnehmungen.

Die kommunikative Balance zwischen der Bildgestalt und den äußeren Wahrnehmungen in der Öffentlichkeit bleibt jedoch prekär, denn der Wandel der Lebensverhältnisse in der sozialen Umwelt schreitet voran, und der Abstand zwischen Bild und Objekt in der Präsentation eines Unternehmens kann sich aus internen Gründen verstärken.

Die Grundfrage der Orientierung lautet: Wo stehen wir? Sie berührt die Kongruenz zwischen den Tatsachen des Unternehmens und seiner Selbstdarstellung nach außen, und sie berührt die Balance zwischen gewandelten Wahrnehmungsgewohnheiten in der Öffentlichkeit, speziell in den relevanten Marktszenen, und dem zur Gewohnheit gewordenen und damit dem Wahrnehmungsverschleiß unterliegende Bildgestalt des Unternehmens.

Die Systemeigenschaften der Unternehmung								115

Einer der häufigsten Anlässe, die Frage nach der gegenwärtigen Position zu stellen, sich also erneut um Orientierung in der Öffentlichkeit zu bemühen, sind gravierende technologische Neuerungen. Finden diese im eigenen Unternehmen statt, hält die alte Selbstdarstellung nicht mehr, was sie ausbreitet. Finden diese in der relevanten Außenwelt statt, erzwingt sie Änderungen der Selbstdarstellung.

Die so genannten Neuen Medien (Internet, drahtlose Telefonie, globaler Televisionstransfer usw.) haben die Landschaft der Öffentlichkeitsarbeit für Unternehmen grundlegend verändert, in gewisser Weise technisch und ästhetisch bereichert, aber auch erschwert. Kein Unternehmen von einigem Rang kann heute darauf verzichten, sich in leicht auffindbarer und zugänglicher Weise in einer Internet-Homepage zu präsentieren.

Das Medium *Internet* ist zugleich ein Streukanal, der zwar bestimmte Adressatengruppen gezielt ansprechen, aber keinen eindeutigen Rand einhalten kann. Das gesamte Gebiet des Marketings ist von dieser Entwicklung grundlegend umgestaltet worden, während zugleich die Wahrnehmungsgewohnheiten in der Öffentlichkeit stärker als bisher auf Optik und teilweise Akustik statt auf Wortsprache ausgerichtet sind.

Orientierung bedeutet in diesem Zusammenhang, den Blick für die Realitäten ständig für die Innen- und Außenbeziehungen der Selbstdarstellung wach zu halten. Dabei spielt zweifellos auch der Umstand eine wichtige Rolle, dass zum weit überwiegenden Teil der Erfolg eines Unternehmens von der kommunikativen Kompetenz der Unternehmensführung bestimmt wird und nicht mehr, wie in der Vergangenheit und insbesondere historisch älteren Epochen der Wirtschaftsgeschichte, von der Unmittelbarkeit (dem sinnlichen Dabeisein) von Anbieter, Kaufinteressent und der Ware.

Man wird zwar nach wie vor einen Orientteppich und die Person des Verkäufers inspizieren wollen, bevor man das Stück kauft. Und so wird es beurteilungsempfindliche Erzeugnisse weiterhin geben, die man kaum über eine Internet-Präsentation bewerben und erwerben wird. Doch dies werden mehr und mehr Ausnahmen werden, denn die Perfektion der elektronischen Präsentation nimmt zu und erreicht einen Überzeugungsgrad, der den Kaufinteressenten genügt, zumal dann, wenn sie über ihre Erfahrungen die eigenen Vorstellungskräfte mobilisieren können.

2.3 Individualität und strukturelle Einbindung

Strukturelle Einbindung oder, um einen anderen Begriff zu benutzen: Vernetzung gehört inzwischen zu den Kernbegriffen in den meisten Abhandlungen über

Unternehmensführung, Wirtschaftsentwicklung, Regionalpolitik und wirtschaftliche Kooperationen. Vernetzung ist eine modernistische Vokabel für eine sehr alte soziale Erscheinung, die Menschen in kooperativen Verhältnissen zu Knoten der Interaktion zu machen, um auf die Orthodoxie klassischer Hierarchien weitgehend verzichten zu können und damit die Grundlage für höhere Formen von Effizienz durch wechselseitige Abstimmung zu schaffen.

Vernetzung ist eine Beziehungsstruktur, die zwischen Unternehmen eine in jüngster Zeit zunehmende Bedeutung erlangt hat, z. B. Allianzen zwischen Fluggesellschaften durch Synchronisation ihrer Flugpläne und durchgängig gültige Flugtickets. Letztlich aber können wir auch innerhalb von Unternehmen von Vernetzung sprechen für jede Form kooperierender Praxis, die sich um die Effizienzvorteile der umweglosen Abstimmung bemüht und damit eine gestärkte Leistungskraft erzeugt.

Mit diesem Begriff wird zugleich betont, dass jedes Unternehmen, aber auch jede regionale und nationale Volkswirtschaft auf vielfältige Weise mit der jeweiligen politischen, kulturellen, sozialen Umgebung in räumlichen und strukturellen Wechselbeziehungen verbunden ist. Das ist zwar nichts grundsätzlich Neues, doch die auffällige Betonung dieses Aspektes ist dennoch ein beachtliches Signal. Das Ausmaß, die Intensität und Reichweite der Vernetzungen können leicht ausufern, und in vielen Fällen ist eine Gesamtschau und damit eine transparente Lageeinschätzung nur noch schemenhaft möglich.

Netze sind Fanggeräte. Soziale Netze sollen unfreiwillig Gescheiterte vor dem völligen Absinken retten; strategische Netze sollen verhindern, dass zu viele Profitchancen durch Schlupflöcher entgehen; kooperative Netze sollen helfen, dass niemand aus dem Rahmen oder aus der Rolle fällt und zu Lasten anderer eigene Wege geht. Vernetzung kann eine Beziehungsdichte erreichen, die die kulturelle Selbsterfahrung des Individuums übermäßig behindert und der Vitalität des Ganzen einer Organisation die kreative Würze nimmt. Wie in so vielen anderen Themenbereichen kommt es auch bei der Vernetzung auf eine pragmatische Balance der beiden je für sich wichtigen, aber zusammen genommen auseinander strebenden Kräfte an, und dies nicht nur als ein singulärer Entscheidungsakt, sondern als ein ständiger Prozess der Navigation des ganzen Gebildes.

Vernetzungen haben zur Folge, dass lokale Ereignisse über die Verknotungsstruktur über das gesamte Netz spürbar sind und an den verschiedensten, teilweise unerkannt entfernten, wenn nicht verdeckten Stellen Reaktionen hervorrufen, die den Vorfall entweder mäßigen und auspendeln oder synchron verstärken, so dass das betreffende Gebilde einer Zerreißprobe ausgesetzt wird. Erscheinungen dieser Art sind aus dem internationalen Börsengeschäft hinlänglich bekannt. Die internationalen Verflechtungen sind nicht nur den Weg der Globalisierung mitgegangen, sondern haben diesen Prozess maßgeblich angetrieben, nicht zuletzt gestützt durch informationstechnische Vernetzung mit Hilfe des Internets (des „International Networking") und der Mobilfunkkommunikation. Dieses Verflechtungs- oder Vernetzungswachstum hat historische Ausmaße angenommen und kann nur schwer, wenn überhaupt, in einem einfachen, übersichtlichen Erklärungsmuster erfasst werden. Dennoch mag der Begriff des Verflechtungswachstums im Sinne einer zunehmenden Verdichtung, Spreizung und räumlichen Ausdehnung ein Stück weit weiter helfen, um insbesondere zwei markante Entwicklungen gedanklich und begrifflich festzuhalten:

1. Die wachsenden internationalen Verflechtungen der nationalen Wirtschaften, ihrer Märkte, ihrer international operierenden Unternehmen und vor allem ihrer Regulative (Stichwort: Globalization) mit der Folge, dass es kaum noch Alleingänge gibt und der Zwang zu Kompromissen auf allen Ebenen ständig wächst, um überhaupt wirksame Regulative (Abkommen und völkerrechtliche Verbindlichkeiten) ins Auge fassen zu können. Insgesamt befindet sich der Prozess der strukturellen Einbindung auf planetarischer Ebene in raschem Fortschritt und damit droht zugleich Gefahr, dass lokale Ereignisse von einiger Brisanz im Eilschritt das ganze Netz erfassen können.
2. Die Verdichtung der Wechselbeziehungen zwischen der Wirtschaft und den politisch-gesellschaftlichen Umgebungen (Stichwort: Social Embeddedness) mit der Folge, dass Störungen ebenso wie Impulse aus dem politisch-gesellschaftlichen Umfeld das Wirtschaftsgeschehen empfindlich beeinflussen können wie umgekehrt die Aktivitäten der Wirtschaft das soziale und ökologische Umfeld massiv berühren, woraus eine besondere Form der Verantwortung der Wirtschaft erwächst (Bendixen 2009 a).

Strukturen und Prozesse in der Wirtschaft können heute nicht mehr, jedenfalls nicht ausschließlich, in Systemmodellen abgebildet werden, die die Wirtschaft als aus dem gesellschaftlichen Umfeld isolierbar und darin eigenen Gesetzmäßigkeiten folgend darstellen. Die Denktraditionen der ökonomischen Neoklassik müssen überwunden werden, vergleichbar mit der längst vollzogenen Relativierung der Newtonschen Physik durch die modernen Naturwissenschaften.

Niemand könnte ernsthaft die Newtonsche Physik für falsch erklären, wohl aber ihren Geltungshorizont deutlich zurücknehmen. Es würde ebenso wenig Sinn machen, die klassischen ökonomischen Theorien und Modelle für komplett unbrauchbar zu erklären. Es kommt vielmehr darauf an, sie auf ihre engen methodologischen Geltungsbegrenzungen zu verweisen und Theorieansätze zu formulieren, die den heutigen Bewegungen der international verflochtenen Wirtschaften und Unternehmen gerecht werden können.

Der das gesellschaftliche Leben beherrschende Rang der Wirtschaft, welcher nicht nur die Wirtschaft selbst, sondern auch das Denken in Kategorien der Wirtschaft in anderen Bereichen wie Politik, Kultur und Bildung umfasst, ist ein über allem schwebendes Problem. Die sich in jüngster Zeit häufenden und in ihrer Durchschlagskraft mächtiger werdenden Krisenerscheinungen sind nicht aus der Welt zu schaffen mit den Mitteln und Konzepten der an alten Mustern hängenden Unternehmenswirtschaft und staatlichen Wirtschaftspolitik, denn gerade deren Schieflagen und zu kurz greifenden Horizonte sind dafür die Hauptursachen.

Aus der Perspektive eines einzelnen Unternehmens erscheint diese generelle Strukturentwicklung wie ein Weg in eine Falle, auch wenn dies in der Praxis nicht immer so empfunden werden mag. Die gängige Floskel vom *wachsenden Druck des Marktes* umschreibt von der Rückseite aus das Problem schrumpfender kreativer Freiheit, Innovationen unbekannten Ausgangs zu wagen.

Zu eng ist die Masche der Bedingungen für die Vergabe von Krediten (erinnert sei hier an Basel II), zu rasch wird ein innovativer Vorsprung vom Wettbewerb relativiert oder sogar überholt, zu begehrlich werden kleine, flexible Unternehmen, wenn sie erfolgreich werden, von den großen verschluckt. Diese nämlich, die international operierenden Großunternehmen, stehen einem Ausmaß an interner struktureller Bindung ihrer eigenen individuellen Kreativkräfte gegenüber, dass sie sich mit Kapitalkraft leichter tun, Marktvorteile anderer durch engmaschige Kooperation oder Verschmelzung anzuzapfen oder zu vereinnahmen.

Das Ungleichgewicht zwischen unternehmerischen Individualkräften als Basis von Kreativität und volkswirtschaftlichem Innovationspotential und den engen Maschen überregionaler bis globaler Marktverflechtungen ist ein Makroproblem, das nur sehr begrenzt von einem einzelnen Unternehmen angegangen werden kann. Die Aufgabe, zu einer immer wieder neu zu erkämpfenden Balance zu gelangen, ist Sache der nationalen Wirtschaftspolitik und mittlerweile der internationalen Staatennetze, z. B. der Europäischen Union oder Organisationen wie WTO, IMF und Weltbank.

Was sich in erschreckendem Umfang auf dieser Ebene abspielt, ist eine in den Dimensionen der kulturellen Normen und Lebensmuster der Völkerschaften sich mehr und mehr auflösende Weltordnung in sich stabiler Einzelgesellschaften zu Gunsten von zentralistisch gesteuerten, ökonomischen Herrschaftsstrukturen, die sich dem Zugriff der die Wege der Entwicklung bahnenden Politik nicht nur entziehen, sondern diese instrumentalisieren.

Eine wie immer konzipierte Wiedergewinnung des Vorrangs des Politischen vor dem Partikularen bestimmter Wirtschaftsmächte wird allein nicht ausreichen, denn mit einem solchen Paradigmenwechsel bliebe in den Bevölkerungen der

Geist einer auf endlosem Wohlstandswachstum und rein gegenwartsbezogenem Wohlleben unangetastet. Solange von Grund auf diese sowohl wissenschaftlich-philosophisch als auch politisch-propagandistisch betonierte Grundhaltung sich nicht ändert, wird es kaum friedliche Fortschritte in eine von Vernunft und Weitblick geleitete Entwicklung der globalen Zivilisationen geben.

Erforderlich wäre eine auf Wandel gerichtete Vorrangigkeit von Bildung und Kultur, welche im Volk Fuß fasst und nicht bei wenigen Intellektuellen hängen bleibt, deren Perspektive allzu leicht auf einer Gegnerschaft gegen kapitalistische Praxis ausgerichtet ist. Der notwendige Wandel braucht vielmehr Bodenhaftung, und zwar in den Bevölkerungen und bei den Unternehmen der Wirtschaft, denn die unternehmerische Wirtschaft ist ein vitaler Wirkungsfaktor auf der elementaren Ebene des praktischen Geschehens.

Gesucht wird eine marktwirtschaftliche Praxis der intelligenten Kooperation von Produzenten und Konsumenten, nicht ein ständiges Gefecht zwischen Anbietern und Nachfragern, wie es die alte Markttheorie suggeriert. In seiner Schrift *Die Moralisierung der Märkte* hat Nico Stehr m. W. zum ersten Mal systematisch die Frage eines strukturellen Wandels der klassischen Oppositionsstellung von Anbietern und Nachfragern zu Gunsten kooperierender Strukturen behandelt (Stehr 2007). Dazu bedarf es allerdings einer die Wirtschaft einbeziehenden neuen Formierung kultureller Lebensmuster in all ihrer auf dem Erdball möglichen Vielfältigkeit.

Es wird beim Aufbau neuer kultureller Lebensformen nicht darum gehen, die Kultur (einschließlich der Bildung) zu instrumentalisieren und zu einer individuellen Gängelung und Verzichtsmentalität aufzurufen, sondern um den Vorrang des geistig-emotionalen Erlebnisreichtums vor dem materiellen Konsum, um einen Wandel oder Übergang also, der Frieden schließt mit den Bedingungen der Natur und zugleich einen Zivilisationsschub zu Gunsten friedfertigen Zusammenlebens in dem begrenzten Raum (besser: auf der begrenzten Oberfläche) des Planeten Erde. Amin Maalouf schreibt: *Eine nach vorn gerichtete Überwindung der Weltunordnung erfordert meines Erachtens, dass wir uns ein Wertesystem zu eigen machen, das auf dem Vorrang des Kultur beruht; ich möchte sogar sagen, auf der Rettung durch die Kultur* (Maalouf 2010, 161).

Die Einsichten der neoklassischen Ökonomie werden durch einen solchen Paradigmenwechsel nicht vollständig obsolet, sondern können dazu dienen, die Schwächen eines die Dimension der Kultur eliminierenden Denkens in der Wirtschaft und über die Wirtschaft herauszufiltern und die Prioritäten neu zu justieren. Dies kann – unter Wahrung der Grundgedanken eines zukunftsfähigen Marktwettbewerbs und der Motivationskraft des individuellen Vorteilsstrebens in der Wirtschaft – auf der politischen Ebene in Gang kommen, wenn mächtiger werdende Strömungen auf der elementaren Ebene der Gesellschaftspraxis wirksam werden, und zwar durchaus im Einklang zwischen Erzeugern und Verbrauchern. Wegen der besonderen Gestaltungsmacht und dem prägenden Einfluss kommt es insbesondere auf ein konzeptionell, auch theoretisch, gestütztes Mitgehen der Wirtschaftssubjekte und damit auf unternehmerische Qualitäten an.

Ein einzelnes Unternehmen ist, ebenso wie die regionale und nationale Wirtschaft als Makrogebilde, in seiner Vitalität und Gestalt ein Unikat, dessen innerer Aufbau eine komplexe Vielschichtigkeit aufweist. Es handelt sich einerseits um horizontale Schichtlagen von dinglichen und kulturellen Dimensionen, die sich nicht einfach überlagern, sondern untereinander oder übereinander kommunikativ eng vernetzt sind. Die meisten Hierarchien stehen nur auf dem Papier als klares Organigramm. Die tatsächlichen kommunikativen Verläufe formeller und informeller Art suchen sich durch Praxis häufig eigene Wege.

Andererseits stehen solche in sich gefestigte Schichtengebilde vertikal nebeneinander und bilden nun ihrerseits ein Flechtwerk an Beziehungen. So steht beispielsweise die Hierarchie der technischen Produktion in einem Unternehmen neben der des Vertriebs und der Verwaltungshierarchie. In jeder von ihnen kann sich ein eigenes Kulturklima bis hin zu Sprachjargons entwickeln. Selbst die Unternehmensleitung kann, zumal in größeren Betrieben, in sich vielschichtig sein.

Ein Unternehmen ist kein geschlossener, quasi aus sich selbst heraus existierender Sozialkörper, insbesondere kein sozialtechnisches System, sondern bildet einen die Vitalität Einzelner zuweilen nur mühsam „auf Linie" haltendes, durch kulturelle Muster zusammengebundenes Gefüge. Es steht zugleich mit einer Vielzahl von Beziehungen mit der Außenwelt in vitalen Verbindungen, die stärker sein können als die internen Strukturen. Die Ingenieure der Konstruktionsabteilung stehen oft in intensiverem Fachaustausch mit ihresgleichen außerhalb des Betriebes und schotten sich unter Umständen nach innen ab.

Bildlich gesprochen bildet ein Unternehmen in dem wirtschaftlichen und gesellschaftlichen Außenfeld, in dem es tätig ist, einen Knoten, auf den eine große, vielleicht unübersehbar vielgestaltige Menge an Fäden zuläuft. Die inneren Strukturen der Kommunikation reflektieren diesen Umstand, so dass es falsch wäre, sich ein Unternehmen als ein in sich geschlossenes System mit einer deutlichen Außengrenze vorzustellen.

Wir sprechen in diesem Zusammenhang nur dann von einer Vernetzung, wenn es sich tatsächlich um gestaltete, d. h. auf Dauer angelegte, existenziell unverzichtbare, vitale Ströme lenkende Beziehungen handelt, die für Stabilität, Berechenbarkeit, Verlässlichkeit und Belastbarkeit sorgen. Ein Beispiel dafür sind die vielen Zulieferer eines großen Industriewerkes, die juristisch zwar zur Außenwelt gehören, aber durch die Dichte der Beziehungen in das feste Strukturbild dieses Unternehmens gehören.

Diese Beziehungen oder, wenn man es genauer sieht, Verdichtungsstrukturen selektieren Austauschprozesse nach ihrer existenziellen Relevanz und halten solche fern, die zu Störungen führen können. Sie sind zugleich Filter gegen Zufälle, die innerhalb des Unternehmens nicht aufgefangen werden können, beispielsweise unerfüllbare oder nur höchst aufwendig erfüllbare Sonderwünsche von Bestellern oder qualitativ minderwertige Materiallieferungen. Funktionierende Beziehungsnetze wirken wie eine Firewall gegen chaotisierende Störungen und unerwünschten Ballast.

Auch die Vernetzungen sind so vielschichtig wie der Unternehmensaufbau selbst. Das ist ein unmittelbarer, in der Geschichte des Unternehmens mitwachsender Reflex der Vitalbedingungen, unter denen ein Unternehmen operiert. Für die Zukunftsfähigkeit des Unternehmens ist es von entscheidender Bedeutung, die unternehmensinterne Vielschichtigkeit und die Vernetzungserfordernisse aufmerksam zu registrieren. So werden häufig in der Praxis aus gegebenem Anlass Abteilungen oder Arbeitsgruppen gebildet, die nach dem Wegfall des Anlasses weiter existieren. In der Vorahnung ihrer Abschaffung entfalten die Betroffenen nämlich ganz besondere Anstrengungen zur Erfindung neuer Aufgaben. Über längere Zeit entsteht dadurch das Gegenteil von organisatorischer Verschlankung.

Aus dem Wechselverhältnis zwischen dem inneren Aufbau und den äußeren Vernetzungen, durch welches ein über den Rand des Unternehmens hinausreichendes Flechtwerk an vitalen Fäden entsteht, ergibt sich, dass wir bei unseren weiteren Untersuchungen der Schichtungen beide Aspekte zugleich ins Auge fassen müssen. Um in dem Bild der Textur zu bleiben: Der Knoten nimmt die Fäden des äußeren Gewebes in sich auf und verdichtet sie analog, wird also damit selbst ein Konzentrat der vielschichtigen Außenwelt.

Im ersten äußerlichen Anblick zeigt sich ein Unternehmen in seiner dinglichen Gestalt: das Verwaltungs- und Betriebsgebäude und seine Lage im natürlichen oder urbanen Umgebungsgelände. Bei genauerem Hinsehen oder gezielten Beobachten treten auch die baulichen Anlagen mit ihren Formen und Funktionen und die technischen Einrichtungen, die Infrastruktur des Geländes, Transportvorrichtungen und Arbeitsgerät usw. hervor. Man nimmt Menschen in Aktion wahr und erhält auf diese Weise schließlich einen sinnlichen Gesamteindruck, der als Bild haften bleibt. Die optischen Eindrücke sind natürlicherweise nicht das Ganze des Gebildes, zumal die Optik nicht alles freigibt und auch Täuschungen unterliegt.

Die dingliche Seite hat, unsichtbar und doch ablesbar, eine geistige (mentale, ästhetische, kulturelle, ethische) Seite, deren Vorrang vor den physischen Erscheinungen an früherer Stelle bereits hervorgehoben wurde. Da es sich bei den dinglichen Tatbeständen im ursprünglichen Sinne dieses Wortes um Bestände ausgeführter Taten handelt und diese stets einen kulturell akzentuierten geistigen Vorlauf des Gestaltens im Denken aufweisen, lässt sich die geistige Seite des Gebildes durch kulturelle Deutung der dinglichen Erscheinungen rekonstruieren. Mit einigem empathischen Vermögen kann man etwas vom kulturellen Geist eines Betriebes erfassen, eine Form von Wissen, das beispielsweise für einen Unternehmensberater von ausschlaggebender Bedeutung werden kann.

Die Vielschichtigkeit solcher Sozialgebilde wie konkrete Unternehmen wurzelt unmittelbar in der Gestaltungsgeschichte, die seit der Gründung den Geist der Gründungsidee in sich trägt, trotz allen Wandels, der darüber hinweggezogen sein mag. Die Umsetzung der Gründungsidee war am Anfang ein kultureller Akt, denn der oder die Unternehmensgründer reflektierten zu ihrer Zeit die äußeren Umstände und Bedingungen und die Zukunftsaussichten, die sie ihrer Idee zutrauten. Darin enthalten sind das technologische Sachgebiet und das eigene technologische Können, das zur Keimzelle der späteren Entwicklungen werden konnte.

Erst nach dem vorgeschalteten Denken und Planen, welches mit einer konkreten Gestaltidee abschließt, können die ausführenden Maßnahmen zur Gründung ergriffen werden, und zwar die normativen (juristischen) und die dinglichen (Erwerb von Gelände, Errichtung von Nutzbauten usw.). Die sich mit der Zeit herausbildende Unternehmenskultur wurzelt daher in der Unternehmensgründung und hat bereits zu diesem Zeitpunkt eine lange Reise existenziell wichtiger Beziehungsnetze ausgebreitet und gepflegt (in diesem ursprünglichen Sinne kultiviert), beispielsweise zu einer Bank, zu Behörden, Forschungseinrichtungen, Steuer- und Wirtschaftsberatern, Kunden, Lieferanten und Dienstleistern auf den wichtigsten Gebieten.

Die auf diese Weise sich ausdifferenzierende Unternehmenskultur, hier also speziell die Beziehungskultur des Unternehmens, ist keine Bestandsgröße, die man erreicht und festhalten kann, sondern ein strukturiertes Fließgebilde von hoher Vitalität. Sie verlangt entsprechende unternehmerische Qualitäten, von denen die wichtigsten noch zur Sprache kommen werden. Erwähnt sei aber schon an dieser Stelle: die Kunst der Diplomatie, die Kunst des Navigierens und die Kunst der Improvisation.

Die Vielschichtigkeit der Unternehmenskultur erhält eine Prägnanz und zugleich Vorrangigkeit aus den realen Existenzbedingungen und der Zielstrebigkeit der Unternehmensführung. Dennoch ist sie keine autoritäre Setzung, sondern geht Kompromisse ein mit anderen Kräften im Inneren und in der äußeren sozialen Umgebung, natürlich an erster Stelle mit den Kräften des Marktes. Die von der Unternehmenskultur meist unmerklich geleiteten Operationen des Tagesgeschäftes folgen auf diese Weise den Rhythmen der äußeren Bedingungen.

Die Systemeigenschaften der Unternehmung 123

Eine relativ mächtige Einflusskategorie, die in der Unternehmenskultur direkt oder indirekt gestalterisch mitwirkt, folgt daraus, dass mit dem Wachstum des Unternehmens das gesamte Sozialgefüge aufgebaut wird mit einem Mitarbeiterstamm aus Menschen, die ihre eigene Individualität einbringen, und zwar mit dem Willen zu fruchtbarer Integration bei gleichzeitiger Wahrung ihrer persönlichen kulturellen Grunddispositionen und Lebensmuster.

Unternehmenskultur und Individualkultur lassen sich nicht verschmelzen und vereinheitlichen, sondern nur für beide Seiten ertragsorientiert assoziieren. Daraus erwächst aber andererseits auch ein Vorteil: Die dem Einzelnen verbleibende Eigenständigkeit ist zugleich eine Chance für die Unternehmensführung, die schöpferischen Kräfte von Menschen ins Spiel zu bringen und dadurch die Unternehmensentwicklung (im Kontinuum des Wandels) zu stabilisieren.

Es bildet sich daher eine Doppelschicht der Unternehmenskultur aus, nämlich eine von der Unternehmensführung und ihren Zielvisionen her kommende Kultur der Verhaltenserwartungen und eine (von jedem Einzelnen kommende, daher im Ganze vielfarbige) lebensweltliche Individualkultur, die ihre Wurzeln in der gesellschaftlichen Umgebungskultur hat. In der darin liegenden Spannung eine fruchttragende Balance zu finden, ist eine fundamentale Aufgabe der Unternehmensführung.

Die Unternehmenskultur ist also kein Monolith, und es liegt natürlich nahe, die vielen Schichtungen auf weitere Details hin zu untersuchen, um eine ziselierte Textur der kulturellen Muster aufzudecken. Das kann in manchen Situationen der Praxis ein wichtiges Erfordernis sein, etwa im Fall einer Belegschaft mit höchst unterschiedlichen kulturellen Herkünften oder bei Operationen des Unternehmens in einem fremden Kulturkreis. Über diese Spezialthematik existiert bereits ein beachtlicher Umfang an Fachliteratur, so dass wir uns an dieser Stelle weitere Verfeinerungen ersparen können (und müssen) (Eine Auswahl: Bergemann/ Sourisseaux 2002, Blom/Meier 2004, Hofstede 2009, Rothlauf 2009, Hummel/Zander 2006, Kutschker/Schmid 2008, Koch/Speiser 2008, Kumbruck/Derboven 2009).

Die Unternehmenskultur besteht nicht nur aus der sozialen Kultur der Verhaltenserwartungen innerhalb des Betriebes, sondern findet ästhetischen Ausdruck in den dinglichen Gestalten, wozu wie anfangs erwähnt vor allem die Bauten und technischen Installationen gehören, aber auf eine spezifische und zugleich prägnante Weise die kulturellen Komponenten der Erzeugnisse des Unternehmens. In den Produktgestalten vollzieht sich, und zwar historisch durchaus rekonstruierbar und abbildbar (und in vielen dokumentierten Unternehmensgeschichten hervorgehoben), ein über die Zeit auffälliger technologischer und ästhetischer Wandel.

Die Technologie und das ästhetische Design (die Funktionen und äußere Gestalt von Erzeugnissen) folgen weder einer eigenmächtigen Phantasie der Konstrukteure noch einem beliebigen Modetrend, sondern sind Ausdruck der innerbetrieblichen Aufarbeitung von sich wandelnden und immer wieder erneuernden Komponenten unter der Leitidee ihrer wirtschaftlichen Verwertung als marktfähige Angebote.

Zwar wird der erste Schritt für die Konzeption eines Erzeugnisses vom anbietenden Unternehmen ausgehen und dieser gibt der künftigen Gestalt eine bestimmte Form vor. Doch ist diese Form kein kulturelles Diktat, sondern nimmt in sich die relevanten Komponenten der Umgebungskultur auf. Jedes Erzeugnis, das das Werkstor seines Herstellers verlässt, ist ein in sich selbst vielschichtiger kultureller Gegenstand und zugleich ein Repräsentant kultureller Vernetzung und Austauschströme nach außen.

Eine weitere wichtige Komponente der inneren Unternehmenskultur nimmt bestimmte Bildungs- und Berufskomponenten der Beteiligten auf. Verhaltensweisen und selbst Sprachjargons erhalten häufig deutlich unterschiedliche Akzente. Der Berufsehrgeiz von Ingenieuren und Konstrukteuren steht nicht selten in gewolltem und gewachsenem Kontrast zu den in direkten Außenkontakten stehenden Marketing- und Vertriebsfachleuten, die wiederum zu den Bilanzexperten ihre Eigenheiten betonen. Auch solche Facetten muss die Unternehmenskultur aufnehmen und konstruktiv verkraften.

Das Begriffspaar *Individualität* und *strukturelle Einbindung* deutet auf eine polare Spannung hin, die in jedem Einzelfall Kräfte in entgegen gesetzter Richtung wirken lässt. Die Realität ist stets eine Lage zwischen zwei Polen, in geglückten Fällen eine Gleichgewichtslage von einer gewissen Dauer. Die Regel ist jedoch, dass die Balance zwischen ausgeprägter individueller Handlungsfreiheit und Einfügung in übergeordnete Strukturen ein ständiger Prozess ist, eine fortlaufende Suche nach einer austarierten Position, die sich an den Zielen und Perspektiven des Ganzen orientiert.

Individuelle Handlungsfreiheit zerrt nämlich nicht zwangsläufig destruktiv an den Strukturen und normativen Vorgaben aus einem egoistischen Existenzinteresse, sondern verlagert die Beurteilung von Situationen, in denen gehandelt werden muss, auf die Empathiefähigkeit des Einzelnen, aus eigener Einsicht das für das Ganze Richtige zu tun. Dies geschieht meist aus der Erfahrung heraus, dass der Einzelne dem Geschehen oft näher steht als jene, die ihr Urteil aus einer entfernten Gipfelposition heraus fällen, in der sie zwar einen reduzierten, nicht selten verschobenen oder verkürzten Überblick besitzen, aber die entscheidenden Details nicht wahrnehmen können. Ihnen geht der sinnliche Kontakt zum Geschehen ab.

Die Systemeigenschaften der Unternehmung 125

Die Balance zwischen Individualität und Einbindung kann in der Regel nicht grundsätzlich und definitiv auf unbestimmte Dauer entschieden werden. Es gibt in dieser Frage kein berechenbares Optimum, weil sich die situativen Bedingungen abgesehen von ihrer unermesslichen Komplexität ständig ändern. An die Stelle der Berechnung oder rational begründeten Beurteilung der Lage tritt in hohem Maße die Intuition, und zwar sowohl auf der individuellen Seite wie auf der Seite der Unternehmensführung aus der ganzheitlichen Position heraus. Das Gespür für solche Entwicklungen und Verschiebungen gehört zu den wichtigen unternehmerischen Qualitäten.

Der Unternehmensführung bleibt jedoch in jedem Fall die Aufgabe der wachsamen Beobachtung und gegebenenfalls der regulierenden Eingriffe, wenn die Wirklichkeit der wirtschaftlichen Lage tatkräftige, gebündelte Maßnahmen verlangt, die sich keine noch so kreativen Ausschweifungen Einzelner leisten dürfen. Dabei kommen Unterschiede zum Tragen, denn die kreativen Kräfte individueller Eigenständigkeit können in einigen Bereichen, beispielsweise im Marketing, deutlich weitere Spielräume erfordern als in anderen, z. B. in der Fertigung, in denen Eigenmächtigkeiten schnell zu Störungen des gesamten Ablaufs führen würden.

Individualität bedeutet nicht nur die Betonung und Einbringung kreativer Kräfte, sondern schafft im Ganzen eines Unternehmens eine gesteigerte Empfänglichkeit für Chancen und Gefahren in der nahen und fernen Zukunft. Individuelle Wachsamkeit ist ein wichtiges Element der Sensibilität des Ganzen. Viele Gehirne nehmen Signale auf und kommunizieren sie ins Unternehmen, wo sie, wenn sie einmalige Ereignisse anzeigen, rasch versanden, während sie, wenn sie sich häufen und von anderen ähnlich aufgenommen werden, zu einer Früherkennung von Chancen oder Frühwarnung vor aufkommenden Gefahren führen. Es bilden sich sensible Formen ganzheitlicher Intelligenz aus analog zu der so genannten Schwarmintelligenz oder sozialen Intelligenz (auch oft Gruppenintelligenz genannt). Damit das Ganze nicht unkontrolliert ausschwärmt, ist gleichzeitig eine weitsichtig navigierende Kunst der Unternehmensführung gefordert.

3 Zwischenbilanz: Unternehmensführung im Rückspiegel

Rückblicke sind destillierte Ausblicke in die Vergangenheit aus sehr unterschiedlichen Motiven und zeigen deshalb entsprechend unterschiedliche Akzentuierungen. Wem am Ruhm der eigenen Taten gelegen ist, wird andere Gesichtspunkte hervorheben als der Nostalgiker, der die Welt vergangener Leistungen verschwinden sieht, oder als ein dritter, der Anhaltspunkte für tiefer liegende geistige Stützpunkte mit stabilisierender Perspektive für die Zukunft sucht.

Natürlich suchen viele auch zu ergründen, was denn alles aus welchen Ursachen falsch gelaufen ist und künftig verbessert werden muss. Der Rückspiegel kann schließlich auch auf die Vergangenheit gerichtet werden aus der ständigen Furcht vor Konkurrenten, die auf dem Überholweg sind und sich anschicken, das Bessere des eigenen Guten hervorzubringen. Es macht also Sinn und ist auch ein wichtiger Teil der Wirtschaftspraxis, die Spuren vergangener Taten und Ereignisse zurückzuverfolgen, um Anhaltspunkte für künftiges Handeln zu gewinnen.

Aber Unternehmensführung ist keine Forschungseinrichtung, und die Beachtung der Vergangenheit als Aufklärungsgrundlage für die Zukunftsaussichten des Unternehmens ist keine Geschichtsforschung. Das Bewusstsein davon, dass alles Geschehen innerhalb des Unternehmens und im Unternehmensumfeld einem ständigen Prozess des Wandels mit dem Risiko unerkannter Diskrepanzen unterliegt, gehört dennoch essenziell zur Kunst der Führung.

Dem Bewusstsein vom Werden und Vergehen der Potentiale, Erfolge, Errungenschaften und Zukunftsaussichten können empirische Analysen zwar ein stützendes Gerüst bieten. Aber die Kunst der Unternehmensführung ist ganzheitlicher Natur und bedarf der Fähigkeit zur Zusammenschau (Synopsis) und der in die Zukunft reichenden Intuition und programmatischen Vision.

Der ganzheitliche Blick zurück nutzt zwar das Tatsachenwissen, welches sich aus elementaren Analysen aufdrängt, etwa über Jahre zurückreichende Bilanzvergleiche, Umsatzstatistiken, Belegschaftsentwicklungen, aber erst die Zusammenschau ergibt ein Bild, das mehr zeigt als alles, was sich aus den analytischen Details an Deutungen ergibt und Folgerungen zu ziehen erlaubt. Alle Details mögen in sich sachlich richtig und logisch stimmig sein. Doch erst ihre

Anordnung oder die Art und Weise ihrer Zuordnung in einer Zusammenschau lässt einen höheren Sinn erkennen.
Das Ganze des Bildes hat andere Qualitäten als die ungeordneten Details, ähnlich einem Mosaik. Ein Mosaik ist eine Ansammlung verschiedenfarbiger Steinchen, doch der Sinn dieses steinernen Gemäldes erschließt sich nur aus der ganz spezifischen, einen Sinn ergebenden Anordnung des Materials, und das vermittels der menschlichen Phantasiefähigkeit selbst dann noch, wenn das Mosaik nur noch als unvollständiger Torso vorliegt. Die innere Botschaft des Mosaiks liegt in seiner Wirkung als Ganzes, und die Bedeutung von Erscheinungen der Unternehmensentwicklung kann nur in einer Gesamtschau freigelegt werden.

Die Geschichte eines Unternehmens als Ganzheit ist zweifellos eine zeitaufwendige und kostspielige Angelegenheit, die zudem Fertigkeiten im Umgang mit historischen Forschungsmethoden verlangt, die im Alltag der Unternehmensführung meist nicht verfügbar sind. Unternehmensgeschichte ist daher in der Praxis in aller Regel ein Auftragswerk. Hier kommt es allerdings darauf an, auf bestimmte Komponenten besonderen Akzent zu legen, wenn die Unternehmensgeschichte mehr werden soll als ein Ritual der Selbstbewunderung.

Es geht bei der Beurteilung der Zukunftsaussichten eines Unternehmens nicht um Ritualisierung und Schönfärberei, auch nicht um wissenschaftlich umfassende Geschichtsschreibung, sondern um die Hervorhebung von Gesichtspunkten, die für die Überlebensfähigkeit und die Zukunftsaussichten des Unternehmens eine Kernbedeutung besitzen. Zu den zentralen Gesichtspunkten, die für das unternehmerische Handeln maßgeblich sind, gehören die drei zuvor behandelten Kategorien *Kontinuität und Wandel, Lokalität und Raumbezug* sowie *Individualität und strukturelle Einbindung*.

Alle drei machen deutlich, dass es nicht allein um die festen Größen eines Unternehmens, um die örtliche Perspektive und die Besonderheiten als Unikat geht, sondern jedes einzelne Unternehmen als eingebettet in weit reichende Vernetzungen mit seinen jeweiligen Umgebungen zu erkennen. Ein Unternehmen hat eine individuelle Geschichte vor der wirksamen Kulisse der Gesamtgeschichte, und es weist Hervorbringungen auf, die ohne diese zeitlichen und räumlichen Bezüge nicht wirklich verstanden werden können.

Der Blick des Wirtschaftshistorikers auf die Wirtschaft und die Existenzbedingungen eines einzelnen Unternehmens steht jedoch nicht im Widerspruch zur analytisch-normativen Methodologie der Betriebswirtschaftslehre, sondern stärkt vielmehr das Verständnis für reale Zusammenhänge aus der Dimension des Werdens und Vergehens von menschlichen Konstruktionen, zu denen ein Brückenbau ebenso gehört wie ein arbeitendes Unternehmen (Walter 2003, Berghoff/Vogel 2004). Diese Fragestellungen bedürfen noch etwas ausführlicherer Erläuterungen.

3.1 Die Unternehmung als historischer Typus

Im Begriff *Unternehmensgeschichte* sind zwei Deutungsmöglichkeiten enthalten. Zum einen wird damit die Entstehung, Verbreitung und gesellschaftliche Rolle eines bestimmten Typus von Wirtschaftseinheiten verstanden, der in seiner Vielzahl und Vielfalt den Kern eines modernen (neuzeitlichen) Wirtschaftssystems bildet: die Unternehmung in der Marktwirtschaft. Zum anderen ist jedes einzelne Unternehmen nicht nur ein historisches Exemplar dieses Typus, sondern weist selber in seiner Entstehung von der Gründung bis in die Gegenwart eigene Entwicklungs- und Entfaltungswege auf, die von zwei wirksamen Kraftzentren her gestaltet werden: den Qualitäten der Menschen in einem Betrieb, insbesondere der Führungsschicht, und den äußeren Existenzbedingungen, insbesondere von denen des Marktes.

Beide Deutungsmöglichkeiten sind miteinander verwoben. Das Ganze der Unternehmensgeschichte im Rahmen der Wirtschaftsgeschichte weist eigene Profile und Qualitäten aus, und zwar regional und zuweilen sogar lokal sehr unterschiedliche, die etwas anderes sind als die Summe oder der Durchschnitt der Einzelprofile der Unternehmen, und doch existiert das Ganze als eine abstrakte Vorstellung nicht ohne diese Elemente und ihr Wirken, welches sich entlang dem Pfeil der Zeit zusammenfügt. So kann beispielsweise eine Region durch eine bunte Vielzahl an kleinen und mittelgroßen Gewerbebetrieben gekennzeichnet sein. Eine andere Region wird vielleicht durch ein einzelnes industrielles Großunternehmen dominiert. Wieder andere Regionen weisen ein stark kulturwirtschaftliches und touristisches Profil aus.

Die Unternehmung als historischer Typus ist eine Abstraktion auf dem Weg zur Bestimmung einer Typologie verschiedener Unternehmensarten, deren Profile eng mit dem gesellschaftlichen und insbesondere wirtschaftlich funktionalen Umfeld zusammenhängen und entsprechend lokale, regionale oder nationale Ausprägungen aufweisen. Die geschichtliche Herausbildung verschiedener Formationen von Marktwirtschaften, die sich den elementaren Kräften der Tätigkeiten von Einzelunternehmen verdanken, ist ihrerseits eingebettet in den Verlauf der gesellschaftlichen Entwicklungen, die ebenfalls ein starkes regionales, nationales und in jüngerer Zeit auch internationales Kolorit zeigen. Doch allen gemeinsam ist ein Grundgerüst an Prinzipien und Strukturen, z. B. die Prinzipien der Vertragsfreiheit, der Gewerbefreiheit und des Privateigentums, welche den empirischen Untergrund für marktwirtschaftliche Theorien bilden.

Unternehmensgeschichte vor allem in der typisierenden und funktionalen Version, die sich systematisch und zugleich exemplarisch mit einzelnen Unternehmen befasst, ist an einigen Universitäten ein eigenes Fachgebiet innerhalb der Geschichtswissenschaft. Wir können und wollen dem nichts Eigenes hinzufügen.

Es geht vielmehr darum, aus der pragmatischen Perspektive der Unternehmensführung solche Komponenten hervorzuheben, die das ganzheitliche Bewusstsein für die Beurteilung der Lage eines Unternehmens stärken können. Es kann sich also nur um eine akzentuierte Gesamtschau handeln (vgl. Berghoff 2004, James 2010, Pierenkemper 2000, Berghoff 2006, Kleinschmidt 2008, Berghoff/Pierenkemper 2009, Darthé 2007).

Aus heutiger Sicht ist die privatwirtschaftlich operierende Unternehmung der Prototyp einer Wirtschaftseinheit, die eine jede auf verbreitetem Wettbewerb beruhende Marktwirtschaft charakterisiert. Das eine, nämlich die Unternehmung, existiert nicht ohne das andere, nämlich ein mit bestimmten Dispositionsfreiheiten ausgestattetes Wirtschaftssystem, dessen entscheidenden, öffentlichen Verständigungsraum die Märkte darstellen. Historisch sind diese Erscheinungen dadurch, dass sie nicht von einem bestimmten Konstruktionsplan geleitet wurden und werden, sondern sich evolutorisch aus einer langen Kette von Versuchen und Irrtümern durch Bewährung herausbildeten.

Historisch stellt sich auch hier die ewig gleiche, letztlich nicht beantwortbare Grundsatzfrage, was zuerst da war und deshalb als die Keimzelle oder Ursache der ganzen Entwicklung angesehen werden muss. Diese Frage aber ist im Grunde ein methodologischer Irrtum, denn sie hängt an der Vorstellung, dass es für alle Erscheinungen eine Ursache oder ein identifizierbares Bündel an Ursachen geben muss. Die Geschichte kennt keine Kausalitäten im naturwissenschaftlich-mathematischen Sinne. Das ergibt sich schon daraus, dass jede Situation, in die ein Mensch zum Handeln gedrängt wird oder sich gedrängt fühlt, mehrfache Optionen aufweist.

Der Mensch hat die Wahl; er folgt seinen Eingebungen, Intentionen und kulturellen Werten. *Auch wenn man aus der Vergangenheit keine Erfolgsregeln für Gegenwart und Zukunft gewinnen kann, einige allgemeine Wahrheiten offenbart sie dennoch. Geschichte wird von Menschen gemacht. Dem Menschen aber ist es gegeben, Übernatürliches zu erkennen; angebliche Wunder ließen sich, hätte man nur die entsprechende Kenntnis der Natur, aus deren Beschaffenheit erklären. Und noch etwas bietet die Analyse der Vergangenheit der Gegenwart: die Mahnung zur Vorsicht* (Reinhardt 2009, 128).

Motiviert wird diese Suche nach Kausalitäten in der Geschichte durch die Erwartung, Prozesse beherrschen zu können, indem man die sie auslösenden Ursachen kontrolliert und gewollt inszeniert. Wie aber, wenn der Ursprung einer Entwicklung ein Zufall oder das zufällige Zusammentreffen eines Bündels an Auslösern war? Zufälle aber lassen sich definitionsgemäß nicht konstruieren, allenfalls lassen sich situative Rahmenbedingungen schaffen, durch die die Wahrscheinlichkeit zufälliger Ereignisse steigt. Der Prototyp der konstruierten Rahmenbedingungen ist der Zufallsgenerator. Ein „anschauliches" Beispiel ist die Versuchsanlage von CERN (*Conseil Européen pour la Recherche Nucléair*) in Genf.

Mit Blick auf die Wechselbeziehungen zwischen Einzelunternehmen als elementaren Agenten und den gesellschaftlichen Rahmenbedingungen ist die Frage geradezu klassisch, ob ein funktionsfähiges System von Märkten als eine sich allmählich in der Kultur- und Sozialgeschichte herausbildende Wirtschaftsformation die Vorbedingung für das Aufkommen der privatwirtschaftlichen Unternehmung als historischer Typus war (und noch ist) oder ob vielmehr die Vitalität von um Kapitalinvestitionen zentrierten, auf ihre Dispositions-, Vertrags- und Eigentumsfreiheiten pochenden und Erzeugnisse anbietenden Unternehmungen das treibende Element war (und ist), das den äußeren Bedingungsrahmen für eine funktionsfähige Marktwirtschaft modernen Zuschnitts erst erstritten hat und sich schließlich politische Konfigurationen und Institutionen bildeten, die die Stabilität dieser Strukturen sichern.

Eine solche Frage stellt sich jedoch nur, wenn man in den Geschichtsverläufen eine den Naturverläufen analoge Kausalität vermutet, wonach eine bestimmte Erscheinung stets einem bestimmten Ursachenbündel als Auslöser folgt. Unter solcher methodologischer Annahme stellt sich dann das berühmte Ei-Henne-Problem. Geschichte aber ist Entwicklung in der Zeit, und das schließt die Möglichkeit der Gleichzeitigkeit von Bedingungen des Handelns einerseits und der sich als ganzheitliches Ergebnis entlang einer unverbundenen, zufälligen Abfolge von Versuchen und Irrtümern sich bildenden Erscheinungen ein. Geschichte ist evolutionär, nicht deterministisch, und sie ist gestaltbar, wenn aus einer Gesamtvision heraus den Einzelhandlungen Anregungen, Anstiftungen, Leitlinien und Meilensteine des Forschreitens gegeben werden, die den Strom der Ereignisse strukturieren.

Die Idee der Marktwirtschaft in der modernen Gestalt, wie sie in entscheidenden Grundlagen von Adam Smith (1723 – 1790) bestimmt worden war, ist ein solches in ständiger Bewegung befindliches Bündel an nicht synchronisierten Komponenten des Ganzen einer Wirtschaftsweise, die den normativen (kulturellen, rechtlichen, sozialen, administrativen) Rahmen für Einzelhandlungen mit Vitalität füllt. Der normative Rahmen seinerseits ist eine den jeweiligen regionalen, nationalen oder internationalen Besonderheiten folgende Komposition, geleitet von Grundbestimmungen wie Freiheit, Gerechtigkeit, Verantwortung, Lebenssicherung, Wohlstandsmehrung und vielen weiteren Zielprojektionen bis hin zur Vision einer friedfertigen Weltzivilisation, die der Menschheit unter den natürlichen Bedingungen des Planeten Erde die Existenz ermöglicht.

Die Marktwirtschaft ist kein Gesetz, obwohl sie strukturell einzelnen gesetzlichen Bestimmungen folgt, und sie hat in ihren Erscheinungen keine ewig gleiche Kontur, sondern lebt und verändert sich ständig. In ihr regieren daher weder die

Unternehmen und ihre Organisationen allein noch ist die (Wirtschafts-)Politik allmächtig, den Verlauf der Geschichte marktwirtschaftlicher Erscheinungen zu dirigieren.
Nach wie vor führen Konjunkturen eine Art Eigenleben und können mit keinem ökonometrischen Modell eindeutig prognostiziert werden. Der maßgebliche Mitregent ist der Zufall, genauer: die sich unkoordiniert bündelnden, aufeinander einwirkenden Einzelereignisse. Jede Marktlage ist eine Zufallskonstellation aus teils gezielten, aber untereinander nicht koordinierbaren Taten (das ist die Eigenart des Wettbewerbs) und teils aus unvorhersehbaren Ereignissen innerhalb der Wirtschaft und dem gesellschaftlichen Umfeld.
Die sich so formierenden Praktiken in Marktwirtschaften örtlich und regional unterschiedlicher Prägungen sind zu jedem Zeitpunkt ganzheitliche Gebilde randunscharfer Konturen, die keinem bestimmten Plan oder Modell und keiner deterministischen Theorie folgen. Dennoch spielen theoretische Erkenntnisse eine herausragende Rolle, weil sie zu Fixpunkten des handelnden Bewusstseins bestimmte, für wichtig gehaltene Komponenten verstärken, andere dagegen unbelichtet lassen.
Diese Beschreibung der Bedingungsschichtungen kann nicht anders als typisierend und abstrahierend vorgehen, vor allem dadurch, dass im konkreten Fall selten in allen Fragen regional, national und international Einigkeit und Deutungsgewissheit besteht, dass eine Leitorientierung der geschilderten Art nach sämtlichen Seiten hin mit den Zufälligkeiten evolutionärer Vorgänge rechnen muss und dass die ganzheitliche Selbstreflexion des Menschen über sein Tun von individuellen Sichtweisen bestimmt wird.
Die Idee oder besser: die Philosophie der Marktwirtschaft (nicht aber deren theoretische Rationalisierung und modelltechnisch mathematisierten Formationen) sind dennoch ein Beleg dafür, dass die Verbindung zwischen dem angestrebten Ganzen einer Marktwirtschaft auf regionaler, nationaler oder internationaler Ebene und dem eigennützigen Denken der einzelnen Wirtschaftssubjekte eine fruchtbare Dialektik bilden können.
Der individuelle Eigennutz ist in der Smithschen Philosophie der entscheidende Kern seines Wirtschaftsdenkens und bedarf daher sorgfältiger Deutung, um den Eigennutz nicht – wie oft geschehen – als blanken Egoismus misszuverstehen. Smith hat den Eigennutz oder Eigensinn (self interest) ganz sicher nicht als isolierten Egoismus (à la Homo oeconomicus) verstanden, sondern in seiner Politischen Ökonomie das Ganze der Nationen im Auge gehabt. Es ging ihm nicht um den Wohlstand des Einzelnen, sondern um den Wohlstand der Nationen (wobei dem Plural *Nationen* eine beabsichtigte Bedeutung zukommt).
Die Marktwirtschaft ist historisch ein Kontrastprogramm zum zuvor dominierenden Merkantilismus, der seinerseits die herrschende ökonomische Philoso-

phie und Praxis unter absolutistischen Vorzeichen und politischen Bedingungen war. Mit dem Vordringen marktwirtschaftlichen Denkens und Gestaltens bildete sich der Merkantilismus allmählich zurück. Voraussetzung dafür war die politische und kulturelle Schwächung des Feudalismus und schließlich dessen Zusammenbruch, äußerlich vorgeführt durch die Französische Revolution von 1789.

Die Marktwirtschaft als Idee und neue, sich gerade erst festigende Wirtschaftsweise (sie war ja zu Smiths Zeiten bei weitem noch kein System) hätte jene wesentlichen Freiheiten unter absolutistischen Bedingungen kaum aus sich selbst heraus entfalten können. Die Verbindung zwischen Absolutismus und Merkantilismus war historisch zu eng, um einen Keil hineintreiben zu können, ohne zugleich die gesellschaftlichen Verhältnisse umzukehren.

Der Absolutismus als Staatsform war keineswegs ein wirtschaftsfremdes oder marktfeindliches Obrigkeitsgefüge. Er behielt sich aber weit reichende Durchgriffinstrumente in das Wirtschaftsgeschehen vor, um die Früchte direkt an den Hof zu leiten, in der moderneren Version in Form von Geldabgaben, in der älteren Version in Form von dinglichen Abgaben und Diensten.

Die unter diesen Bedingungen operierenden Unternehmungen, überwiegend Handelskompanien, noch keine Fabriken oder gar Industriebetriebe wie in der marktwirtschaftlichen Epoche nach dem 18. Jahrhundert, waren dennoch nicht völlig unfrei. Sie waren nicht eingeklemmt in der Art von sozialistischen Fünfjahresplänen, die bis in die Details der Erzeugung hineinregieren. Aber der Geist des Absolutismus drang weit in die unternehmerischen Haltungen und Praktiken hinein und erzeugte unternehmensintern häufig ein dem Absolutismus analoges Herrschaftsklima.

Das Patriziat, das in den großen Handelsstädten wie Lübeck, Hamburg, Bremen oder Nürnberg das politische Regiment führte, war alles andere als der spätere bürgerliche Liberalismus, sondern eine nicht-aristokratische Form des Absolutismus. Weltweit operierende Handelshäuser wie beispielsweise die *British East India Company* in London (sie existierte von 1600 bis 1858) oder ihre schärfste Konkurrentin, die holländische Vereinigte Ostindien Kompanie in Amsterdam (sie existierte von 1602 bis 1799), betrieben ihre Geschäfte auf der Basis von Privilegien, darunter auch eine erhebliche wirtschaftliche Monopolmacht, die ihnen teilweise vom Hof sogar die Gerichtsbarkeit in den Kolonien und die Unterhaltung einer eigenen Kriegsflotte übertrug. In diesen Gesellschaften herrschte ein striktes, autoritäres Regiment nach dem Muster absolutistischer Obrigkeit (Kulischer 1958, Robins 2006, Bowen2008, Beelen 2003, van Gelder 2004).

Adam Smith, dessen die marktwirtschaftliche Moderne einläutende Philosophie des freien Handels und der innerbetrieblichen und überbetrieblichen Arbeitsteilung gänzlich neue Maßstäbe setzte, gehörte zu den energischen Streitern gegen den englischen Merkantilismus seiner Zeit (Smith unterstütze seinen Freund Edmund Burke im Parlament bei seinen Attacken gegen die East India Company). Smith gehörte auch zu den Befürwortern der amerikanischen Unabhängigkeitsbewegung, die 1776 zur Gründung der heutigen USA führte und die zur Begeisterung Smiths die Prinzipien der Marktfreiheit auf die Bühne der internationalen Wirtschaft brachte (Buchan 2003, Buchan 2006, Ballestrem 2001, Assländer 2007).

Das 18. Jahrhundert war nicht nur, aber doch zu einem wesentlichen Teil eine ökonomische Wendezeit. Von daher gibt es gute Gründe, den historischen Rückblick auf die Entstehungsgeschichte der Unternehmung als Typus nicht weiter zurückzuverfolgen als in diese Übergangsepoche vom Merkantilismus zur Marktwirtschaft, ein struktureller Umbau, der – in Österreich und Deutschland in Form der Kameralistik – noch bis weit in das 20. Jahrhundert hineinreichte.

Doch einige Kerntatbestände der Unternehmung hatten sich in den Epochen davor teils embryonal, teil markant herausgebildet, darunter die Prinzipien der Rechenhaftigkeit von Geldströmen (doppelte Buchführung, die Technik der Bilanzierung, die Praxis der Re-Investition von Gewinnen für die unbegrenzte Fortsetzung der Betriebstätigkeit und deren Wachstum), die frühen Formen der Kreditierung (Wechsel) und das Banken- und Versicherungswesen.

Noch im Mittelalter war es weit verbreitet, einzelne Handelskampagnen, z. B. eine Handelsfahrt mit einem Frachtsegler von Venedig in die Levante, nach dem Ende der Fahrt vollständig abzurechnen und den Geldgebern ihren Anteil auszuzahlen. Die Commenda, die damals übliche Rechtsform einer Kompanie auf Zeit, löste sich auf. Neue Handelsfahrten wurden mit einer neuen Commenda ausgestattet. Erst allmählich formten sich Rechtsformen der Kapitalbeteiligung, die auf unbefristete Dauer angelegt waren, im nordeuropäischen Raum z. B. die Partenreederei.

Dazu kamen Formen der Bildung von Verbänden und Kooperationen, z. B. die nationalen Kaufmannsgilden und ihre Niederlassungen, etwa das Haus der deutschen Kaufleute in Venedig (Fondaco dei Tedeschi), die Einrichtung von Schiedsgerichten. Der Übergang vom Merkantilismus zur Marktwirtschaft war nicht nur ein zeitlich langgestreckter Prozess, sondern zugleich auch eine Form der Fortentwicklung von kommerziellen Kernelementen, also kein völliger Neuanfang. Es war ein Wandel, kein abrupter Umsturz.

Der tief in die gesellschaftlichen Verhältnisse eingreifende Übergang vom Merkantilismus zur Marktwirtschaft war alles andere als ein bloßer Systemwandel der Wirtschaft, durch den Entfaltungskräfte frei wurden und ein bis dahin völlig unbekannter und bis heute nachwirkender Innovationsschub wirksam wurde. Dieser Schub enthielt und enthält ein gewisses Suchtpotential: Wachstum. Wenn Wachstum ohne Klärung seines Sinns zum Fetisch erhoben wird, handelt es sich um Suchtverhalten. Die Frage nach dem Sinn von Wirtschaftswachstum stellt sich heute neu angesichts der Grenzsituationen in der Ausbeutung natürlicher Ressourcen und des bereits eingetretenen Klimawandels.

Die ökonomischen Neuerungen im Übergang vom Merkantilismus zur Marktwirtschaft waren Teil eines gesellschaftlichen Wandels in sämtlichen Lebensbereichen: in der Politik bahnten sich bürgerlich-demokratische Kräfte den Weg, in den Wissenschaften begannen die Naturwissenschaften die Philosophie und Theologie zu überflügeln und sich mit den industriellen Technologien zu verbinden, in den Künsten kam erstmals im 18. Jahrhundert der Geniekult auf, der den bis dahin unbekannten Maestro, den genialen Dirigenten großer Orchester, ins Leben rief (Schmidt 2004).

Der ökonomische Wandel war also kein Sonderereignis, sondern lag gewissermaßen in der Luft. Ohne das geistig-kulturelle Klima der Aufklärung im 18. Jahrhundert wäre ein Denker wie Adam Smith, falls er überhaupt seinen genialen Angriff auf den Merkantilismus zustande gebracht hätte, ein längst vergessener Außenseiter geblieben, der er als Mensch wohl auch war (Buchan 2006, Aßländer 2007, Ballestrem 2001). Nicht nur formal oder bloß symbolisch lässt sich der Umbruch an den beiden Prototypen der Wirtschaftsweisen verdeutlichen. Die großen (und kleinen) Handelsgesellschaften waren Ausprägungen und Wahrzeichen des Merkantilismus, und die meisten von ihnen gingen schon in der Frühzeit der Marktwirtschaft unter: die Amsterdamer *Vereinigte Ostindien Kompanie* (VOC) 1799, die Londoner *East India Company* 1858.

Zum Prototyp des marktwirtschaftlichen Systems avancierte der Industriebetrieb, die konsequente Fortsetzung der Fabrik alten Stils, mit den Merkmalen der methodischen (rationellen) Unternehmensführung, der vorrangigen Geltung der Prinzipien der innerbetrieblichen Arbeitsteilung (bei Adam Smith schon als ausgereifter Gedanke ausformuliert) und der unaufhörlichen Suche nach technologischen Verbesserungen und Innovationen zur Fortsetzung und Steigerung des einzelbetrieblichen Wachstums. Zentraler Ansatzpunkt dafür ist das von Adam Smith (und vor ihm schon von älteren Autoren) herausgehobene Prinzip der partiellen Nichtausschüttung von Gewinnen zur Re-Investition im Unternehmen.

Beide, die Handelsgesellschaft und der Industriebetrieb, hatten auf je unterschiedliche Weise imperiale Bestrebungen zur Festigung ihrer Macht und Geltung verfolgt, auch in politischer Hinsicht. Der entscheidende Unterschied bestand darin, dass der Handel seine Geschäfte mit Erzeugnissen betrieb, die er nicht selbst herstellte, sondern einsammelte, was irgendwo in lohnendem Umfang erzeugt wurde, während der Industriebetrieb nicht nur das Produzieren an sich zog und unter sein Kommando stellte, sondern die darin schlummernden

Potentiale methodisch und technologisch rational zu erschließen und zu nutzen bestrebt war.

An die Stelle des Ankaufs fertiger Waren trat im Industriebetrieb der Ankauf geeigneten Rohmaterials. Historisch überrascht es nicht, dass dasjenige europäische Land, das weltweit den umfassendsten Zugriff zu Rohstoffen in Übersee besaß, nämlich England, auch als das Ursprungsland der modernen Industrie gilt. Auch dies ist kennzeichnend für den grundlegenden Umbruch der globalen Wirtschafskonfigurationen.

Handelsgesellschaften besetzten an ihren (meist militärisch gesicherten) Stützpunkten in Übersee geeignete Übergangsstandorte vom Warenbinnenstrom zum Seetransport, denn der Seetransport war die fast ausschließliche Transfertechnik für große Warenmengen aus fernen Regionen in heimische Verwendungsorte. Flussmündungen und seetüchtige Küstenpositionen bildeten die Standorte, von denen aus die Handelsgesellschaften mit kolonialer Macht die Warenströme auf sich selbst und von den Konkurrenten weg zu lenken suchten.

Industriebetriebe modernen Zuschnitts streben, auch dies noch lange Zeit unter kolonialer Machtausübung, nach gesichertem und ausschließlichem Zugriff auf wichtige Rohstoffe, die sie teils vor Ort, überwiegend aber in ihrem Stammland in profitable Erzeugnisse eigenen Designs umwandeln konnten.

Für das Industrieunternehmen trat, im Unterschied zum Handelsunternehmen, eine weitere Komponente in den Vordergrund. Der Händler ist ein (oft meisterlicher) Kenner von Erzeugnissen: ihrer Provenienz und Qualitätsmerkmale, der Materialien und der Art ihrer Verarbeitung, der kulturellen Muster ihrer Gestaltung und der landschaftlichen Bezüge. Dieses Wissen ist sein kulturelles Kapital, und er nutzt es in Kenntnis der kulturellen Gewohnheiten und ästhetischen Präferenzen seiner Klientel. Der Industrielle dagegen ist derjenige, der selber seinen Erzeugnissen Stoff und Gestalt gibt: Er kauft den Rohstoff, kennt die Verfahren seiner Verarbeitung und gestaltet sie bewusst nach den kulturellen, symbolischen und ästhetischen Erwartungen seiner Klientel.

Der Kopf des Händlers dreht sich mental zwischen Einkauf und Verkauf; der des industriellen Fabrikanten wendet sich mental und insbesondere kulturell fast nur noch zum Verkaufsmarkt hin. Die Beschaffung geeigneter Rohmaterialien und die Haltung einer folgsamen Belegschaft in Fabrik und Verwaltung erfolgt nach den Direktiven des Verkaufserfolgs.

Die kulturellen Muster und Gestalten, die der Industrielle seinen Erzeugnisse unterlegt, sind jedoch keine freien Erfindungen, wie sie etwa ein Künstler anstrebt, um damit eine Botschaft an das Publikum auszusenden, sondern sie unterliegen der Logik der Kapitalverwertung in ertragreicher Produktion. Das Design, um diesen Ausdruck aus der Welt des Marketings zu benutzen, folgt bei aller Kreativität und zuweilen ästhetischer Absonderlichkeit dem Grundgedanken des Treffens der Geschmackspräferenzen der Klientel. Die Erzeugnisse der Industrie sind ästhetische Schmeichler, keine Provokateure.

Die ursprüngliche Position des Händlers und ebenso des (frühen) Industriellen war die kaum in Frage gestellte Idee der Eigenständigkeit des Urteils der Käufer oder generell: des Publikums. Man musste aus theoretischen und ethischen Gründen, teilweise sogar aus demokratiepolitischen Erwägungen den Konsumenten den Status der Selbstbestimmung zuschreiben, um ein Gegengewicht gegen Anbieterwillkür in das Modell der Marktwirtschaft einzubauen. Diese Grundidee kommt im theoretischen Prinzip der so genannten Konsumentensouveränität zum Ausdruck.

Die Konsumentensouveränität ist ein Postulat und eine theoretische Konstruktion zugleich, die kaum eine Entsprechung in der Wirklichkeit findet. Kein Konsument ist völlig frei und eigenständig in seinem Urteil, sondern wird geformt durch die Kräfte der Gesellschaft, in der er lebt. Der souveräne Konsument ist unabhängig nur im Marktzusammenhang, nicht im Gesellschaftszusammenhang. Wie so oft, hat sich die ökonomische Theorie nur wenig um die Wirklichkeit gekümmert. *Der Begriff der Konsumentensouveränität,* schreibt John Kenneth Galbraith, *geistert ... noch immer durch die volkswirtschaftlichen Lehrbücher und wird dort im Allgemeinen als eine Stärke unserer Wirtschaftsordnung hingestellt... Der Glaube an eine Marktwirtschaft mit souveränen Verbrauchern ist eine der am weitesten verbreiteten Formen der Täuschung* (Galbraith 2005, 16/17).

Die ökonomische Theorie und ihre verborgene Ethik wollen, dass Anbieter oder Produzenten nicht in die Urteilsfindung und die dahinter wirkenden Wertrelationen eines Konsumenten hineinregieren. Doch das ist seit langem und vielleicht seit eh und je ein frommer Wunsch. Die professionelle Überredungskunst im Prozess der öffentlichen Kommunikation und Werbung um Aufmerksamkeit, verstärkt durch die Einflussmacht der modernen Medien, ist längst zum Kernbestand marktwirtschaftlicher Praxis aufgestiegen.

Der Unternehmenstypus von heute präsentiert sich und seine Produkte nicht mehr auf eine direkte, physisch unvermittelte Weise der Öffentlichkeit und speziell dem Markt, sondern verpackt, stilisiert, ästhetisiert und maskiert durch kommunikative Präsenz. Waren sind vakuumdicht eingeschweißt, unberührbar eingehüllt, mehrfach verpackt und verschnürt; der Unternehmer und seine Stellvertreter bleiben meist im Hintergrund, sind in der Öffentlichkeit nur selten präsent und figurieren hinter dem werblich-geräuschvoll dargebotenen Image.

Die in ihrem Namen und Auftrag agierenden Angestellten und Verkäufer sind als menschliche Figuren fast unkenntlich, uniformiert und maskiert, nicht nur äußerlich, sondern in ihrem gesamten Gehabe und der Theatralik ihrer Auftritte. Der heutige Unternehmenstypus ist ein sorgfältig gestaltetes (gestyltes)

Zwischenbilanz: Unternehmensführung im Rückspiegel 137

Bildnis, und der Geschäftserfolg bestimmt sich nur noch in seinen Fundamenten und Hintergründen nach den wahren Eigenschaften der Erzeugnisse. Ausschlaggebend ist vielmehr die Geschicklichkeit, in der Öffentlichkeit Aufmerksamkeit zu schaffen und dadurch Zuwendung durch die Klientel zu erwirken. Nicht dass nicht immer schon der gute Ruf eines Unternehmens, so er sich durch Seriosität, Qualität und Verlässlichkeit hat auszeichnen können, deutliche Eingravierungen im Gedächtnis der Öffentlichkeit und speziell der Klientel hinterlassen hat und damit ein stabilisierender Wert geschaffen werden konnte. Wirtschaften war nie etwas anderes als eine kulturelle Praxis des Schaffens von nützlichen Gegenständen und der Verständigung in der Öffentlichkeit auf der Grundlage von Sprachbeherrschung: Wortgewandtheit, Gestik, Körpersprache, Bildgestalten und Stimmführung.

Man findet diesen Zauber der Unmittelbarkeit der Marktkultur nur noch gelegentlich in orientalischen Bazaren und dörflichen Wochenmärkten, wenn nicht zu viel Tourismus auf sie einwirkt. Der Händler auf dem Großen Bazar in Istanbul (der >Kapalı Çarşı = bedeckter Markt befindet sich im Altstadt-Distrikt von Sultanahmet) weiß den Traum der Touristen vom Orient gekonnt auszuspielen. Das heutige Geschäftsleben in der Türkei ist im Übrigen vollständig westlich-kommerziell geprägt und unterscheidet sich mit allen Komponenten eines professionellen Marketings einschließlich massiver, aufdringlicher Werbung in Funk und Fernsehen in nichts von anderen westlichen Industriegesellschaften.

Doch das heutige Unternehmen überlässt es nicht mehr den Zufälligkeiten spontaner Begegnungen und Anlässe, sich zu präsentieren, sondern geht die Ästhetik seiner Selbstdarstellung in öffentlich wirksamer Präsentation (statt Kommunikation) an, die eine vorgeformte Gestalt (z. B. das Logo, die Auftritte der Unternehmensmitglieder, der ästhetische Stil der Waren usw.) vorführt. Kommunikation entstünde daraus jedoch erst, wenn die Angesprochenen sich unmittelbar äußern könnten, um ein gehaltvolles Bildnis zu verinnerlichen. Doch das ist in Präsentiertechniken wie Printmedien, Funk und Fernsehen oder Internet nicht vorgesehen. Das muss allerdings nicht so sein und nicht so bleiben. Es zeichnen sich mittlerweile Alternativen ab, wie Nico Stehr herausgefunden hat (Stehr 2007).

Der historische Weg des modernen Unternehmenstypus zu einer ästhetisch prägnanten, auffälligen Figur im bunten Wirrwarr der ästhetischen Flut in der Öffentlichkeit ist unumkehrbar. Dieser Weg ist gepflastert und versteift worden mit unverzichtbar gewordener informationstechnischer Hardware (vom Telefon übers Radio zum Fernsehen, von der mechanischen Schreibmaschine zum Computer, vom Fernschreiber zum Internet), die, einmal in die Welt gesetzt, fest in der Wirklichkeit verwurzelt ist.

Der Umstand, dass wir – neurowissenschaftlich ebenso wie philosophisch gesehen – prinzipiell auf innere Bilder, nicht durchgehend auf die Wirklichkeit selbst, reagieren, hat mit dem Übergang zu einer imagologischen Praxis (dem bewussten Arbeiten mit einflussstarken Bildern) im Marketing und in der öffentlichen Imagebildung, nichts prinzipiell Neues geschaffen. Zur Formung und laufenden Korrektur der inneren Bilderwelten (durch Lernen) kann der Mensch nach wie vor seine Sinnesorgane gezielt einsetzen. Aber in der Moderne treffen die Sinnesorgane nicht mehr auf eine eindringliche Wirklichkeit, sondern auf eine in Bildangeboten vorgeformte Ersatz- oder Surrogatwelt, deren wirklicher Hintergrund undurchdringlich bleibt.

Der heutige Typus des Unternehmens stellt sich unter den modernen medialen Bedingungen ganz anders dar als in den historischen Vorgängerepochen, nämlich als ein kommunikativ agierendes Einfluss- und Machtzentrum. Bei der Bestimmung des Charakters eines einzelnen Unternehmens müssen daher die formenden Kräfte der historischen Gegebenheiten der Gegenwart und die in ihnen angelegten Entwicklungen in der Zukunft berücksichtigt werden. Eine isolierte, zumal ausschließlich analytisch angesetzte Betrachtungsweise eines einzelnen Unternehmens ist unzureichend. Das gilt auch für die Theorie der Unternehmung, wenn aus Einzelbeobachtungen prägnante Typologien von Unternehmen abgeleitet werden.

Wir brechen unsere typologischen Betrachtungen zur Unternehmensgeschichte hier jedoch ab. Sie ließe sich fast endlos verfeinern und in ihrer Verzweigtheit bis in letzte Winkel verfolgen. Worauf es hier ankommt, ist der Beitrag, den die typologische Einschätzung moderner Unternehmungen leisten kann, um brauchbare Ansätze für die Gestaltung von Zukunftsfähigkeit zu entwickeln, und zwar besonders in konkreten Einzelfällen der Unternehmensführung und Unternehmensberatung.

Im Ergebnis halten wir fest, dass bei allem fundierten Rückhalt in den dinglichen Grundlagen der profitablen Erzeugung marktfähiger Waren das Wesen heutiger Unternehmen im Bildhaften, insbesondere der über Sprachbilder aller Art laufenden Kommunikation ist und dementsprechend – in jedem konkreten Einzelfall natürlich detailliert zu untersuchen und zu bestimmen – kommunikative Kompetenz gefordert ist (Sprachbeherrschung, intuitive Situationsausleuchtung, empathisches Mitdenken der Lage anderer und viele weitere Komponenten, auf die wir noch eingehen müssen). Das Bild einer Unternehmung, das Selbstbild ebenso wie das Fremdbild, entsteht und verändert sich durch Wahrnehmung der Erscheinungsästhetik im Abgleich mit dinglichen Erfahrungen (z. B. im Umgang mit Erzeugnissen und ihren Eigenschaften) und durch eindringlich Kommunikation.

Zwischenbilanz: Unternehmensführung im Rückspiegel 139

Der kommunikative Charakter des Unternehmenslebens und damit besonders der Unternehmensführung folgt im Übrigen logisch stringent aus der Tatsache, dass alles Wirtschaften seinen Ursprung im denkenden Kopf hat, welcher mehr ist als ein biologischer Computer. Er verfügt über assoziative, imaginative und kombinatorische Fähigkeiten, und die individuelle Architektur des Gehirns als Organ ist – entlang den subjektiven Lebensspuren – von kulturellen Mustern geprägt. Daraus folgt, dass alles unternehmerische Handeln, wie überhaupt alles bewusste menschliche Handeln, eine Form der kulturellen Praxis darstellt. Die Kultur ist der geistige Mutterboden der Wirtschaft, wie sie mit je eigenen Akzenten zugleich der geistige Mutterboden für die Künste, die Wissenschaften, die Politik und die alltäglich Lust zu leben ist.

Kommunikative Kompetenz ist eng verbunden mit ganzheitlichem Denken. Sie setzt jedoch nicht das durchdachte Kalkül, die Berechnung komplizierter Zusammenhänge, die Bilanzierung von Kosten und Nutzen und all die anderen bekannten betriebswirtschaftlichen Instrumente und Methoden außer Kraft und Bedeutung. Sie setzt sie allerdings zurück, weist sie in nachrangige Phasen des unternehmerischen Handelns. Ein Instrument kann man erst erfolgreich einsetzen und nutzen, wenn man weiß, was man will; und die Ziel- oder Zweckentscheidung selber kann man nicht berechnen. Sie ist ein von äußeren (natürlichen und kulturellen) Bedingungen und Einflüssen angeregter Setzungsakt mit oft unabsehbaren sozialen und ökologischen Konsequenzen.

Jede unternehmerische Tat ereignet sich in der Wirklichkeit eines kaum entwirrbaren Ereignisknäuels der gesellschaftlichen Gegebenheiten und Strömungen. Jede Tat ist selbst ein kleines oder gewichtiges historisches Ereignis, das wiederum andere zu Antworten herausfordert. Sich dieser Verwicklungen bewusst zu sein und damit eine das eigene aktive Streben stützende und schützende Lageeinschätzung zu gewinnen, ist ein Kerntatbestand der Unternehmensführung. Deshalb spielt die Zeitdimension in Richtung Vergangenheit und, wie wir noch ausführen werden, in Richtung Zukunft eine fast schicksalhafte Rolle. Aus Gründen, die wir noch herausarbeiten werden, muss diesen Überlegungen auch die Raumdimension als Komponente der Unternehmensführung herangezogen werden.

Wer mit dem Alltagsstress der Führung eines Unternehmens betraut ist, wird sich fragen, wozu er dies alles wissen muss. Die weit zurückreichende Vergangenheit ist kaum mehr als eine szenische Kulisse, vor der sich einst eine historische Strömung abgespielt hat. Es ist zudem nur indirekt für das eigene Unternehmen von Bedeutung, denn dessen Alltag mit all seinen navigatorischen Aufgaben der Gegenwart ist selbst schon schwer zu durchschauen, von den künftigen Entwicklungen ganz zu schweigen.

Die Antwort ist einfach und kompliziert zugleich. Einfach ist sie deshalb, weil es nicht um Wissen, sondern um Bewusstsein geht. Kompliziert ist sie deshalb, weil das Bewusstsein davon, dass alles in der Geschichte wie in der Natur in Bewegung ist, dass es keinen Stillstand gibt, auch wenn manche Bewegungen kaum wahrnehmbar langsam verlaufen, dass man sich der kreativen Chancen begibt, wenn man sich der Weite der Denkhorizonte in die Vergangenheit und in die Zukunft hinein verschließt. Ginge es um historisches Faktenwissen, könnte man ein Unternehmertraining organisieren, um mögliche Wissenslücken zu füllen. Es geht aber um eine visionäre Erweiterung von Erlebnis-, Erfahrungs- und Deutungshorizonten. Um solche Potentiale zu eröffnen, sind anstiftende und zugleich nachhaltig wirkende kommunikative (diskursive) Didaktiken erforderlich.

Nicht das Schließen von Wissenslücken ist das Thema, sondern die Erweiterung und Entfaltung geistig-kreativer Kräfte, durchaus auch ihre gezielte Bündelung zur existenziellen Stabilisierung des eigenen Unternehmens in komplexen Strömungen der Zeit, jedoch nicht als Zielstrebigkeit im Sinne angewandter Planungstechnik auf der Basis von Kausalitäten. Diese Sicht knüpft an die Generalthematik dieser Abhandlung an, die die Unternehmensführung als eine kognitive, nicht (nur) als eine technisch-dingliche Anstrengung auf bestimmten kulturellen Grundlagen betrachtet. Jede Öffnung von Denkhorizonten in historischen Dimensionen birgt natürlich auch Fehlerquellen und verlangt ein gesteigertes Bewusstsein von Verantwortung.

Das Bewusstsein von der Vorläufigkeit und Vergänglichkeit kann beispielsweise in Zynismus münden, wenn jemand geistig keinen Halt findet, und Gleichgültigkeit kann der ethisch anfechtbaren Beliebigkeit und Regellosigkeit die Tür öffnen – eine Haltung, die sich etwa in räuberischem Umgang mit natürlichen Ressourcen, mit dem kulturellen Erbe und den Lebensrechten anderer Menschen äußern kann. Es kann aber auch in Verbindung mit aufgeklärtem Verstehen historischer Verläufe visionäre Verbindlichkeit und Verantwortung zum Tragen kommen, die die Existenz des eigenen Unternehmens als vom Wohlergehen der sozialen und natürlichen Umgebung zum erweiterten Kernthema macht.

Nicht historisches Faktenwissen ist hier von Relevanz, sondern das Bewusstsein von den konstruktiven und letztlich die eigenen Interessen stabilisierenden Möglichkeiten, einen erweiterten Denkhorizont zu durchwandern und die hohe Kunst der Navigation durch die Unschärfen der Zukunft zu praktizieren. Aus dieser Perspektive ist der Blick in die Vergangenheit zugleich ein Durchstreifen der Zukunft von einer gedanklichen Plattform aus, die im Nahbereich das eigene Unternehmen ins Visier nimmt. Die historischen Verläufe in der Geschichte des eigenen Unternehmens ist deshalb kein Gegenstück zur ganzheitlichen Geschichtsperspektive, sondern nur ein etwas engerer Fokus.

3.2 Die Einzelunternehmung und ihre Geschichte

Der unentbehrliche Blick in die Vergangenheit kehrt über die Zeit die wirtschaftlich relevanten technologischen und institutionellen Umwälzungen der Gesellschaft als Ganzes hervor. Soweit die Geschichte eines Einzelunternehmens zurückreich, werden auf dieser elementaren Ebene bestimmte Prägungen aus allgemeinen historischen Kontextströmungen sichtbar. Das historische Profil eines Unternehmens ist insofern ein Reflex allgemeiner Entwicklungen.

Dennoch hat jedes einzelne Unternehmen seine eigene Geschichte, die die Schattenseiten und Glanzseiten, Umwege und Hemmnisse der Entwicklung aufweist. Die Geschichte eines Unternehmens mag in ausgewählter Form zur Glorifizierung genutzt werden. Das so entstehende Portrait eines Unternehmens bietet jedoch nur wenige Anknüpfungen für eine aufhellende Einsicht in Grundtatbestände und elementare Strukturen. Nur mit einer ganzheitlichen, jedoch auf Kerntatbestände komprimierten Betrachtung können jene Kräfte freigelegt werden, die zu dem besonderen Weg dieses Unternehmens als historisches Unikat beitragen haben.

Es ist zweifellos sehr schwierig, sich auf einzelne dieser Kernkräfte zu konzentrieren, beispielsweise auf die Weisheit und Energie der Gründer und ihre nachfolgenden Unternehmergenerationen, denn der Gesamteffekt verdankt sich stets einem komplexen Bündel an Faktoren, und deren koordiniertes Zusammenwirken fügt sich nur verhalten dem Willen eines Einzelnen. Zu viele Zufälligkeiten glücklicher und unglücklicher Art sind daran beteiligt.

Das Studium der Geschichte eines einzelnen Unternehmens sollte deshalb, wenn es als Erkenntnishintergrund für gegenwärtiges Handeln dienen soll, darauf verzichten, irgendwelche eindeutigen Ursache-Wirkungs-Verbindungen zu bestimmen. In der Geschichte gibt es keine Kausalität im naturwissenschaftlichen Sinne und folglich kann es keinen Determinismus im Umgang mit der Zukunft geben.

Die Grundfrage für unternehmensgeschichtliche Studien ergibt sich aus möglichen Diskrepanzen zwischen den allgemeinen Strömungen gesellschaftlicher Verhältnisse und den Reaktionen des einzelnen Unternehmens, das sich diesen Rahmenbedingungen stellt und aus der Zeit heraus Antworten gibt. Das Hauptproblem besteht darin, dass die relevanten Strömungen und Eckpfeiler des Zeitgeschehens als eine lebendige Gegenwart bei weitem nicht mit der gleichen Sicherheit wahrgenommen und gedeutet werden können, wie das nachträgliche Studium von vergangenen Ereignissen.

Diskrepanzen resultieren teils daraus, dass der Charakter der realen Erscheinungen nicht sicher und vollständig ausgemacht werden kann, teils daraus, dass die Agierenden in ihrer Wahrnehmung und Deutung der Gegenwart von vorgefassten Vorstellungen, Erwartungen und ideologischen Verblendungen fehlgeleitet werden können, aber gerade dies nicht erkannt wird.

Die Wirtschafts- und Gesellschaftsgeschichte kann den einzelnen Wirtschaftseinheiten zumindest im Trend bestimmte Handlungsweisen nahelegen und den historischen Tatbeständen eines Einzelunternehmens gegenüberstellen. Die Wirtschaftsgeschichte kennt zahlreiche auch spektakuläre Fälle, in denen traditionsreiche Unternehmen untergingen, weil ihre Führungen die Zeichen der Zeit nicht erkannten und den sich aufbauenden strukturellen Konflikt nicht oder nicht mehr rechtzeitig in den Griff bekamen.

Die häufigsten Fälle sind verpasste Notwendigkeiten, sich einem technologischen Fortschritt anzuhängen, wenn man schon nicht selber sich zu einem Pionier verstehen kann. Andere Fälle haben gezeigt, dass politische Veränderungen oder der zivilisatorische Wandel insgesamt Gräben und Klüfte geschaffen haben, die schließlich nicht mehr zu überbrücken waren. Selbst so ruhmreiche Unternehmen wie die niederländische VOC (Vereinigte Ostindien Kompanie) oder die British Eastindia Company fanden irgendwann ihr Ende und lösten sich auf.

Die Zahl der diesbezüglichen Untersuchungen und Darstellungen einzelner Unternehmen und ihrer Familiendynastien ist außerordentlich groß (Berghof 2006, Jungbluth 2006, Köpf 2005, Ramge 2006, Schuler 2005, Firsch/Ladwig-Winters 2007, Grosse de Cosnarcd 2007). Als Beispiel sei hier das besonders faktenreiche und illustrative Werk von David S. Landes herausgegriffen: *Die Macht der Familie: Wirtschaftsdynastien in der Weltgeschichte* (Bendixen 2007 b, Landes 2008). Es zeigt die charakteristischen Zwänge und zugleich die Führungsstärke und Intelligenz, aber auch die Mängel und Schwächen von einigen weltweit bekannten Unternehmensgründern und ihren Dynastien, sich dem Wandel der Geschichte zu stellen und Übergangslösungen für ein existenzielles Überdauern zu finden, häufig durch rechtsförmige Umgründungen von Familienunternehmen zu Kapitalgesellschaften.

David S. Landes' Studie ist auf international bekannte Beispiele von Familienunternehmen gerichtet. Weniger spektakulär, aber wegen ihrer Bedeutung als historisch nachhaltiges und auch heute noch wirkendes wirtschaftliches Kraftzentrum in vielen etablierten Industrieländern Aufmerksamkeit verdienend sind die Familienbetriebe und mittelständischen Unternehmen anzusehen (die KMU = Kleine und mittelgroße Unternehmen).

Unter dem gegenwärtigen Druck der Internationalisierung von Märkten, welche von allen Seiten grenzüberschreitenden Handel ermöglichen, vollziehen sich im Kraftzentrum gravierende Strukturveränderungen, die das entscheidende Element, nämlich ein gewisses Maß an wirtschaftlicher Unabhängigkeit und innovativem Unternehmertum, zu untergraben drohen (Koerfer 2010).

Die meisten Abhandlungen zur individuellen Unternehmensgeschichte sind akribisch recherchierte, aber immer historisch-dokumentarische und die Vergangenheit kommentierende, ganzheitliche Portraits, die gelegentlich zur Glorifizierung neigen. Sie heben bestimmte Aspekte hervor und bieten ein kompaktes, in sich stimmiges, gleichwohl selektives Bildnis, das den Eindruck der Vollständigkeit bei gleichzeitiger Verdichtung erweckt.

Doch die Wirklichkeit der Vergangenheit kann niemals eine vollständige Rekonstruktion sein. Der Pfeil der Zeit ist absolut unumkehrbar und die Unvollständigkeit solcher Rekonstruktionen ist unheilbar. Jede Darstellung folgt – legitimerweise – ihren Erkenntnisinteressen und -akzenten, die häufig von den betreffenden Unternehmen angeregt und geleitet werden. Große Unternehmen führen oft in Verbindung mit Abteilungen für Öffentlichkeitsarbeit spezielle Stellen zur Erforschung und Darstellung der Firmengeschichte.

Soll aber der Blick in die Vergangenheit das Wagnis der Bestimmung des künftigen Weges stützen, also als Entscheidungsgrundlage und zur Projektion eines realistischen Handlungshorizontes für die Zukunft dienen, dann müssen andere Kriterien und Komponenten hervorgehoben werden. Es sind solche, wie wir sie in Abschnitt 1 vorgeschlagen haben, oder andere, die sich aus den Besonderheiten des Einzelfalls ableiten lassen. Es gilt beispielsweise zu prüfen, ob ein bestimmtes Unternehmen innerhalb der gesellschaftlichen Rahmenbedingungen und Strömungen mit seinem wirtschaftlichen und kulturellen Umfeld hat mithalten können, ob ein struktureller und konzeptioneller Aufholbedarf besteht, ob die gewohnte Pionierposition noch hält und welche Innovationen sich in diesem weiten Feld bieten könnten.

Dazu bedarf es einer diesem Erkenntnisinteresse entsprechenden und auf den Einzelfall zugespitzten Untersuchung der Individualgeschichte des betreffenden Unternehmens. Ziel solcher Rückblicke ist es nicht, einem historischen Objektivitäts- und Vollständigkeitsanspruch zu genügen, sondern markante Merkmale freizulegen, die die Substanz und das Erscheinungsbild in der Gegenwart und in der Zukunft bestimmen.

Es kommt also nicht darauf an, den zuweilen langen historischen Weg nachzuzeichnen, sondern sich auf Zeiträume der Vergangenheit zu beschränken, die rekonstruierbare Spuren bis in die Gegenwart gelegt und damit weiter wirkende Strukturen befestigt haben, die auf die eine oder andere Weise die kreativen Spannungen zwischen Kontinuität und Wandel, zwischen Örtlichkeit und Raumbezug und zwischen Individualität und Vernetzung deutlich machen. Diese Spannungen gilt es auszumachen und zu beurteilen, und es kommt für die Unternehmenspraxis darauf an zu erkennen, ob die in der Vergangenheit gefundenen Balancen zwischen diesen Kategorien auch weiterhin halten oder ob sie grundsätzlich oder marginal neu definiert werden müssen.

3.3 Der Strukturwandel der Wirtschaft

Es bedarf keiner umfänglichen Erklärungen und Erläuterungen für die Beobachtung, dass ein ständiger Strukturwandel die Wirtschaft in Bewegung hält, teils aus ihrer inneren Dynamik heraus, teils durch gestaltende Einflüsse von außen, vornehmlich aus der Politik, der Eigenvitalität der Gesellschaft und den Regularien internationaler Institutionen. Das ist der Lauf der Wirtschaftsgeschichte. Auch die Erkenntnis, dass die gegenwärtige Lage nur unvollständig erfasst werden kann und dass die Zukunft stets ein hohes Maß an Unschärfe aufweist, ist als bloße Erkenntnis noch nicht wirklich handlungsrelevant.

Erst wenn in einer gegebenen Situation die Frage nach den wirksamen Kräften, ihren Richtungen und Intensitäten, ihrem Zusammenspiel und Konfliktpotential und den möglichen Einfallstoren für aktive gestaltende Eingriffe akut wird, bekommt der viel zitierte Strukturwandel der Wirtschaft ein, wenn auch nur schemenhaftes Gesicht. Sind die Konturen deutlich genug, bildet sich eine Herausforderung zum Handeln.

Die pragmatische Kunst der Unternehmensführung erweist sich in der Fähigkeit der Akteure, mit Erfahrung und Hintergrundwissen und mit der Kraft der Intuition und Vision die Geschicke eines Unternehmens zu lenken. Der Unternehmensführer ist ein Navigator und kein Mechaniker der Optimierung von Kosten-Nutzen-Modellen. Dieser Gesichtspunkt muss immer wieder hervorgehoben werden, denn noch immer ist die Vorstellung in Lehrbüchern und Hörsälen verbreitet, dass es in der Wirtschaft und insbesondere im Management auf Nutzenmaximierung und ausgeklügelte Rationalität ankommt. Natürlich sind auch diese Kompetenzen unverzichtbar, aber sie sind nicht das Wesen der Unternehmensführung.

Der Strukturwandel der Wirtschaft ist eine kontrastierende Umschreibung des Begriffs *Kontinuität*, denn eine Struktur legt die Bahnen konkreter Einzelvorgänge und Prozesse fest und kann wegen ihrer das Handeln leitenden und ihm relative Sicherheit gebenden Aufgabe ihre Verlässlichkeit nicht beliebig aufs Spiel setzen. Und doch unterliegen Strukturen einem meist eher schleichenden (historisch-organischen) als bewusst geplanten Wandel. Die Gründe dafür ergeben sich daraus, dass eine Struktur in der Regel ein Makroergebnis aus einer unbegrenzten Zahl einzelner Aktionen darstellt, die aus Gewohnheit, aus praktischer Bewährung, aus Loyalität dem Gesetz gegenüber oder aus Rücksicht auf Sitte und Moral ein hohes Maß an Kongruenz aufweist.

Selbst wenn durchdachte Absichten, etwa eine wohlüberlegte Gesetzesänderung, eine Strukturveränderung in Gang bringt, so entsteht die reale Struktur doch erst aus dem Maß und der Nachhaltigkeit ihrer Befolgung in einzelnen Taten. Man kann diesen Vorgang vergleichen mit der allmählichen Entstehung

Zwischenbilanz: Unternehmensführung im Rückspiegel 145

eines Kunststils und sogar des Stils eines einzelnen Künstlers im Verlauf seines künstlerischen Werdens. Der konkrete, wahrnehmbare Stil ist ein Resultat mit eingebauter und sich verstärkender Rückwirkung von einem zum anderen Werk, auch wenn dieses Resultat vielleicht einer künstlerischen Botschaft und Philosophie entspringt. Der Stil ist also selber ein permanenter Ergebnisprozess.

Strukturwandel ist ein Begriff zur Beschreibung von Makroerscheinungen im Zustand der Bewegung. Eben dies macht seine Problematik aus. Der Begriff ist ein sprachliches Werkzeug, um eine Erscheinung gedanklich festzuhalten, also die Bewegung anzuhalten und sie zu kategorisieren. Eine Bewegung wie beispielsweise die ständige Verschiebung eines Stils oder eines Images in der Abfolge von Einzelaktionen kann mit dem Begriff nur angedeutet werden.

Der Begriff *Strukturwandel der Wirtschaft* teilt selbstverständlich diese Problematik. Deshalb ist es kaum verwunderlich, dass er im Schrifttum mehr als eine unverbindliche Andeutung denn als kategorisch definierter Terminus benutzt wird. Die ökonomische Theorie hat sich, außer in einigen volkswirtschaftlichen Schriften älteren Datums, dieser Thematik im Kern kaum angenommen, wohl hauptsächlich deshalb, weil realzeitliche Bezüge in einer a-historischen Methodologie gewöhnlich eliminiert werden (müssen). Es sind so gut wie keine Publikationen dazu in jüngster Zeit erschienen (Nefiodow 1995, Müller-Jentsch 2007). Auch dies ist ein Indiz dafür, dass sich die herrschende Methodologie der Ökonomie von ganzheitlichen Betrachtungen und Untersuchungen entfernt hat und ihr Erkenntnisstreben sich auf analytisch-quantitative Dimensionen auf der Basis rationaler Modellkonstruktionen eingerichtet hat.

Der Begriff *Strukturwandel der Wirtschaft* muss jedoch mehr sein als ein bloßer Appell, das äußere Geschehen aufmerksam zu observieren und Strömungskonstanten herauszufiltern. Der Grad an Verallgemeinerung der Perspektive mag für jedes Unternehmen sehr verschieden sein. Ein lokaler Gewerbetreibender wird vielleicht nicht viel weiter denken müssen als in den sich abzeichnenden Veränderungen des nahen regionalen Wirtschaftsgefüges. Der Leiter einer Regionalbank wird in dieser Hinsicht schon sehr viel weiter gedanklich ausholen müssen und zudem die Akzente seiner Wahrnehmungen auf die Finanzmärkte richten, obwohl für ihn der sich schon seit langem und unumkehrbar andeutende Umbruch der traditionellen Industriewirtschaft zu einer an Dienstleistungen orientierten Unternehmenspolitik von erheblicher Relevanz sein kann. Überhaupt hat der Servicegedanke im Marketing keinen Neuigkeitswert mehr, sondern ist zu einem unverzichtbaren, oft sogar leitenden Gesichtspunkt avanciert.

Von ähnlich grundlegender Bedeutung war und ist der rasante Einzug der elektronischen Datenverarbeitungstechnologien in die Wirtschaft und öffentliche Verwaltung, ein Vorgang, der den Prozess des Verflechtungswachstums erheblich beschleunigt hat. Es ist also ständig ein Strukturwandel unterwegs, der sich aber bei nur oberflächlicher Wahrnehmung nicht erschließen lässt, sondern genaueres Hinsehen und die intuitive Phantasie der Deutung von verlässlichen Entwicklungsperspektiven erfordert. Abermals erweist sich hier die Bedeutung der kognitiven Seite der Unternehmensführung als die eigentliche Quelle des Erfolgs und der langfristigen navigatorischen Existenzsicherung.

3.4 Der Kulturwandel der Gesellschaft

Der Begriff *Kulturwandel der Gesellschaft* ist ähnlich plakativ und inhaltsarm wie *Strukturwandel der Wirtschaft*. Beide hängen jedoch substanziell eng zusammen. Das ergibt sich aus der hier bevorzugten Sicht, dass alles Wirtschaften aus Kopfgeburten besteht und diese nicht frei schwebend sich treiben lassen, sondern bestimmten Wertekonstellationen zugeordnet sind und diese verstärken, unterlaufen oder gezielt zu verändern trachten. Kulturwandel gehört thematisch in die Soziologie und die Anthropologie. Eigenständige Abhandlungen dazu sind allerdings eher selten. Die bekannte Studie von Alfred Vierkandt aus dem Jahre 1908 ist gerade erst wieder aufgelegt worden (Vierkandt 2010).

Für den Begriff *Kulturwandel* gelten die gleichen Relativierungen wie für *Strukturwandel*. Es handelt sich um einen permanenten, vielfach schleichenden Prozess der Auflösung bislang wirksamer und der Durchsetzung neuer Strukturkomponenten. Charakteristisch dafür ist die allmähliche Abschleifung von überkommenen Normen und Mustern der sozialen Lebenspraxis durch technologische Erfindungen, ästhetische Kreationen, Präferenzverschiebungen des menschlichen Zusammenlebens. Dieser Wandel wird auf der Makroebene als ein Prozess der Verschiebung von äußeren Erscheinungen wahrgenommen.

Die historischen Kräfte, die diesen kulturellen Wandel antreiben und im Widerstreit mit verzögernden und hemmenden Gegenkräften mit der Zeit das Neue hervorbringen (das alsbald selber das Alte sein wird), kommen gewöhnlich aus der Gesellschaft selbst. Das Besondere dieser Erscheinungen ist ihr Zufallscharakter, da sie nicht kausal aus einem einzigen Aktionstypus hervorgehen, sondern sich in unvorhersehbaren Konstellationen formieren, also auf dem multiplen Zusammenwirken vieler Faktoren beruhen.

Selbst wenn einzelne Aktionen gezielt geplant, methodisch vorbereitet und kontrolliert ausgeführt werden, so ereignen sie sich kaum untereinander synchronisiert, denn sie beruhen auf unabhängigen Individualimpulsen. Insbesondere im Marktgeschehen gibt es – im Unterschied zu Planwirtschaften – keine Koordination. Jede Tat eines Wirtschaftssubjektes ist für alle anderen ein nicht vorhersagbares, wenn auch jederzeit mögliches und insofern erwartetes Ereignis.

Der aktive Mensch in allen Lebenslagen handelt individuell stimmig, trägt aber tendenziell zur impulsiven Unruhe im öffentlichen Leben bei. Die einzelne Tat ist nur selten ein Anstoß mit Fernwirkungen, wohl aber ein Auslöser für Nachahmer und damit letztlich für eine soziale Welle.

Kulturwandel, welcher für den Wirtschaftswandel maßgeblich ist und teils von diesem selbst initiiert wird, geschieht nicht in einem vollständigen Chaos, also einem strukturlosen sozialen Cluster. Kultur enthält als Begriff den Aspekt der Wiederholung von grundlegenden Normen und der Bildung von verbreiteten Lebensmustern, die wie Leitplanken der gesellschaftlichen Strömungen wirken.

Auf lange Sicht zeigen sich jedoch grundlegende Kräfteverlagerungen, die mit der Zeit zu gravierenden Umbrüchen führen können. Das geradezu klassische Beispiel ist die seit dem Ausgang des Mittelalters und den Epochen des aristokratischen Absolutismus sich durchsetzende Machtverlagerung auf die Kräfte der Wirtschaft. Mit dieser Verlagerung gewann nicht nur die bürgerlich-demokratische Gesellschaftsform mehr und mehr die Oberhand, sondern setzten sich auch die Prinzipien der auf Gewerbe- und Vertragsfreiheit beruhenden Marktwirtschaft durch.

Eine der historisch überaus prägenden kulturellen Normen hat sich mit diesem Umbruch gleichfalls vollzogen oder ist eigentlich ihr treibender Kern: die Rationalität der Lebensführung wird zum Ideal der Wirtschaftsführung. Dieser Kulturwandel ist eingebettet in die Philosophie der Aufklärung, in Bewegungen wie dem Utilitarismus und dem Hedonismus, welche beide das irdische Glücksstreben des Menschen in den Vordergrund rückten, und in tief reichende Grundüberzeugungen hinsichtlich der Aussichten des Menschen, mit Hilfe der (Natur-)Wissenschaften eine wachsende Beherrschung der Natur zu erlangen.

Die materiellen Wohlstandserfolge haben bis heute diese Überzeugungen gestärkt. Die Wirtschaft ist zu einem tätigen Ausdruck eines Wohlstandstrebens geworden, das sich deutlich von den Einflüssen der Kirchen und der weltlichen Mächte des Feudalismus dadurch abhebt, dass das individuelle Wohlleben nun nicht mehr von der Kunst raffinierter Abgabensysteme bestimmt wird, sondern auf individuellen Leistungen beruht, die – über den Markt – der gesellschaftlichen Zustimmung bedürfen. Waren die Erzeuger von Waren ebenso wie die Tätigkeit der Händler und Kaufleute vormals eingebunden in die kulturellen Normen und Muster klerikaler und weltlicher Vorgaben, so konnten sie sich in der Neuzeit zunehmend auf Freiheitsrechte berufen und sich emanzipieren.

Aus der einstigen Unterordnung der Wirtschaft unter die Bedingungen der aristokratisch dominierten gesellschaftlichen Kultur (teils noch fast in die Gegenwart nachwirkend in Gestalt der Überreste des merkantilistischen bzw. kameralistischen Denkens im Staatshandeln) ist ein Wechselverhältnis mit einer bis dahin nie gekannten Dynamisierung geworden. Die Gesellschaft als Empfängerin wirtschaftlicher Güter und Dienstleistungen wird durch die Marktkultur geprägt, zugleich signalisiert sie kulturelle Norm- und Mustererwartungen an die Wirtschaft, ist also selber ein aktiver Part in diesem Wechselverhältnis.

Aus dieser auf der individuellen Gestaltungsfreiheit beruhenden Dynamik folgt ein ethischer Grundsatz: Die Verantwortung für die Geschicke der Gesellschaft liegt nicht mehr nur bei den Herrschenden, sondern erfährt eine analoge Dynamisierung mit der Verlagerung auf die Kräfte der Gesellschaft und die der Wirtschaft. Die Wirtschaft kann sich nicht mehr auf die eigennützige Beanspruchung von Marktfreiheiten unter dem Raubprinzip der puren Gewinnmaximierung berufen. Sie ist zur Mitträgerin von Gesamtverantwortung geworden. Dies aber im Kräftespiel mit anderen Bereichen der Gesellschaft, die ihrerseits Mitträger der Verantwortung für eine leistungs- und zukunftsfähige Wirtschaft ist.

4 Die Bedeutung von Raum und Zeit in der Unternehmensführung

Die Zeit ist ein grundlegendes und maßstäbliches Moment im ökonomischen Denken der Theorie ebenso wie der Praxis. Ihre Maßstäblichkeit ergibt sich daraus, dass ein produktiver Kreislauf von der Erstinvestition über den Prozess der Erzeugnisfertigung bis zum Rückfluss des Geldes aus Warenverkäufen Zeit benötigt, dass die Rendite des eingesetzten Kapitals beeinflusst werden kann, wenn dieser Kreislauf etwa durch technischen Fortschritt verkürzt werden kann, oder dass bei der Inanspruchnahme von Krediten die fälligen Zinszahlungen von der Lauf- oder Tilgungszeit abhängig ist.

Die Zeitdimension hat eine (ihr vom Menschen angedachte) quantitative und dadurch messbare Seite, die bis in die fernsten Perioden der Kulturgeschichte zurückreicht. Der Tagesrhythmus und die Jahreszeiten und deren Unterteilungen waren die frühesten Formen der vorkalendarischen Einteilung von Zeitspannen und konnten auf diese Weise einen fundamentalen Koordinationsbeitrag leisten. Der Grundgedanke der kalendarischen Zeit ist die rhythmische Wiederkehr von sinnlich wahrnehmbaren Erscheinungen, beispielsweise der tägliche Sonnenumlauf.

Um präzise zu sein: Der Sonnenumlauf ist ein irreführender Begriff, denn die Sonne umläuft nicht die Erde, wie wir seit ein paar Jahrhunderten wissen, sondern die Erde dreht sich im Tagesrhythmus und wandert zugleich entlang einer (wie Newton noch meinte, für alle Zeit determinierten) durch die Gravitation der Sonne auf Spur gehaltenen Bahn. Deshalb geht auch am Morgen die Sonne nicht im Osten auf, sondern die Erde wendet sich ihr von Westen kommend zu.

Die Zeit ist eine Abstraktion der Erfahrung, dass die natürlichen (physikalischen) Verhältnisse seit dem so genannten Urknall der Ausdehnung des Universums ununterbrochen in Bewegung sind und dass das Phänomen der Veränderung ein Urmerkmal menschlicher Erfahrung ist, welches sich als das Bewusstsein der Spannung zwischen Geburt und Tod zu erkennen gibt. Die Zeit gehört zu den ältesten Themen der Philosophie und der Physik bis in die Gegenwart. Im Interesse einen zentrierten theoretischen Bearbeitung der Unternehmensführung lassen wir Rückbezüge zur philosophischen und physikalischen Debatte um die

Zeit aus. Pragmatisch genügt die Aussage, dass Zeit ein an sich ungemessenes, durch menschliche kalendarische Standardisierung ersatzweise messbares Bewusstsein vom Werden und Vergehen physischer Erscheinungen.

Eine weitere Komponente der Zeiterfahrung, die wir hier allerdings nicht vertiefen wollen, ist die empfundene Zeit im Unterschied zur kalendarischen Zeit. Ein bestimmtes Ereignis wie beispielsweise das Datum der eigenen Geburt, ist – zumindest im abendländisch beeinflussten Weltkreis – nach dem gregorianischen Kalender eindeutig fixiert; ebenso erlebt der Mensch seine eigene Vergangenheit und seine aus angeeignetem Wissen komponierten Projektionen der allgemeinen Geschichte auf einer Zeitskala, die den üblichen Zeitmaßstäben entspricht, hauptsächlich Jahreszahlen. Doch mit dem Zeitempfinden in Vorgängen der aus dem Gedächtnis aufgerufenen Erinnerungen verschwindet die kalendarische Distanz; man sieht, beispielsweise, seinen weit zurückliegenden 1. Schultag durch bildhafte Präsenz ganz nahe vor sich (eigentlich in sich); man kann sich die Erinnerung an seine vielleicht nicht mehr lebenden Eltern vergegenwärtigen. Dieses Näherholen im Zeitempfinden überspielt die tatsächliche, historische Zeitdistanz.

Der Unterschied wird sprachlich deutlich mit den beiden Wörtern *gegenwärtig* und *vergegenwärtigt*. Eine Sache kann dinglich gegenwärtig sein; sie kann aus der Erinnerung in geistige Gegenwart geholt werden, ohne physisch vorhanden zu sein. Auch im Wirtschaftsalltag spielen diese Zeitaspekte eine nicht zu unterschätzende Rolle. Wer als Neuling in ein Unternehmen tritt, hat (noch) keinen Erinnerungsstoff, der seine Empathie für das Sosein des Unternehmens aus dessen Geschichte heraus nähren könnte. Ihm wird es schwer fallen, die – häufig als irrational diskreditierten – Verhaltensweisen und Entscheidungen von langjährig Tätigen im Unternehmen zu verstehen. Er muss mit der Zeit über viele Episoden des Alltags in die geschichtliche Existenz des Unternehmens hineinwachsen.

Das kalendarische Zeitwissen erinnert indessen daran, dass nichts ewig ist und andererseits sich die menschlichen Lebenserfahrungen verdichten, wenn das gestalterische Streben sich auf die Begrenztheit des Lebens einstellt. Dann kommt dem Zeitverlauf eine theoretisch und pragmatisch bestimmende Funktion zu. Die Dichte der Ereignisse lässt das Empfinden aufkommen, dass alles immer schneller verläuft und die Zeit hektisch geworden ist. Das ist sie natürlich in keiner Weise. Die Zeit hat zwar als vierte Dimension (in Verbindung mit den Raumdimensionen) Ausdehnung, hat aber selbst keine physikalischen Eignschaften wie Geschwindigkeit. Wohl aber kann die Dichte an wahrgenommenen Ereignissen und die Maßeinheit ihres raschen Auftritts und Verschwindens psychologisch Druck ausüben, etwa durch die Angst, etwas zu verpassen.

Ein weiteres psychologisches Moment tritt in Verbindung mit der Raumerfahrung auf. Je weiter der gedankliche Horizont in den Raum hinausschweift, am Ende also bis zum globalisierten Weltbild, umso mehr relevante Ereignisse werden registriert und auf das eigene Handeln projiziert bis hin zu der Erfahrung, dass das Weltgeschehen unübersichtlich, kompliziert und in vieler Hinsicht unsteuerbar von Zufälligkeiten aller Art durchsetzt ist. Deshalb mag das Leben in einem dörflichen Umfeld oder in einer Kleinstadt ruhiger erscheinen als das planerische Durchdringen von globalen Zusammenhängen im Leben eines international operierenden Managers.

Die bekannte (auf Benjamin Franklin [1706 – 1790] zurückgehende) Lebensweisheit *Time is Money* zeigt an, dass die Verdichtung des menschlichen Strebens nach Gestaltung seiner Lebensverhältnisse und damit sein Wirtschaften historisch eng mit der Herausbildung der modernen Marktwirtschaft zusammenhängt. Das mittelalterliche Ideal der schöpferischen Muße und Kontemplation hatte eine gänzlich andere (überwiegend mönchische) Kultur von hohem geistigem (und geistlichem) Rang hervorgebracht, die mit dem Beginn der Neuzeit in der Renaissance in einen krassen Gegensatz zum vordrängenden Geist des Kapitalismus (Weber 2009) geriet. Die Kultur des Kapitalismus besitzt ein vollständig anderes Gesicht und Zeitempfinden, und zwar keinesfalls nur in der Wirtschaftspraxis selbst, sondern in der Gesellschaft als Ganzes (Rose 2005).

Ein eher theoretisches, aber das ökonomische Denken grundlegend formierendes Problem ergibt sich aus der Konstruktion, die Maßeinheiten des Zeitverlaufs an stetig wiederkehrenden Ereignissen festzumachen. Das Tagwerk war einmal ein vorrangiges, jedoch ungenaues Zeitmaß, da sich die Länge des hellen Tages im Laufe des Jahres verändert, allerdings mit der Aussicht auf (für menschliches Empfinden) sichere, identische Wiederkehr nach einem Sonnenumlauf. Heute muss vor allem für technische Prozesse, beispielsweise in der Raumfahrt, die sinnlich schier unfassbare Präzision einer Atomuhr herangezogen werden.

Die kalendarische Zeit hat im Laufe der Geschichte eine Höchstform an Genauigkeit erhalten und kann als zeitliches Beziehungsgerüst in unübersehbar vielen Lebensverhältnissen zur Strukturierung und Organisation von dinglichen Abläufen genutzt werden, insbesondere dort, wo es auf präzise Synchronisation ankommt. Die kalendarische Zeit kann als eine fundamentale dispositive Grundlage der modernen Zivilisation betrachtet werden. Wir dürfen indessen nicht vergessen, dass es sich um eine Quantifizierung des Phänomens der Veränderung handelt, die den Dingen selbst nicht innewohnt, sondern pragmatisch aus ihnen abgeleitet ist. Die kalendarische Zeit als Maßstab ist indessen aus den heutigen Zivilisationen nicht mehr wegzudenken.

Die kalendarische Zeit kann jedoch auch zu einem nützlichen Schleier werden mit dem Nachteil, dass wichtige Eigenschaften der materiellen Welt gar nicht erst ins Bewusstsein gelangen, teilweise weil sie zu selbstverständlich sind, teilweise weil sie innerhalb des menschlichen Lebenshorizonts nicht wirklich von Belang sind. Nachteilig vor allem deshalb, weil das ständige hellwache Nachdenken über Zeitverhältnisse und Zeitabläufe unpraktisch, weil hemmend sein kann. Der kalendarische Rhythmus von Tagen, Wochen, Monaten und Jahren assoziiert Wiederkehr, wo doch der Pfeil der Zeit immer nur in eine Richtung weist: vorwärts. Es sind auf dem Zeitpfeil vor allem die beiden Haupteigenschaften der Unumkehrbarkeit von Ereignissen, welche zugleich die Idee von Kreisläufen in der Natur in Frage stellt, und der Gerichtetheit von Veränderungen, welche mit der Unumkehrbarkeit einhergeht.

Die Geburt und der Tod sind unumkehrbare Ereignisse, und sie bestimmen das gesamte Weltgeschehen, und zwar in der Natur ebenso wie in der Kultur. Es scheint nur so, und das genügt ja auch für irdische Dispositionen des Menschen, dass die Erde nach genau einem Jahr wieder in der gleichen Position zur Sonne und den übrigen Planeten und deren Position in unserer Galaxie steht. Doch physikalisch hat sich einiges inzwischen bewegt: die Sonne ist um ein Jahr weiter im Verheizen ihres Energiepotentials, die Erde hat ihre Eigenumdrehung um ein winziges Maß verlangsamt und, soweit wir wissen, hat sich das Universum weiter mit unfassbarer Geschwindigkeit ausgedehnt. Mit anderen Worten: Nach einem Umlauf ist nichts mehr so, wie es davor war (Bendixen 2010 b).

Hat das irgendeine Bedeutung für die Praxis der Unternehmensführung? Zunächst ist festzuhalten, dass sich die menschliche Kultur und Zivilisation in einer Welt formiert hat, die sich zwar nicht (denn das gelänge nicht über längere Zeit) in einer völligen Unverträglichkeit mit der Natur befindet, wohl aber die Gestaltungsspielräume, die sie dem Menschen gewährt, in einer ausgiebigen Weise nutzt, dass die hinter aller Kultur stehende Natur im Alltag nahezu unkenntlich geworden ist. Das Problem der Verschleierung des prekären Verhältnisses zur Natur hat zur Folge, dass die Überziehung von Belastungen der Natur (Ressourcenausbeutung, Mülldeponien, Verarmung von kultivierungsfähigem Boden, Treibhauseffekt usw.) nicht klugerweise im Voraus wahrgenommen wird, sondern erst bewusst wird, wenn es schon kaum noch eine Umkehr gibt.

Wir reagieren nur in Katastrophenfällen und vielleicht in melancholischen Lebensphasen unmittelbar auf die Natur, ansonsten aber lebt und reagiert der Mensch in seinem kulturellen Habitat mit einem alles verschleiernden Bewusstsein, er sei Herr seiner Geschicke. Er ist dies in der Tat, soweit sein individuelles Leben sich in geistig-kulturell geschaffenen Lebensräumen bewegt. Aber er ist es nicht in der Gewalt der Natur; nur scheint ihm – wenn wir auf die gegenwärtigen Bedrohungen des Klimawandels blicken – die Einsicht in die Relativität

seiner Macht und damit die gebotene Bescheidenheit seines Auftritts in der Natur abhanden gekommen zu sein (falls er sie je besaß).
Die Kultur als dinglich erlebbarer (z. B. in Kathedralen, Parkanlagen, technischen Installationen, Kunstwerken usw.) Ausdruck des schöpferischen Geistes des Menschen und – historisch gesehen – seiner mächtigen Steigerungsfähigkeit kann sich nicht, ohne Schaden zu nehmen, dauerhaft gegen die Natur stellen, aber sie schafft eine Dialektik des Naturerlebens, die im Hintergrund des Bewusstseins mitläuft. Erst in den jüngsten Epochen der Zivilisation hat ein Wandel stattgefunden, dessen Langzeitwirkungen heute noch nicht voll erfasst und gedeutet werden können.

Es geht um die Technologien der Kommunikation, d. h. der Übertragung von Bedeutungen über Dinge und Erscheinungen, deren sinnliche Gegenwart nicht mehr nötig ist. Um noch einmal auf René Magrittes berühmtes Gemälde mit der Tabakspfeife zurückzukommen: Die Überzeugung, dass es sich ganz eindeutig um eine Tabakspfeife handelt, besitzt die gleiche Kraft der Eindrücklichkeit wie die Gegenwart einer realen Pfeife, nur mit dem Unterschied, dass man mit der Abbildung nicht rauchen kann. Wir haben uns weltzivilisatorisch mehr und mehr in eine Erlebniswelt der Repräsentationen durch Bilder hineinentwickelt und uns damit den organisierten Medien als heimlichen Herrschern ausgeliefert.

In der Öffentlichkeit wird meist die Wirtschaft, repräsentiert durch die weltweit operierenden Großkonzerne als die wahren Herrscher und großen Opponenten der demokratisch legitimierten Politik kritisiert. Wirksamer als die Macht des Kapitals scheint mir jedoch die Macht der Medien zu sein, die ein ganzes Land zurichten können, wenn sie in bedenkenloser Weise gehandhabt werden. Die Verschmelzung von Medienmacht mit politischer Macht wie im gegenwärtigen Italien enthält eine ganz besondere Brisanz.

Wenn wir daraus eine kurze Schlussfolgerung ziehen, die an sich einen viel zu brisanten und komplizierten epochalen Wandel der menschlichen Zivilisation darstellt und ausführliche Behandlung verdiente, können wir feststellen, dass wir uns in einem bereits sehr weit fortgeschrittenen Stadium der Konstruktion einer Lebenswelt befinden, die selbst die menschliche Kultur mit ihren dinglichen Gegebenheiten nur noch indirekt über bildhafte und andere sinnliche Abbilder erleben lässt. Das Erstaunliche daran ist, dass die menschliche Sinnlichkeit in gleicher Weise angesprochen werden kann wie das unmittelbare Erlebnis. Schon ein entsprechend präsentiertes Bild kann traurig machen oder zum Lachen Anlass geben. Dies ist die technologische und psychologische Basis der Werbung (und anderer Kommunikationen).

Unternehmensführung in der Praxis macht keine Ausnahme von diesem Prozess des zivilisatorischen Wandels hin zu einer imaginativen Welt, die vor das unmittelbare sinnliche Kulturerlebnis das bildhafte Surrogat stellt und auf diese Weise eine zweifache Distanz zur ursprünglichen Natur erzeugt. Verschwand schon zunehmend das Naturerlebnis hinter dem Schleier der Kulturbauten und Erlebnisstrukturen, welche eine innere, neurologische Stempelung der Wahrnehmungen durch Bildung hervorbrachte, so ereilt dieses Kulturerlebnis nun das analoge Schicksal mit dem Schleier der technischen Surrogate (Film, Schallplatte, Radio, Fernsehen, Handy, Internet). Man diskutiert nicht mehr selbst über wichtige Ereignisse, sondern lässt in den Medien diskutieren (z. B. in Talkshows) und nimmt nur passiv teil.

Damit wachsen die Manipulationsmöglichkeiten ins Unendliche. Die Naturbearbeitung kennt physikalische Grenzen. Die Kulturarbeit dagegen kennt zwar geistige, vor allem ethische Grenzen. Aber die sind im Prinzip fast beliebig überschreitbar, und der Erosionsprozess der letzten Jahrzehnte bezüglich der Geltung kultureller Werte ist dementsprechend vorangekommen, häufig unter dem Deckmantel der Befreiung des Menschen von Zwängen.

Die Befreiung von Zwängen erreicht im Zeitalter der elektronischen Medien einen offenen Raum der Gestaltung, der so gut wie keine Grenzen, allerdings auch kaum noch Maßstäbe kennt. Das Risiko individueller Irritationen wächst, weil man seinen eigenen sinnlichen Wahrnehmungen nicht mehr trauen kann, wenn sie nur noch einen technisch vermittelten und in seiner Wahrhaftigkeit bezüglich der natürlichen und kultürlichen Basis imaginativ überformten Zugang zu unmittelbaren dinglichen Erscheinungen erlaubt. Biologisch aber sind wir mit unseren Sinnesorganen gerade darauf ausgestattet und müssten die Schärfe ihres Gebrauchs durch sinnhaften Gebrauch trainieren.

Die Praxis der Unternehmensführung nimmt an diesem Wandel zu einer imaginativ repräsentierten Wirklichkeit teil (wie die unzähligen Fehlurteile zeigen, die im ungekonnten Umgang mit Bildschirmrepräsentationen ihre Ursache haben). Sie könnte auch praktisch gar nicht anders. Der Entscheidungsraum eines Unternehmensführers ist ein geistiger Ausstellungsraum voller Bilder, Tabellen, Graphiken und Klangteppichen, die alle zusammen das Signal geben: Wir repräsentieren die Wirklichkeit; niemand muss diese persönlich in Augenschein nehmen! Zugleich sind Techniken der Informationsverarbeitung vorgedrungen, die das rationale, und das heißt eben auch skeptische Verstandesdenken unterlaufen. Das klassische Beispiel sind so genannte *Powerpoint Präsentationen*, die im Geschäftsleben eine enorme Ausbreitung erfahren haben. Das darin steckende Manipulationspotential und die Risiken, die Realität in ihrer Komplexität zu verpassen, hat Frank Schirrmachen in seinem Buch *Payback* vorgeführt (Schirrmacher 2009).

Mit der Öffnung der Handlungshorizonte hin zur Unendlichkeit ist die Zeit oder besser das kalendarische Zeiterlebnis von der Gemächlichkeit der mönchi-

Die Bedeutung von Raum und Zeit in der Unternehmensführung 155

schen Ruhe zur Raserei der Entfesselung und Maßlosigkeit übergegangen. Das Bewusstsein davon, dass nichts, was zur Tat geworden ist, jemals zurückkehrt, dass deshalb bei allen Entscheidungen in der Gegenwart der Gedanke präsent sein muss, dass durch faktisches Handeln etwas Unwiderrufliches in die Welt gesetzt wird und beim gekonnten Umgang mit der Zukunft ein gehöriges Maß an Sorgfalt vonnöten ist, geht im modernen Zeitverständnis fast vollständig verloren.

Dieses geschichtliche Phänomen kennzeichnet die Gegenwart und lässt weit zurückreichende geistig-kulturelle Wurzeln in der Vergangenheit deutlich werden. Da aber die Vergangenheit nichts als eine zurückgelassene ehemalige Zukunft ist, die durch menschliche Entscheidungen so geworden ist, wie sie sich faktisch gibt, gilt der Umkehrschluss, dass die Gegenwart ihrerseits nicht so bleiben muss, wie sie sich präsentiert. Auch dafür zeichnen sich bereits Indizien ab. Die nicht mehr zu leugnende Bedrohung der menschlichen Weltzivilisation durch unabweisbaren Klimawandel mit all den gefährlichen Konsequenzen hat den Druck auf sorgfältige Prüfung von unbesonnen, durch kurzsichtige Gier und stolze Selbstüberschätzung von in die Welt gesetzten Technologien erkennbar erhöht, wenn auch bei weitem noch nicht radikal genug (auch dank der Trägheit der politischen Institutionen).

Daraus kann der, zweifellos noch vage, Schluss gezogen werden, dass Unternehmensführung künftig von einem veränderten Zeitmaß und Zeitbewusstsein ausgehen und eine Praxis einleiten wird, die mit Sorgfalt (due diligence) ihre Entscheidungen vorbereitet, indem sie die Unumkehrbarkeit von Taten ins Kalkül nimmt und sich der Zukunft mit Augenmaß und erhöhter Flexibilität nähert.

Es kann durchaus sein, dass damit eine strukturelle Bewegung in die Wirtschaft hineingetragen wird, die das Prinzip der Dezentralisierung und damit der Stutzung von Großeinheiten technologischer Industriekomplexe zugunsten von Anpassungsfähigkeit und kreativer Intelligenz verwirklicht. Dezentralisierung ist ja nicht eindimentional einfach Verkleinerung, sondern die Gewinnung von zeit- und raumnahen Verflechtungen zu einer systemischen Ganzeit, wie man dieses holistische Denken ansatzweise in der Regionalpolitik und der Regionalentwicklung kennt.

Ein relativ kleines Unternehmen – ein KMU, wie man das heute nennt –, das sich mit seinen Leistungsbeziehungen in ein weitläufiges, vielfältiges Beziehungsgeflecht im überschaubaren Umfeld integriert, ist in Wahrheit eine wirksame Größe in einem vielgestalteten Teppich mit anderen zusammen, mit kommunalen Einrichtungen, anderen Organisationen, lokalen Forschungseinrichtungen, Markt- und Messeveranstaltern usw. Dieses Strukturbild ist ein deutliches und zugleich praktisch aussichtsreiches Gegenstück zum monolithischen Marktmodell, das sich um ein einziges Produkt oder eine einzige Technologie herum gruppiert.

Das Zeitbewusstsein ist nur die *eine* Dimension, die das reale Geschehen als Ereignisfolge ordnet und dadurch eine tief greifende historische Gestaltungslinie in die Kultur- und Zivilisationsentwicklung eingezogen hat. Das Zeitbewusstsein ist eine ständige Aufklärung darüber, dass alles fließt (πάντα ῥεῖ, wie schon Heraklit in der Antike lehrte), dass bei genügendem Zeithorizont auf dem unendlichen Pfeil der Zeit selbst scheinbar so stabile Konstellationen wie das Planetensystem einem für den Menschen kaum wahrnehmbaren Prozess des Werdens und Vergehens unterliegen. Die Zeit ist der Kettfaden der kulturellen Textur, doch diese braucht auch einen Schussfaden, um im Ganzen zu einem Gebilde zu werden, das als Plattform der menschlichen, insbesondere der wirtschaftlichen Dispositionen dienen kann. Dieser Schussfaden ist die Dimension des Raumes mit seinen drei Komponenten.

Die dreidimensionale Einordnung von Erscheinungen in einem gegebenen Raum bedeutet für jedes Ding und für jedes Ereignis die Kennzeichnung als Unikat; in Verbindung mit der Zeitdimension wird daraus die singuläre Erscheinung als Momentaufnahme in einem raumzeitlichen Kontinuum. An ein und demselben Punkt auf der Erde kann es nicht zwei Bäume geben und können nicht zwei Menschen oder gar zwei Unternehmen existieren. Das Unikat ist in sich zwar in der Zeitdimension wandelbar, aber es bleibt sich am Ort seiner Existenz gleich, sofern es nicht untergeht oder verlagert wird.

Für die menschliche Wahrnehmung bedeutet das eine methodologische Fundamentaleinsicht. Es ist die Erfahrung und Erkenntnis, dass alles Reale zeitlich und räumlich einmalig ist. Mit anderen Worten: Das Grundprinzip der Wirklichkeit ist die Varianz in der Einmaligkeit. Doch die Varianten gehorchen Gesetzmäßigkeiten, die teils aus der Natur selbst stammen, zu einem großen Teil aber dem normativen Regelwerk der örtlichen, regionalen oder globalen Kultur angehören. Die Regelmäßigkeiten in Varianten, die sich beispielsweise im Zeitgeist oder noch klarer im ästhetischen Stil der Architektur einer Epoche bis hinunter in den künstlerischen Stil eines Komponisten zum Ausdruck bringen, betreffen indessen nur ein paar konstitutive Kernelemente, nicht aber die einzelne Erscheinung als Ganzes. Sie ist zu einem großen Teil ein Kind grenzüberschreitender (häufig unerklärlicher) Einfälle oder schlicht des zufälligen Zusammenkommens von ungeplanten Konstellationen.

Methodologisch folgt daraus, dass jede noch so präzise Klassifikation von Erscheinungen auf einer Abstraktion beruhen muss, die partiell von konkreten Zeit- und Raumkoordinaten absehen muss. Das ist erkenntnistheoretisch notwendig, um Prinzipien und Gesetzmäßigkeiten zu erkennen, aber es ist zugleich pragmatisch unzulänglich, denn es gibt keine logische Brücke vom Allgemeinen

Die Bedeutung von Raum und Zeit in der Unternehmensführung 157

zum Unikat. Man kann beispielsweise die Gruppe der kleinen und mittleren Unternehmen (KMU) in einer bestimmten Region klassifikatorisch bestimmen als gewerbliche Einheiten mit nicht mehr als 500 Mitarbeitern und die Zählung beispielsweise auf die Landesgrenzen von Oberösterreich begrenzen.

Beispielsweise lässt sich die Firma „Ernst & Lustig" in Linz dann zwar zweifelsfrei zuordnen, wenn sie beispielsweise 250 Mitarbeiter zählt. Was aber weiß man dann über dieses Unternehmen außer ein paar rauen Eigenschaften: dass sie (bei fortgesetzter Klassifikation) einer bestimmten Branche angehört, dass sie bei mangelhafter Kreditversorgung (wegen Basel II, künftig Basel III) konjunkturanfälliger ist als ein Großunternehmen, dass sie wahrscheinlich eine flache Hierarchie und eine geringe interne Arbeitsteilung aufweist und vielleicht noch ein paar weitere allgemeine Vermutungen.

Alle diese Allgemeineigenschaften legen die wirklichen Probleme und Entwicklungsperspektiven eines solchen Unternehmens nicht einmal andeutungsweise frei. Wer etwa in der Funktion eines Unternehmensberaters zur Stützung der Unternehmenswege in die Zukunft herangezogen wird, kommt um singuläre Ermittlungen nicht herum. Das allgemeine Bild eines KMU hilft in den meisten praktischen Fällen noch nicht einmal, um mit einer Erfolg versprechenden Suchstrategie an dieses Unikat heranzugehen.

Auf dem Weg der Erkenntnis einer Einzellage trennen sich vollständig die methodologischen Wege des Beraters von denen des Theoretikers, und es gibt keine logische Brücke zwischen beiden, wenn nicht ausgehend von abstrakten oder theoretischen Erkenntnismustern das Bewusstsein für Zeitpunkte und Raumpunkte und damit die Einmaligkeit des Vorgefundenen hinzutritt. Dieses Bewusstsein füttert das abstrakte Gerippe modellhaften Allgemeinwissens über die Kunst der ganzheitlichen und auf Einzelerkenntnis zielenden Wahrnehmung der besonderen Konstellationen in und um das betrachtete Unternehmen mit dem nötigen Wissensstoff.

Das methodologische Problem dabei resultiert aus der Verletzung eines allgemeinen Prinzips, nämlich dass der Inhalt die Form bestimmt. Die unvoreingenommene Wahrnehmung des Inhalts wird jedoch gestört durch die intellektuell vorgefasste (theoretisch fest gemauerte) Form der gelenkten Wahrnehmung. Der Einwand liegt natürlich auf der Hand: Man kann nichts gezielt wahrnehmen, ohne eine vage Erwartung oder Gestalt im Denken ausgebildet zu haben, und in der inneren Vorbereitung solcher vorauseilenden Vorstellungen meldet sich teils bewusst, zum größten Teil aber unbewusst das Tiefengedächtnis und das Theoriewissen zu Wort. Unter diesem Gesichtspunkt gibt es mithin keine vorurteilsfreie Wahrnehmung, sondern nur ein geschultes Verständnis dafür, dass man seinen individuellen Wahrnehmungen nicht unreflektiert trauen kann.

Das Korrektiv der interpersonalen Verständigung über Wahrnehmungen in der realen Welt ist deshalb ein wissenschaftsmethodisches Grundprinzip, welches zwar nicht zu absolut wahren Einsichten gelangen kann, aber immerhin – und historisch überaus erfolgreich – das professionelle Navigieren durch die Weltgeschichte – ob in der Wissenschaft, in der Wirtschaft, in der Politik oder in der Kunst – rationalisieren kann; Rationalisierung hier als Klärung durch bewusstes Denken gemeint.

Wir können für unser Thema *Unternehmerische Qualitäten* und *Die kulturellen Grundlagen der Unternehmensführung* hier festhalten: In der Unternehmenspraxis und ihr vorgelagert in der Formung von Führungsqualitäten in der Unternehmenspraxis durch Lebenserfahrung und gezieltes Studium spielt das Bewusstsein der Vorläufigkeit aller Erkenntnis und der Bedingungen ihrer relativen Gewissheiten eine ebenso entscheidende Rolle wie die Wachheit gegenüber dem Zeit- und Raumverständnis, also dem Bewusstsein, dass alles fließt, und dem Bewusstsein, dass alle Erscheinungen Unikate sind.

5 Die Bedeutung der Zukunft als kreative Projektionsfläche

Erscheint die Vergangenheit als die Welt der vollendeten Taten, so breitet sich die Zukunft als eine Welt des Ungeschehenen aus, die auf einen zukommt und dem Tatenlosen als schicksalhaft und womöglich fremdbestimmt erscheint, während der Tatenlustige nach den Spielräumen sucht, um dem Geschehen nicht einfach seinen Lauf zu lassen, sondern gestaltend einzugreifen.

In Epochen unwidersprochenen Glaubens an die Macht des Schicksals, verkörpert im unergründlichen Treiben der Götter oder in der unerreichbaren Weisheit des einen Gottes, kann der eigensinnige Griff der Menschen in den Verlauf der Zukunft an Frevel grenzen. Noch in Adam Smiths berühmter Metapher von der unsichtbaren Hand (des Marktes) ist ein Nachhall dieser Schicksalsgläubigkeit spürbar, obwohl seit Giambattista Vico (1668 – 1744) die moderne Geschichtsphilosophie bereits in die Philosophie der Neuzeit eingedrungen war.

In der Moderne, deren Kennzeichen die Dynamisierung des Geschehens ist (Jonas 1979) und deren Verläufe sich ständig beschleunigen (Rosa 2005), versteht man dagegen jede Art von Schicksalsergebenheit als Vergeudung schöpferischer Potentiale und damit verschenkte Möglichkeit, das eigene Leben und die Zustände der Gesellschaft zu verbessern – was immer man im Einzelnen als Verbesserung definiert und betreibt.

Die Zukunft ist, wie wir an früherer Stelle sahen, eine Denkkonstruktion und unterliegt dem Projektierungsvermögen des Denkenden. In unserem thematischen Zusammenhang können wir Tatenlosigkeit oder Schicksalsergebenheit als ein Ausbleiben von Antrieben zur Gestaltung der Zukunft ausschließen. Solche Motivationen hätten in der modernen Unternehmensführung nichts zu suchen. Wer als Manager oder Unternehmer oder als Führungskraft auch in nichtwirtschaftlichen Organisationen nach Gestaltungsmöglichkeiten im Geschehen der erreichbaren Zukunft sucht, ist dem Typus des Spielers weitaus näher als dem des rationalen Systemlenkers unter fest vorgegebenen Systemstrukturen, Ablaufmechanismen und Zielsetzungen.

Mit dieser Gegenüberstellung wird allerdings kein krasser Gegensatz formuliert, sondern es werden polare Positionen beschrieben, die entsprechend der Lage im Einzelfall ausbalanciert werden müssen. In jedem Spielzug (am Markt) ist schon im Vorausdenken die Frage der notwendigen Lenkungsinterventionen parat, und jede rationale Steuerungsmaßnahme hat im Panorama die Regentschaft des Zufalls und des Eintretens unerwarteter Ereignisse zumindest im Kopf, wenn nicht im Köcher notwendiger Eingriffe.

Als Spieler hat der Manager ein Spielfeld, einen Kranz von Rahmenbedingungen und einen Satz von Regeln vor sich. Er sieht sich einer Gruppe von Mitspielern und Gegenspielern gegenüber, die durch ihre Aktionen teils die Rahmenbedingungen, oft auch die Regeln und in den meisten Fällen jene Tatlücken auf dem Spielfeld besetzen, die dem Handelnden eigentlich selber vorschweben, z. B. eine technische Neuerung schneller auf den Markt zu bringen.

Da diese Ereignisse allenfalls gespürt oder intuitiv erwartet, nicht aber mit Gewissheit vorhergesagt werden können – es gibt eben am Markt keine sicheren Prognosen –, hat jede eigene Aktion im Spielfeld eine Ungewissheit über den Erfolg vor sich. Zugleich aber ist die eigene Aktion (hinsichtlich des konkreten Inhalts sowie hinsichtlich Zeitpunkt und Ort der Aktion) eine Überraschung für alle anderen Beteiligten. Jeder Mitspieler am Markt ist ein potenzieller Unruhestifter.

Als Systemlenker ist der Manager ausgestattet mit Erfahrung, mit aktualisiertem Gegenwartswissen und mit der Kenntnis der eigenen Lage und Potentiale. Er weiß (aus Erfahrung), was er seinem Unternehmen zumuten kann und hat eine Vorstellung von den Begrenzungen der eigenen Kapazitäten und von den rechtlichen, moralischen und kulturellen Widerständen im gesamten Umfeld seiner Wirtschaftstätigkeiten. Er ermittelt die Verlässlichkeit der systeminternen Prozesse und kann sie rational auf seine Ziele und Absichten einstellen. Diese Tätigkeiten sind in der Praxis immer eine Mischung aus rationalem Kalkül und spielerischen Momenten mit einem Schuss Intuition.

Es ist nicht auszuschließen, dass beständige und belastbare Erfahrungen mit der Zeit zu standardisierten Reaktionsmustern führen, z. B. in Form von Modellen, die im Einzelfall ausreichende Sicherheit für relativ rasche und Risiken mindernde Handlungen bieten. Das Risiko des Scheiterns liegt dann nicht im Determinismus des Modells, sondern im äußeren Wandel von Bedingungen, Regeln und Handlungsmöglichkeiten, die nur deshalb als Zwänge auftreten, weil sie den vertrauten Reaktionsmustern widersprechen. Man scheitert gewöhnlich nicht an Planfixierungen, sondern an fehlender Geschmeidigkeit, Pläne den Zwängen der Situationen anzupassen.

Aus der in jedem Einzelfall zu kombinierenden Verknüpfung einer wahrgenommenen und angemessen ausgedeuteten Spielsituation mit den Erfahrungen und der limitierten Leistungsfähigkeit von standardisierten Handlungsmodellen ergeben sich die Peilgrößen der unternehmerischen Navigation auf dem Weg zu einem Zielgebiet.

Die Bedeutung der Zukunft als kreative Projektionsfläche 161

Die navigatorische Flexibilität, die notwendigerweise auf die unzähligen Zufälligkeiten reagieren können muss, ruht auf diese Weise in der Unverrückbarkeit der Zielpeilung, falls nicht auch diese selbst korrigiert werden muss, weil überwältigende Zufälle die Szenerie ins Gleiten gebracht haben. Es sind diese nie genau vorhersehbaren Zufälle und damit die Bewegtheit der Handlungssituationen im Ganzen, aus der die Kunst der unternehmerischen Navigation entsteht, eine Kunst, die man einüben muss, aber nicht kognitiv durch noch so viel Wissen und Studium erlernen kann. Die Relevanz von Wissen wird bestimmt durch (reflektierte) Erfahrung. Aber Erfahrung verbindet sich mit Intuition, die nicht irgendetwas aus der Luft Gegriffenes ist, sondern im schnellen Durchspielen eines erweiterten Ereignisraumes zu sinnvollen Eingebungen führt. Eingebungen sind nicht zwangläufig sicherer als wissensgestützte Untersuchungen, nur sind sie um ein Vielfaches schneller. Deshalb sind sie oft wirtschaftlich erfolgreicher.

Wie bei vielen menschlichen Angelegenheiten, so besteht auch in der Unternehmensführung die Gefahr, dass man um der stets erforderlichen Flexibilität des Denkens und Reagierens willen pausenlos nach Neuem sucht, nur um als kreativ zu gelten und sich Marktvorsprünge gleich welcher Art zu sichern. Es gibt so etwas wie kreative Hektik, die um der Innovationen willen den Markt mit zu vielen Scheinkreationen oberflächlicher Art bedienen (oder auch belästigen), deren tieferer Sinn sich dem auf Neuigkeiten erpichten Marktteilnehmern nicht sofort erschließen.

Wir wollen damit lediglich andeuten, dass es im weiten Horizont unternehmerischer Tätigkeiten auch so etwas wie eine Verantwortung für einen nicht nur am maximalen Gewinn orientierten Umgang mit natürlichen und kulturellen Ressourcen gibt. Die oft beschworene Dynamik des Marktgeschehens ist häufig nicht mehr als ein *Rasender Stillstand* (Virilio 1997) oder eine Art Pirouette auf einem fixierten Standpunkt. Die auffälligsten Formen sind die bloß ästhetischen Verwandlungen eines ganz gewöhnlichen Produktes, das seine Technologie überhaupt nicht verändert. Sie bewirken einen bunten Zauber der Konsummärkte, ohne dass die Zivilisation davon einen seriösen Schritt weiterkommt.

Unternehmerische Erfahrung hat ihre kognitiven Wurzeln in reflektierten Erlebnissen im Geschäftsleben der Vergangenheit, wobei Reflektion einen Denkvorgang bedeutet, der das Erlebte in den Rang von Verallgemeinerungen erhebt und der durch Schulung und oft auch mit Hilfe von wissenschaftlich bewährtem Wissen gestärkt werden kann.

An diesem Punkt (Stützung der Reflexion) endet in der Regel allerdings die Interventionsmöglichkeit von Wissenschaft. Der große Rest ist dann eine individuelle Leistung der kognitiven Verarbeitung von Erlebtem und deren Einfügung ins Gedächtnis. Deshalb können pragmatische Wissenschaften wie die Betriebswirtschaftslehre nie mehr leisten als Stützung realer Erlebnisse auf dem Weg zu reflektierter Erfahrung; genau darin aber sind theoretische Bemühungen unverzichtbar für den geistigen Fortschritt auf einem bestimmten Gebiet. Der Interventionsrahmen von Wissenschaft, sofern sie ethisch verantwortungsvoll ihre Ergebnisse präsentiert und kommentiert, kann sehr mächtig sein. Dies vor allem dann, wenn wissenschaftliches Wissen zu allgemeiner pragmatischer Geltung gelangt ist. Dann nämlich kann dieses Wissen zu einem Überzeugungstatbestand von prinzipieller Bedeutung werden, welcher einen wissenschaftlich erhärteten Panzer der Unverrückbarkeit hat entstehen lassen.

Die Überzeugung wird durch Praxis zu einer (Faust-) Regel, mit der man für sich selbst und in der Beurteilung anderer rechnen muss. Die Überschreitung einer bewährten Faustregel hätte ein spezifisches Risiko zur Folge, weil die Mitspieler und Gegenspieler auf dem Markt und die politischen Institutionen, die über Rahmenbedingungen und Regeln entscheiden und wachen, Widerstand aufbringen, der nicht leicht zu brechen ist.

Die meist nur durch grobe Anhaltspunkte strukturierbare Zukunft enthält ein erdrückendes Maß an Ungewissheiten für konkrete Handlungen, wenn nicht der Akteur sein Umfeld im Denken „dekomponiert", d. h. einen Ausschnitt wählt, der für ihn überschaubar ist und das Vertrauen in die eigenen Erfahrungen stärkt. Dieser Prozess ist selbst eine selektive Aktion mit Risiken. Er wird geleitet aus Erfahrungen (also aus der Vergangenheit heraus) und Intuition (also vom Unbewussten befeuert) und kann zu Zukunftsvisionen (ver-) führen, denen keine verlässliche Wirklichkeit entspricht. Vergleichbar ist das innere selektierte Ausleuchten der Zukunft mit dem Lichtkegel einer Lampe im Dunkeln. Die Zukunft im Kopf ist das Ergebnis des Winkels, den der Lampenstrahl erfassen kann und des Standpunktes, von dem aus die Lampe gelenkt wird. Beides aber wird von den Erfahrungen massiv beeinflusst.

Unternehmensführung oder die Kunst der Navigation vor der Unschärfe der Zukunft verlangt die Fähigkeiten eines (kontrollierten, reflektierten) Spielstrategen, der mit Intuition und Erfahrung einen Handlungsraum ausleuchtet, um nach dem Verfahren von *Versuch und Irrtum* ergiebige Handlungsmöglichkeiten auszumachen.

Das Besondere des Verfahrens von *Versuch und Irrtum* besteht darin, dass schon im Denken und nicht erst bei der dinglichen Ausführung, wenn unumkehrbare Fakten geschaffen sind, der anzunehmende Irrtum entdeckt und das weitere Verfolgen einer geplanten Tat abgebrochen werden kann. Man hat dann lediglich Zeit verloren, nicht aber materielle Ressourcen. Das Durchleuchten der Zukunftsräume muss die Spannung zwischen weiträumiger Erkundung und Zeitverlust durch allzu ausführliche Untersuchungen und Prüfungen austarieren. Zu viel Erkundungen geben dem Eindringen von Unerwartetem in die Handlungssituation unter Umständen zusätzlich Raum.

Die Bedeutung der Zukunft als kreative Projektionsfläche

Aus alledem geht hervor, dass das Ausleuchten der Zukunft eines vertrauten oder zu erkundenden Handlungsraumes nicht nur ein Blick entlang der Achse des Zeitpfeils in das kommende Geschehen ist, sondern dass dies von einem gegebenen Zeitpunkt aus erfolgt, den wir Gegenwart zu nennen pflegen. Doch nicht nur das. Der Denkraum, in dem das alles stattfindet, ist zwar unabhängig vom dinglichen Ort, an dem das alles vollzogen wird (man kann über seine weiteren Vorhaben auch an einem fremden Ort nachdenken), aber die inneren Bilder, die dem Denken zum Teil unwillkürlich erscheinen, haben dennoch einen bildhaften Ortsbezug.

Das Denken erzeugt Raumrepräsentationen und –projektionen, die nicht beliebig sind, sondern vom Gedächtnis und dessen Tiefenschichten vorgeformt werden. Es ist prinzipiell möglich und oft auch nützlich, sich im Denken an Orte zu versetzen, die aus bestimmten Gründen wichtig sind. Anders wäre es nicht möglich, dass ein Manager auf Reisen per Funk oder e-Mail Entscheidungen fassen kann, die den physischen Standort seines Betriebes betreffen.

Moderne, d. h. alle Register verfügbarer Kommunikationstechniken nutzende Unternehmensführung wäre ohne die trainierte Fähigkeit, angemessen präzise Zeit- und Raumvorstellungen zu entwickeln, kaum erfolgreich. Diese Fähigkeit ist als Anlage angeboren, aber ihre Entfaltung und die Gewinnung einer gewissen Sicherheit ist eine offene Frage der (bereits frühkindlichen) Erziehung und Bildung und kann noch bis ins hohe Alter hinein geformt und gestärkt werden.

Grundlage eines auf diese Fähigkeiten gerichteten ständigen Bildungsprozesses ist immer Erfahrung, denn Erfahrung als reflektierter Schatz an (vornehmlich episodischen) Erlebnissen ist der eigentliche Stoff, der die Phantasie anregt und relative Sicherheit bieten kann. Erlebnisreichtum, weit über alles Spezialistentum hinaus, ist nicht durch engherzige, zögerliche Lebensführung und vor allem durch kein Fakten sammelndes und kategorisierendes Studium ersetzbar. Kognitives Training kann helfen, die Stofffülle zu bewältigen und zu bearbeiten (hier kann ein passendes Studium nützlich sein, wenn es betont auch methodisches Arbeiten enthält). Aber die Quelle dieses Stoffs ist immer nur das Leben selbst, zu einem beachtlichen Teil auch das Berufsleben.

Zweiter Teil: Ansätze und Perspektiven

1 Vorbemerkungen

Das Thema *Unternehmensführung* gehört zum Kern der Betriebswirtschaftslehre und hat es dementsprechend zu einem beachtlichen Umfang an Fachliteratur gebracht. Auch wenn immer noch in zahlreichen Detailfragen, die sich häufig aus der Praxis stellen, ein Klärungsbedarf gegeben ist und noch weiterhin so manche Dissertation und Fachmonographie zu erwarten ist, kann dieses Gebiet als relativ gut abgedeckt gelten. In diesem zweiten Teil geht es nicht darum, die verschiedenen Konzeptionen und methodischen Herangehensweisen im Einzelnen nachzuzeichnen. Wir müssen auf die Fachliteratur verweisen und uns im Übrigen auf einige Grundzusammenhänge beschränken (Lechner/Egger/Schauer 2005, Olfert/Rahn 2003, Schierenbeck 2000, Bea 2001, Schmalen/Pechtl 2006, Malik 2002, Hinterhuber 2004, Hungenberg/Wulf 2007, Rahn 2008, Macharzna/Wolf 2008, Dillerup/Stoi 2007, Dubs 2004).

Im Mittelpunkt steht die Aufgabe, einerseits eine Charakterisierung der betriebswirtschaftlichen Sicht und Denkweise zum Thema *Unternehmensführung* zu erreichen und zu einer Einschätzung ihrer Stärken und Schwächen zu gelangen, und andererseits deutlich zu machen, dass sich bei einer betont pragmatischen Ausrichtung einer Theorie der unternehmerischen Qualitäten und der kulturellen Grundlagen der Unternehmensführung einige wesentliche Aspekte dieser Kernthematik deutliche Lücken auftun, die wir zu schließen versuchen wollen.

Eine entscheidende Vorarbeit war dazu im ersten Teil dieser Abhandlung die notwendige Ergänzung der Betrachtungen durch ein gesteigertes Geschichts- und Erinnerungsbewusstsein, mit welchem sich ein Manager oder Unternehmer darüber klar wird, dass alles Geschehen in einem Unternehmen einen ständigen Übergang von Vergangenem zur Zukunft darstellt und dass man sich der Vorläufigkeit aller pragmatischen Entscheidungen bewusst bleibt.

Dieses Geschichtsbewusstsein verlangt nicht einen permanenten Blick zurück, welcher im Voranschreiten hinderlich, wenn nicht gefährlich sein kann, sondern ein klares Bewusstsein vom unaufhaltsamen Wandern entlang dem Pfeil der Zeit und damit einen schöpferischen Blick nach vorn. Dass die Zeit unnachgiebig voranschreitet, ist ein menschliches Grundempfinden, welches aus der Erfahrung der Vergänglichkeit alles Seienden genährt wird und die Angst vor dem Verpassen von Gelegenheiten zur Tat schürt, die niemals wiederkehren werden. Dass dieses Grundempfinden der Vergänglichkeit durch Zeitablauf durchaus dem modernen physikalischen Weltbild entspricht, wonach die Zeit oder das Zeitempfinden gekoppelt ist mit der unaufhörlichen Expansion des Universums, können wir in diesem Rahmen nicht näher durchleuchten (Coveney/Highfield 1992). Das Wesen der Zeit ist nach wie vor in der Philosophie und in den Naturwissenschaften ein unabgeschlossenes Thema.

Mit Geschichts- oder besser: Zeitbewusstsein verbindet sich eine weitere wichtige Komponente der Navigationskunst: die Suche nach Orientierung in einem ganzheitlichen Blickfeld oder kulturellem Universum. Ganzheitliches Denken wird in diesem systematischen Teil im Mittelpunkt stehen. Nicht dass ganzheitliches Denken und Handeln für sich allein tragfähig wäre oder gar den Königsweg der Unternehmensführung vorzeichnen kann. Aber erst in der Verbindung ganzheitlicher Wahrnehmungen und Perspektivität mit analytischer Aufbereitung von Situationen entsteht das, was wir bildlich gesprochen eine Seekarte der unternehmerischen Navigation nennen können. Ohne belastbare Daten über Zustände und Trends eines Marktraumes bliebe das Navigieren in unbearbeitete Felder der Zukunft ein gewagtes Spiel im Nebel.

Der erste Teil dieser Abhandlung hatte die Zeitdimension und ihre Bedeutung im unternehmerischen Handeln bearbeitet. Der systematische Teil, der nun folgt, wird im Wesentlichen auf die Ergänzungsbeziehung zwischen der analytischen Methodologie, wie sie in der Betriebswirtschaftslehre bevorzugt wird (mit Ausnahmen, wie wir sehen werden), und der ganzheitlichen Denkweise, die mit der Kunst der Lagebeurteilung in gegebenen Situationen der Praxis aufs Engste zusammenhängt. Analytisches und ganzheitliches Denken sind keine Gegensätze, sondern bedingen sich wechselseitig. Diese Wechselseitigkeit – sie ist von höchster pragmatischer Relevanz – ist das eigentliche Thema dieses Teils.

2 Unternehmensführung aus betriebswirtschaftlicher Sicht

Die methodologische Anlage der Betriebswirtschaftslehre beruht auf der einen Seite auf einer wissenschaftlichen Tradition, die auch in anderen Fachgebieten zum üblichen Rüstzeug von Forschung und Lehre gehört: die Geltung der Logik der Forschung im Sinne des Kritischen Rationalismus, wie er in prägender Weise von Karl R. Popper ausgearbeitet und zu einem Fundament von objektivem Erkenntnisstreben in vielen Wissenschaften gemacht wurde (Popper 2005, Pries/Leschke 1999). Rationalität bedeutet die Abkehr von subjektiven, der interpersonalen Überprüfung nicht zugänglichen Einsichten, die zu einem erheblichen Teil aus den Kräften des Unbewussten und der Phantasie genährt werden, aber auch häufig emotional stark beladen sind.

Von dieser den Traditionen der wissenschaftlichen Methodologie entsprechenden Grundhaltung im forschenden Erkenntnisprozess zu unterscheiden ist das pragmatische Postulat des rationalen Vorgehens in realen Situationen. Der Unterschied ist notwendig, denn Forschung ist distanzierte Wahrnehmung, Deutung und Erklärung von Erscheinungen in der Welt der Natur ebenso wie in der Welt der Kultur, also des menschlichen Schaffens und Gestaltens. Praxis dagegen ist Verwobenheit in die dem Verstand nur in Teilen und höchst unvollkommen gehorchende Komplexität der Wirklichkeit. Praktische Rationalität ist eine, wie wir noch sehen werden, problematische und daher ständig zu überprüfende Norm. Was im Namen der Rationalität in der Praxis getan wird, entbehrt nicht selten der Vernunft.

Praktische Rationalität ist angesichts der Überfülle an Wahrnehmungen in der Realität und angesichts der Unmöglichkeit ihrer vollkommenen Klärung teilweise auf subjektive Formen des Konstruierens von inneren Vorstellungen zurückgeworfen, die sich auf Gedächtnisgehalte ungewisser Gültigkeit und aufgeladen mit Emotionen stützen muss. Rational handelt, wer seinen Verstand gebraucht. Doch das Ergebnis kann ausgesprochen irrational werden, wenn es die objektive Realität verfehlt, oder wenn es mit der Vernunft des Ganzen (einer Volkswirtschaft oder einer Gesellschaft) in einen Gegensatz gerät. Was dem Einzelnen nützt und aus seiner Sicht rational ist, muss es für das Ganze noch lange nicht sein. Doch damit greifen wir vor.

Die Betriebswirtschaftslehre ist als akademisches Fach – anders übrigens als die Volkswirtschaftslehre – entschieden der unmittelbaren (Unternehmens-) Praxis zugewandt und hat es mit der doppelten Bedeutung von Rationalität zu tun. Sie selber ist als Wissenschaft der Rationalität des Forschens verpflichtet und hat es zugleich in ihrem realen Studienobjekt, der Unternehmung, mit der Forderung nach rationalem Denken und Handeln zu tun. Soweit Rationalität mit mehr oder weniger Strenge zum Maßstab realen Handelns erhoben wird, ist die Betriebswirtschaftslehre eine normative Wissenschaft, die mit ihren Postulaten nicht bis auf den letzten Grund objektiv beweisfähig sein kann.

Ein Beispiel: praktische Rationalität liegt dem Gedanken eines modellgesteuerten Controlling (= kybernetische Lenkung) von produktiven Abläufen zugrunde. Sich einem solchen Mechanismus vollständig zu überlassen, kann zu einem irrationalen Risiko werden, wenn beispielweise unübersichtliche Bedingungen Eingriffe in das Geschehen verlangen, etwa bei einem interkontinentalen Flug, und der Autopilot zu Fehlsteuerungen führen würde. Der Automechanismus ist auf konstruktiv stabile Systemlenkung um einen Gleichgewichtspunkt (Homöostase) ausgerichtet. Doch der Zufall ist stets zur Stelle und kann das System als Ganzes chaotisieren, wenn es nur automechanistisch reagieren kann.

Das methodologische Problem daraus folgt auf dem Fuß: Jedes betriebswirtschaftliche Modell oder Konzept, wie rational es auch immer gestaltet ist, enthält eine oft schwer erkennbare Normativität, die im Moment ihrer Anwendung in einer praktischen Lage wirksam wird und deshalb immer der fallweisen Deutung bedarf. Die Gefahr besteht darin, dass die Betriebswirtschaftslehre in die Nähe von Rezeptbüchern gelangt, was man den meisten gängigen Publikationen allerdings nicht unterstellen kann. Andererseits folgt daraus die Notwendigkeit, die in einer Konzeption steckende pragmatische Nützlichkeit als ein Potential anzusehen, das mit der konkreten Situation in Einklang gebracht werden muss.

Wer Betriebswirtschaftslehre studiert, um damit in die Unternehmenspraxis zu gehen oder sich als künftiger Unternehmensberater zu betätigen, sollte schon im Studium in die Kunst der Deutung eingeführt werden. Viele der so beliebten Fallstudien im akademischen Unterricht haben den Charakter von modelltechnisch programmierten Unternehmensspielen, deren eingebaute Lösungen der algorithmischen Logik folgen und intuitive, kreative Einfälle nicht belohnen, es sei denn, sie sind zuvor dem Programmablauf eingegeben, also vorgedacht. Ein solches akademisches Training ist pragmatisch kontraproduktiv, denn es macht hellwach für das Enträtseln von programmierten Lösungswegen und dämpft und entmutigt zugleich die innere Öffnung für ungewöhnliche Denkwege.

Das Grundschema, das fast allen betriebswirtschaftlichen Konzeptionen zugrunde liegt, ist das rationale Kalkül der Zweck-Mittel-Verbindung. Die Logik der Zielorientierung – im Falle der Unternehmenspraxis auf monetäre Ergebnisse heruntergebrochen (Gewinn, Rendite, Umsätze usw.) – bleibt sehr eng an den wirtschaftlichen Zweck einer privatwirtschaftlichen Unternehmung gebunden und spielt in den Konzeptionen die Rolle von Leitplanken, in deren Marge die Wirklichkeit sich zwar pendelnd bewegen kann, aber ihre Strebigkeit zu einem anvisierten Ziel nicht aus den Augen verliert. Das ist mit seiner Reduktion auf monetäre Kategorien ein eindimensionaler Rationalismus. Er macht in vielen Situationen durchaus Sinn, denn im Prinzip bedeuten Umwege immer ein Mehr an Aufwand. Eine kurvenreiche Fahrstrecke verbraucht mehr Zeit und Antriebsenergie als eine geglättete Gerade.

Ob sich allerdings Unternehmensführung damit begnügen kann und ob es nicht weiter reichende Gesichtspunkte gibt, die in der Unternehmenspraxis zu beachten sind, wird in einigen Konzeptionen als essenziell unterstrichen. Darin unterscheiden sich dann auch die verschiedenen Denkansätze und die empfohlenen Herangehensweisen für die Praxis der Unternehmensführung. Wir können im Rahmen dieser Abhandlung keine umfassende Beurteilung der vielen Varianten bringen, die es in der betriebswirtschaftlichen Literatur dazu gibt. Die Menge an Publikationen ist unübersehbar, selbst wenn man sich auf den deutschsprachigen Raum beschränkt, und sie wird noch dadurch erweitert, dass der Begriff *Unternehmensführung* nicht eindeutig ist.

Abgesehen davon, dass Unternehmensführung die maßgebliche Arbeit der Gestaltung von Denk- und Handlungsverläufen, aber ebenso gut auch statisch den Kopf einer Unternehmung mit bestimmten Zuständigkeiten meinen kann, wird sie vielfach dem Begriff *Management* gleichgesetzt. Häufig wird das Adjektiv *strategisch* hinzugefügt, um die zeitliche und räumliche Reichweite und das existenzielle Gewicht der Führungsarbeit herauszustreichen.

Eine weitere Komponente der begrifflichen Deutung wird mit dem Unterschied zwischen dem Führen eines Unternehmens in der Unübersichtlichkeit der Außenwelt und der inneren Führung als personalpolitische Gestaltung von Stilen und Strukturen hervorgehoben. Diese Mehrdeutigkeiten zeigen an, dass es kaum möglich sein wird, eine für alle Fälle geltende Allgemeinbegrifflichkeit zu definieren. Die Vielfalt ist zugleich ein Spannungsmoment, auf verschiedene Einflussmomente gefasst zu sein.

Das Schema der Zweck-Mittel-Relation und die instrumentelle Logik der Optimierung des Mitteleinsatz für einen gegebenen Zweck hat Fundamentalcharakter und findet sich in den meisten betriebswirtschaftlichen Konzeptionen der Unternehmensführung. Hier einige Beispiele:

Aufgabe der Unternehmensleitung ist es, hier den richtigen Ausgleich (zwischen sozialer Verantwortung und Pflicht zur Erhaltung der eigenen Leistungsfähigkeit, P. B.) zu finden, das heißt,

(1) einen kontinuierlichen Strom von Ressourcen von der Unternehmung zur Umwelt – Kunden, Kapitalgeber, Mitarbeiter und deren Organisationen, Gesellschaft, Lieferanten und verbündete Unternehmen – und von der Umwelt zur Unternehmung aufrechtzuerhalten;

(2) ein System zu projektieren und zu führen, das die Ressourcen, die die Unternehmung von der Umwelt erhält, möglichst effizient in Leistungen umwandelt, die von dieser als adäquat angesehen werden;

(3) die Ressourcenströme innerhalb und außerhalb der Unternehmung so zu integrieren und auszugleichen, dass die Erfüllung neuer Bedürfnisse der Austauschgruppen oder Stakeholder, die Ressourcen bereitstellen, die Leistungsfähigkeit der Unternehmung nicht überschreitet. (Hinterhuber 2004, 1)

Gegenstand der Unternehmensführung sind, nach Hinterhuber, die dinglichen Vorgänge in den Außenbeziehungen eines Unternehmens und die dinglichen Binnenprozesse. Diese Orientierung auf das materielle Geschehen hat ihren (ethischen) Ursprung im gesamtgesellschaftlichen Sinn der Wirtschaft als dem materiellen Versorgungssystem, welches von der Stoffentnahme aus der Natur bis zu den Enddeponien reicht und dabei der unumgehbar begrenzten Verfügbarkeit von Ressourcen und Aufnahmekapazitäten angemessen und vernunftgeleitet Aufmerksamkeit schenkt.

Worin die eigentlichen Schwierigkeiten und Aufgaben praktischer Unternehmensführung, vor allem das durch den Marktdruck ständig spürbare Suchen nach existenzieller Absicherung durch Mithalten im großen Prozess der technisch-organisatorischen Innovationen und ästhetischen Kreationen, kommt darin allerdings nicht zum Ausdruck. Der Akzent der Bestimmungen bei Hans H. Hinterhuber liegt auf der Rationalität der dinglichen Verläufe, nicht dagegen auf der kognitiven Seite der schöpferischen Unternehmensführung. Ähnlich wie Hans H. Hinterhuber bestimmen auch die meisten übrigen betriebswirtschaftlichen Autoren die Unternehmensführung beziehungsweise das strategische Management aus der Perspektive der rationalen Lenkung von Betriebsprozessen. So heißt es beispielsweise bei Henner Schierenbeck:

Der Wirtschaftsprozeß der Unternehmung bedarf ... entsprechender Gestaltungskräfte, damit er zielgerecht in Gang gesetzt wird und koordiniert abläuft. Die hierfür erforderlichen Impulse und Steuerungsmaßnahmen machen den Kern dessen aus,

Unternehmensführung aus betriebswirtschaftlicher Sicht 173

was als ‚Unternehmensführung' oder ‚Management' bezeichnet wird (Schierenbeck 2000, 85).

Weitere Zitate aus einschlägigen betriebswirtschaftlichen Lehrbüchern:

> Führung ist zielorientierte Gestaltung von Unternehmen (= Unternehmensführung) bzw. zielorientierte Beeinflussung von Personen (= Personalführung)... Die Unternehmensführung bedient sich zur Sicherstellung des Führungserfolgs der sog. Führungsinstrumente. Führungsinstrumente sind Hilfsmittel der Unternehmensführung bei der zielorientierten Gestaltung von Unternehmen. Wir unterscheiden folgende Führungsinstrumente:
> - Planung und Steuerung
> - Organisation
> - Controlling
> - *Information* (Bea 2001, 1).

Der okulare wie mentale Blick der Unternehmensführung ist hier ganz nach innen gerichtet und zielt im Kern auf die pragmatische Rationalität der Leistungsprozesse, wie sich aus den Instrumenten ablesen lässt. Der nahe liegende Vorwurf der Introvertiertheit solcher Theorie der Unternehmensführung würde, so ist zu vermuten, von H. Schierenbeck wohl zurückgewiesen mit der Anmerkung, dass im Begriff der Unternehmensführung die Gestaltungskompetenz für sämtliche Fragen der Außenbeziehungen enthalten ist.

Angesichts der – aus unserer Sicht allerdings dominierenden – kreativen Suche nach Leistungs- und Ergebnisstärken im gesamten Unternehmensumfeld (das, was Schumpeter den innovativen Unternehmer nannte) fehlt der Beschreibung und Definition von Management und Unternehmensführung der substanzielle Kern. Vielleicht ungewollt wird dadurch das Rationale der Prozessgestaltung gegenüber dem Kreativ-Mentalen des Aufspürens von ergiebigen Zwecken hervorgehoben und dadurch die Studierenden in eine falsche Richtung gezogen.

Besonders deutlich wird diese Akzentverschiebung im Verständnis von Unternehmensführung in zahlreichen betriebswirtschaftlichen Abhandlungen, die von der Vorstellung von Unternehmensführung als einer Steuerungskunst im Sinne von Controlling ausgehen. Ausführlich betont diesen Aspekt Fredmund Malik:

> Die leitende Vorstellung bestand darin, dass Führungskräfte (Manager)... in letzter Konsequenz immer vor der Frage stehen, wie sie den Bereich oder das System, für das sie zuständig und verantwortlich sind, unter Kontrolle bringen und unter Kontrolle halten. Dass es sich hierbei um ein ganz bestimmtes Verständnis des Wortes ‚Kontrolle' handelt, wurde im Rahmen jener Forschungen deutlich gemacht. Hier sei nur sehr verkürzt und bildhaft gesagt, dass etwa die Formulierungen ‚ein Orchester

unter Kontrolle haben', ‚eine Sportart oder Fremdsprache beherrschen' jene Bedeutung von ‚Kontrolle' zum Ausdruck bringen, die in diesem Zusammenhang gemeint ist....
Als nächstes Hauptelement der Methodik waren schließlich Maßnahmen zur Beeinflussung eines Systems vorgesehen, die in Kenntnis der Natur des Systems und seiner Leistungsmechanismen Aussicht auf Wirksamkeit boten, wobei ganz im Sinne des für die Kybernetik typischen Kreislaufdenkens die dadurch erzielten Effekte bzw. bereits die bezüglich des angenommenen Effekts gebildeten Erwartungen wiederum zum Ausgangspunkt weiterer Beeinflussungen wurden.
Die die Entwicklung dieser Systemmethodik beherrschende Vorstellung des Grundproblems lässt sich vielleicht veranschaulichen durch folgende Beispiele:
1. Hüten einer Herde...
2. Dressur einer gemischten Raubtiergruppe...
3. Ökologisches Gleichgewicht...
4. Schaffung und Bewahrung einer glücklichen Familie...
5. Unternehmensführung: Wie schon einleitend im Zusammenhang mit der Skizzierung der Entwicklung des Systemansatzes in der Betriebswirtschaftslehre angedeutet, weist auch das Problem der Unternehmensführung dieselben Züge auf wie die anderen Spielarten des Problems. Natürlich steht ausser Diskussion, dass die konkret relevanten Variablen und Einflussfaktoren gänzlich anderer Art sind als in den anderen Beispielen. Abstrahiert man aber von den Besonderheiten der konkreten Umstände, so ist deutlich zu erkennen, dass das Grundmuster der kybernetischen Problemstellung auch hier wiederkehrt. (Malik 2002, 29).

Im Unterschied zu der traditionellen dinglichen Sicht und vielfach einer betonten Hinwendung auf Themen der inneren Führung haben einige betriebswirtschaftliche Autoren ganz andere Perspektiven eröffnet, die unseren Vorstellungen schon näher stehen. Auch dafür zwei Zitate:

Originäre Führungsentscheidungen sind solche, die den Weitblick und das >Fingerspitzengefühl< eines >dynamischen Unternehmers< erfordern. Sie sind nicht delegierbar und im Vorhinein auch nicht bewertbar: Der Markt muss erweisen, ob die Entscheidung gut (im Gewinnfall) oder schlecht (im Verlustfall) war. Typische originäre Führungsentscheidungen betreffen die Einführung neuer Produkte oder Produktionsverfahren sowie das Aufspüren von Beschaffungs- und Absatzmärkten...
Viele Entscheidungen in Betrieben sind keine (strategischen) Führungsentscheidungen, sondern betreffen deren Umsetzung. Bei diesen operative Entscheidungen trifft die Unternehmensführung Entscheidungskompetenz an die Spezialisten ab (Delegation).
Die Leitung und Lenkung der betrieblichen Vorgänge erschöpft sich nicht im Treffen von Entscheidungen: Weitere, die Entscheidungen vorbereitende bzw. ihnen folgende Aufgaben sind:
- Planung ...
- Organisation

- Kontrolle
- Dokumentation (Schmalen/Precht 2006, 4/5)

Noch um einige Schritte näher an unsere Sicht rückt die Position von Rolf Dubs, für den sich verantwortungsbewusste Unternehmensführung durch folgende Merkmale auszeichnet:

Führungskräfte müssen eine hohe Bereitschaft entwickeln, Veränderungen in den Umwelten und veränderte Zielvorstellungen bei allen Anspruchsgruppen bewusst wahrzunehmen, und den Willen haben, Veränderungen in allen Bereichen der Unternehmungen unter Beachtung aller möglichen Zielkonflikte so einzuleiten, dass langfristig eine Optimierung der Ansprüche aller Anspruchsgruppen im Hinblick auf den langfristigen Fortbestand der Unternehmung spürbar und keine Ansprüche einzelner Anspruchsgruppen einseitig benachteiligt oder gar übersehen werden.
2. Alle unternehmerischen Entscheidungen müssen langfristig ausgerichtet sein. Kurzfristiges Erfolgsdenken in finanzwirtschaftlicher und persönlicher Sicht darf nicht immer stärker zur Richtschnur des unternehmerischen Handelns werden.
3. Eine Unternehmung führen heißt vorausschauend handeln (agieren und nicht bloß reagieren), indem nicht nur die unmittelbaren betrieblichen Probleme erfasst werden, sondern bei allen Entscheidungen überlegt wird, welches die wahrscheinlichen langfristigen Auswirkungen in allen vier Umweltsphären sein werden und welche Maßnahmen denkbar sind, um voraussehbare Probleme durch Anpassung der unternehmerischen Entscheidungen nicht erst aufkommen zu lassen.
4. Eine zielgerichtete und offene interne und externe Kommunikation (Dialog) sollte zu einer Selbstverständlichkeit werden, wobei der Gestaltung des Inhalts, der Wahl des Zeitpunkts und der Form der Kommunikation alle Beachtung zu schenken ist, denn zu viel Kommunikation kann verwirren, ein falsch gewählter Zeitpunkt mehr verunsichern als nützen und eine falsche Form Misstrauen erwecken.
5. Die Führungskräfte müssen sich um die Entwicklung einer Unternehmenskultur bemühen, deren Vorstellungen in konsistenter Weise in allen Bereichen und auf allen Stufen zu verwirklichen versucht wird. Auf kurzfristige, modische Sprunghaftigkeit und auf Kulturprogramme, die dem Wesen der Unternehmung letztlich widersprechen, ist ausdrücklich zu verzichten (Dubs 2004, 406).

Diesen Exkurs in herkömmliche Definitionen und Beschreibungen der Unternehmensführung in der Betriebswirtschaftslehre abschließend halten wir für unsere weiteren Überlegungen fest, dass die betonte Sicht auf die physischen und diesbezüglichen administrativen und dispositiven Abläufe im Betrieb im Gesamtkomplex des unternehmerischen Handelns die Ausführungsphase hervorhebt, während die Quelle allen Geschehens im Kognitiven liegt, dem insofern das Primat zukommt, und zugleich der navigatorische Blick auf die äußeren (überwiegend marktrelevante) Konstellationen zu einem bloßen äußeren Szenario verkümmert.

Die üblichen und methodologisch fraglos gesicherten Erkenntnisse und Konzeptionen der Betriebswirtschaftslehre sind im Verhältnis zur eigentlichen *Kunst der Unternehmensführung* jedoch eher nachrangig und deshalb nicht unbedingt maßgeblich, auch wenn sie zur Unterstützung notwendig und im heutigen Marktgeschehen unverzichtbar sind. Es geht folglich in unserer Interpretation der Unternehmensführung nicht darum, sich von der herkömmlichen Betriebswirtschaftslehre abzuwenden, sondern um einige paradigmatische Erweiterungen der wissenschaftlichen Arbeit auf den mentalen oder kognitiven Kern unternehmerischen Handelns.

Wir wenden uns im Folgenden der von uns für die wesentliche Seite der Unternehmensführung betrachteten Phase der Erkundung von wirtschaftlichen Handlungsräumen und der navigatorischen Lenkung eines Unternehmens als einer geistig-schöpferischen Leistung zu, die aus einer ganzheitlichen Perspektive heraus handelt, sich der vielen Unwägbarkeit in der äußeren (vorwiegend marktrelevanten) Außenwelt bewusst ist und ihre stets risikobehafteten Vergewisserungen im Kommunikativen, also in Prozessen der Verständigung sucht.

3 Unternehmensführung aus ganzheitlicher Sicht

3.1 Kultur als die Natur des Menschen

Die Grundfigur der Lebensführung ist, wenn man die kognitive Seite hervorhebt, ein ununterbrochener Prozess der situativen Orientierung (in welcher Lage befinde ich mich?) und der Suche nach lebensdienlichen Handlungen (was muss ich jetzt tun?), einer Suche, die in höher entwickelten Kulturen die Erkundung des Lebensumfeldes nach Möglichkeiten für gestaltende Eingriffe einschließt und der unter den Bedingungen einer zivilisierten Gesellschaft das Hauptgewicht der Lebensgestaltung zukommt.

Anthropologisch gesehen ist der mit Beil und Spaten ausgestattete Mensch der Vorzeit kein prinzipiell anderes Wesen als der einen riesigen technischen Komplex als seine Keule einsetzende Unternehmer, denn beide sind, wenn auch auf höchst unterschiedlichem Niveau, Aktivisten der Schaffung von günstigen Verhältnissen der Lebenssicherung und Lebensförderung.

Kein Zweifel kann darüber bestehen, dass in allen Fällen das handwerkliche Können und die wohlüberlegte Beherrschung und Nutzung der verfügbaren Instrumente einen fundamentalen Einfluss auf die Erlebnistiefe und die Erfahrungshorizonte ausüben. Das gilt auch und in besonderem Maße für die kognitiven Anstrengungen auf der Suche nach Verbesserung der verfügbaren Instrumente. In diesem Sinne ist der Mensch ein auf Entwicklung bedachter Gestalter seiner eigenen Lebensbedingungen und Lebensmöglichkeiten im Rahmen der Spielräume, die ihm die Natur lässt.

Wer eine moderne, hochgerüstete technische Anlage zur Erzeugung von Präzisionsprodukten im Rücken hat, kann sich im Erkunden von relevanten Umgebungen und dem zeitlichen Hinausgreifen in noch ferne Gestaltungsräume ganz andere Horizonte zu eigen machen als ein anderer, dem dies alles nicht oder nur in schlichter Form zur Verfügung steht. Beide Figuren – der fortschrittliche Manager der Zukunft und der im Bewährten verharrende Traditionalist – können ein und dieselbe Person zu verschiedenen Zeiten sein, denn in der Lebenspraxis, insbesondere in der Wirtschaftspraxis, wechseln sich Phasen kreativen Aufbruchs und solche mit repetitiver Nutzung einer brauchbaren Problemlösung ab und überschneiden sich teilweise.

Reale Erkundungen im Raum und in einem bestimmten Zeithorizont sind untrennbar miteinander verbunden und zugleich ganzheitlicher Natur. Auch wenn unter Umständen ein fokussierter Suchstrahl auf einen auszumachenden Gegenstand gerichtet ist, beispielsweise die Erkundung eines geeigneten Standorts für den strategischen Eintritt in den Markt eines fremden Landes, steht dennoch stets die Ganzheitlichkeit der Lageerfassung und damit das gesamte komplexe Umfeld im Blickfeld.

Das gesuchte Ding, etwa ein geeigneter Startbrückenkopf für eine Zweigniederlassung im Ausland, kann in seinen relevanten Eigenschaften niemals isoliert untersucht und verstanden werden. Dessen Eigenschaften werden nur verständlich im gesamten Ambiente, denn sie kommen ihrerseits nur zur Geltung und Wirksamkeit im Beziehungs- und Austauschnetz des Umfeldes dieses Gegenstandes. Die Standortvorteile eines Gebäudes sind nicht dessen physische Qualitäten, sondern deren Belastbarkeiten in den oft unbeherrschbaren Wechselverhältnissen im realen lokalen oder regionalen Umfeld.

Vergleichbar ist diese Sicht mit den klassischen Problemen des Kulturmanagements, welches eine Bilderausstellung zu arrangieren hat (Bendixen 2010 a). Die Wirkung der Bilder wird nicht nur bestimmt von der Reihenfolge ihrer Hängung, sondern auch von den Qualitäten der Ausstellungsräume, insbesondere ihrer Lichtverhältnisse, und die Empfindungen des Publikums werden letztlich sogar von der Lage der Kunsthalle im städtischen Bauensemble beeinflusst. Der Aufgang zu einem in einer Parkanlage als frei stehender Bau gestalteten Kunstmuseums wirkt auf den eintretenden Kunstbesucher anders als die gleiche Ausstellung in einer Galerie in einer beengten Baureihe in verkehrsintensiver Stadtlage.

Die emotionale Einstimmung vor dem eigentlichen Ereignis (dem Besuch der Kunstausstellung) spielt auch in vielen anderen Fällen eine wichtige Rolle, z. B. Kirchenportale, Aufgänge zu Burganlagen, Eingangshallen von Banken, von Hauptsitzen von Unternehmen oder von Gerichten. Gerichtsgebäude aus der vordemokratischen, autoritär-kaiserlichen Zeit vor dem 1. Weltkrieg zeigen mit ihren monumentalen Portalen deutlich den Geist der Niederhaltung menschlichen Selbstbewusstseins beim Betreten des Gerichtsgebäudes.

Diese wenigen Beispiele mögen als Andeutungen genügen für die Erläuterung, dass der Mensch sich ständig in ganzheitlichen Lebenslagen bewegt, in denen er Orientierung, Einstimmung und Suchantriebe für seine Lebensbedürfnisse finden kann. Die Stimmungskomponenten, die meist unbewusst auf das Denken und Fühlen einwirken, werden häufig gegenüber den kognitiven Komponenten der bewussten Peilung der Lage, in der sich jemand befindet, unterschätzt oder als irrational und damit nicht wissenschaftswürdig abgewiesen. Dieses Abweisen irrationaler Einflüsse ist eine starke normative Kraft rationaler

Wissenschaftsorientierung, denn sie verlangt nicht weniger als die kulturelle Sublimierung und Bekämpfung innerer emotionaler Antriebe und Färbungen des Denkens.

Standort und Ambiente formen als Bausteine des konstruktiven Denkens die Gestaltideen und leiten die realen Erkundungen an, physisch ebenso wie kognitiv. Die physische Wahrnehmung der Verhältnisse vor Ort und in der Region ist nicht durch bloße Phantasie zu ersetzen. Einen in jeder Hinsicht zufrieden stellenden Standort (z. B. für ein Verwaltungsgebäude) kann man nicht aus Land- oder Stadtkarten ableiten. Andererseits aber kann der bloße Anblick eines beeindruckenden und für die eigenen Absichten nützlichen Ortes nicht zu vertieftem Verstehen der Verhältnisse führen, denn der Anblick kann die hintergründigen Zusammenhänge, beispielsweise die sozialen und kulturellen Wertestrukturen und Lebensmuster, nicht freilegen und ausleuchten. Anschauung ohne Reflektion führt nicht zu vernunftgeleitetem Verhalten.

Der Ursprung der menschlichen Kultur liegt, wie kann es anders sein, in der Natur, genauer: in der mit der Evolution sich langsam herausbildenden kognitiven Fähigkeit des über die natürlichen Instinktreaktionen hinausreichenden Denkvermögens. Die Fähigkeit des Menschen, sich selbst und sein Lebensumfeld zum Gegenstand des Nachdenkens zu machen, ist die Wurzel menschlicher Kulturbildung, die immer schon den Konflikt enthielt zwischen Individualinteresse, welches konkurrierende Interessen anderer im Zweifel sogar mit blutiger Gewalt bekämpft, und dem Interesse der Lebensgemeinschaft, in der und von der jemand lebt und die ihm Friedfertigkeit und Leistungsbeiträge abverlangt. Die nahe liegende Frage, ob diese Qualität tatsächlich nur dem Menschen zukommt oder ob es nicht ähnliche Anlagen auch in der Tierwelt gibt, kann hier nicht ausbreitend erörtert werden (Roth 2003, 545 ff.).

Die menschliche Kultur kann aus diesen Gründen, bei aller Irrtumsanfälligkeit und Zerstörungslust, weder pure Unnatur noch überhaupt als gegen die Natur gewandt oder womöglich mit dem Impetus der Beherrschung gegen die Natur als Ganzes gerichtet sein. Was der Mensch den in der Natur selbst steckenden Möglichkeiten für seine Lebensführung abgewinnt, ist als Potential in der Natur des Menschen angelegt. Seine Gestalten, beispielsweise das mächtige Bauwerk eines gotischen Kathedrale, ist Natur, soweit sie aus Gestein und anderen der Natur entnommenen Materialien besteht, und sie ist Kultur, soweit das Material für die Konstruktion der Gemäuer zugerichtet werden musste (ein Ziegel, ein geschnittener Schiefer oder ein behauener Granit sind Kultursteine; sie sind die Vorstufen des eigentlichen kulturellen Werkes) und soweit die Gesamtgestalt des Bauwerkes mit seiner Ästhetik eine gewollte Funktion und Symbolik ausdrückt.

In den folgenden Abschnitten werden wir uns hauptsächlich mit dem sozialen oder allgemein dem kulturellen Ambiente (im anthropologischen Verständnis des Kulturbegriffs) befassen. Nicht dass die Natur belanglos wäre. Aber das meiste von dem, was uns heute in der Dingwelt gegenübertritt, ist nicht mehr die ursprüngliche Natur, die Natur-Natur, z. B. die Bergwelt der Alpen, sondern eine kultivierte Natur, die Kultur-Natur, also eine durch menschlichen Gestaltungswillen und menschliches Eingriffskönnen in Kultur genommene, zuweilen entstellte oder gänzlich verstellte Natur. Diese Kultur-Natur und ebenso wichtig die Kultur des menschlichen Zusammenlebens, mithin die Kultur-Gesellschaft, stehen in den nachfolgenden Erörterungen ganz im Mittelpunkt. Die Spannungen zwischen Natur-Natur, Kultur-Natur und Kultur-Gesellschaft berühren das menschliche Wirtschaften in ganz besonderer Weise.

3.2 Die kulturelle Verfasstheit der Wirtschaft

Jeder mit Wirtschaft, Wirtschaftsereignissen und Wirtschaftsentwicklungen in der Praxis vertraute Mensch wird realistischerweise davon ausgehen, dass das Hauptverfassungsmerkmal der Markt ist, über den sich nahezu alle Formen von Beziehungen, Einzelkontakten und Tauschaktionen vollziehen. Warum aber der Markt überhaupt funktionieren kann, welcher institutionelle Geist (oder Adam Smith würde sagen: welche unsichtbare Hand) die Beteiligten veranlasst, mit ihren Kauf- oder Verkaufanliegen sich an die Öffentlichkeit zu wenden, von welchen Leitideen lassen sich die Beteiligten lenken? Diese und viele weitere Fragen lassen sich nicht einfach mit dem Hinweis auf die Mechanismen von Angebot und Nachfrage und deren Streben nach Einigung über Preis und Ware abtun.

Die Vorstellung eines Mechanismus, welcher zwar nur eine sprachliche Metapher darstellt, aber indirekt auf Zwänge oder Automatismen hinweisen will, gegen die sich die Beteiligten nicht wehren können, dem sie schlicht unterworfen sind, vereinfacht, was eigentlich der Untersuchung bedarf. Kann es so etwas wie eine Zwangs-Logik geben, gegen die man sich bei Strafe des Untergangs nicht stellen sollte? Die vorläufige Antwort heißt: ja, denn über den Dispositionen des Einzelnen kommen Makroeffekte zustande, die die Kraft von Normen und Regeln besitzen. Diese Normen und Regeln über den Köpfen erlangen eine Geltungsmacht, die teils das Ergebnis langer historischer Praxis und teils legitimierte Setzungen oder Gesetze des Staates sind.

Wir bewegen uns in diesem Abschnitt gewissermaßen in der geistigen Region oberhalb individueller Ideen und Taten und fragen nach dem kulturellen Charakter der überindividuellen normativen Kräfte. Für den Einzelnen, der in der Wirtschaft operiert, werden diese Kräfte selten bewusst, weil sie zur gewohnten Alltagswelt gehören und nicht ständig durchdacht werden müssen. Kaum jemand wird sich beispielsweise allzu viele Gedanken darüber machen, dass eine Zusage an einen anderen eingehalten werden sollte, wenn man auf Dauer dessen Vertrauen gewinnen will.

Dass in der Wirtschaft aber gerade Vertrauen ein überaus fundamentaler kultureller Wert ist, der ständig in der Gefahr ist, abgeschliffen zu werden, wird meist erst bewusst, wenn es zu Vertrauensbrüchen kommt, wenn aus dem Tauschen ein Täuschen oder aus dem Handel Händel wird. Wo Vertrauensverluste überhand nehmen, werden schriftliche Verträge immer komplexer und vertrackter, dauern Abschlüsse immer länger und die Zahl der Rechtsexperten, die herangezogen werden, wird immer größer. Die Zeiten, als das Leitbild des ehrbaren Kaufmanns aufkam und verbreitet Geltung besaß – *Die Versammlung eines ehrbaren Kaufmanns zu Hamburg e.V.* reicht bis ins Mittelalter zurück –, scheinen sich im internationalen Geschäftsleben verflüchtigt zu haben. Man spricht inzwischen von einer *Neuen Unredlichkeit* (Baum 2009).

Für das alltägliche Funktionieren von Marktwirtschaften und das sie stützende Regelwerk ist ein kompliziertes Geflecht von kulturellen Werten, freiwillig bewahrten oder gesetzlich verpflichteten, maßgeblich, welches jedoch keinen Zwang ausüben kann, sondern auf die Einhaltung durch alle beteiligten Individuen angewiesen ist. So wie die Kultur des Marktes und, umfassender, die Kultur der Wirtschaft ein gewachsenes Ergebnis generationenlanger Praxis ist, also aus dem Einklang der Taten vieler hervorgeht, so kann sie aus der Sicht des Einzelnen nicht einfach umgestoßen werden. Die Praxis vieler erzeugt eine Makrostruktur mit einem Eigenleben, das nicht beliebig außer Kraft gesetzt werden kann.

Das aber bedeutet, dass jeder einzelne Geschäftstätige, jeder einzelne Unternehmer, Kaufmann, Banker, Kunde oder Konsument zwar am Zustandekommen des Makroeffektes beteiligt ist, aber jede einzelne Tat einen kaum spürbaren Anteil daran hat, also auch die bewusste Arbeit an der Umgestaltung der Markt- oder Wirtschaftskultur aus der Perspektive des Einzelnen nur wenig Wirkung zeigt. Unternehmerische Verantwortung, die sich auf diese Makroerscheinungen erstreckt, ist daher als individuelle Aktivität nur beschränkt wirksam. Sie kann es jedoch werden, wenn sich notwendige Initiativen von Einzelnen zu Organisationen zusammenschließen und beispielhaft einen Ehrenkodex verabschieden, wie er etwa für die *Versammlung des ehrbaren Kaufmanns zu Hamburg e.V.* gilt.

Nach diesem gedanklichen Vorspann gehen wir dem Theorem der kulturellen Verfasstheit des Wirtschaft etwas genauer auf den Grund, denn in diesen kulturellen Mustern des Wirtschaftens liegen – ob bewusst oder unbewusst – die Anknüpfungspunkte für allgemeine unternehmerische Qualitäten und vor allem für die kulturellen Grundlagen der Unternehmensführung.

Die Wirtschaft ist zunächst ein begriffliches Phänomen, dessen Wirklichkeit auf individuellen, zugleich gesellschaftlich geteilten (kongruenten, aber nicht zwingend identischen) Einbildungen oder bildhaften Vorstellungen beruht. *Die* Wirtschaft ist nicht dinglich real; wir können sie mit unseren Sinnesorganen und ihren instrumentellen Verstärkern nicht fassen, sehen, schmecken oder hören, sondern nur auf ihre Existenz schließen aus den vielen zufällig oder koordiniert, chaotisch oder synchronisiert hervorgebrachten Objekten, z. B. Erzeugnisse, und Objektkonfigurationen wie das ausgestellte Produktsortiment eines Supermarktes, der mit rauchenden Schloten gespickte Industriekomplex oder die Hochhaus-Ensembles von Banken und Konzernverwaltungen in der kommerziellen Zone einer Metropole.

Die gedanklichen Konstruktionen (Rekonstruktionen aus Erinnerungen und gegenwärtigen Wahrnehmungen) finden in individuellen Gehirnen statt, und, da Individuen sich über Realitäten, Erlebnisse und Visionen zu verständigen pflegen, bringen sie über die gemeinsam praktizierte Sprache ein hohes (oft auch widersprechendes oder strittiges) Maß an bildhafter Übereinstimmung über Erscheinungen, die wir Wirtschaft nennen, zustande.

Die Wirtschaft (meist handelt es sich nur um einen bestimmten Ausschnitt mit einer aus eigenen Erlebnissen und Erfahrungen akzentuierten Perspektive) besitzt als mentale Energie die Kraft, etwas Reales entstehen zu lassen, denn ihre eingebildeten Vorstellungen erzeugen Ideen und Gestalten als Vorlagen zu dinglichen Taten. Nichts in der Wirtschaft geschieht bewusst und gezielt, was nicht zuvor in einem Gehirn (oder vielen kommunikativ verbundenen Gehirnen, z. B. eines Planungsteams) Gestalt angenommen und die emotionalen Antriebe zur Ausführung empfangen hat.

Das abstrakte Gebilde *Wirtschaft* kann nur durch die Aktivität einzelner Gehirne wirksam werden. Erst über sie (genauer: über die sprachliche Kommunikation der beteiligten Gehirne) entsteht eine in der betreffenden Gruppe, dem Kulturkreis, einer Wissenschaftlergemeinde, einem Unternehmerverband aufkommende mentale Makrostruktur, die sich als Vorstellung in den Gehirnen aufbaut, wenn das Wort *Wirtschaft* aufgerufen wird. Diese mentale Makrostruktur determiniert zwar nicht das individuelle Verhalten, wohl aber leitet es das Denken und strukturiert, koordiniert und synchronisiert es dadurch, je nach der Überzeugungsintensität dieser Makrostruktur als Leitvision.

Die Eigenart der Bildung von Gehirnkollektiven durch ein überindividuelles Leitbild ist verschiedentlich unter dem Begriff der so genannten Schwarm-Intelligenz wissenschaftlich untersucht worden. Vorbildlich waren vor allem Beobachtungen aus der Tierwelt, z. B. Fischschwärme oder Vogelschwärme. Ob die Analogie stimmig und damit auch für menschliche Kooperationen ergiebig ist, hängt von der Einschätzung der Besonderheiten menschlicher Verstandesfähigkeit und der einsichtigen Bereitschaft zur Unterordnung unter die Bedingungen eines für alle förderlichen Kollektivs ab.

Wir sollten hier nicht vergessen, dass die kulturellen Höchstleistungen der modernen Zivilisation auf den individuellen Selbstbehauptungsantrieben mit ihren schöpferischen Potentialen beruhen. Dennoch kommt man um eine Aufarbeitung von Makroeffekten (Das Ganze ist mehr als die Summe seiner Teile) nicht herum, insbesondere nicht im Zusammenhang mit einer ganzheitlich operierenden Methodologie. Ein häufiger Gedankenfehler liegt darin, dass der Mensch als ein vom Verstand gesteuertes Individuum betrachtet wird, dessen unbewusste Antriebe vernachlässigbar seien. Aber gerade die komplexen, über das Bewusstsein hinausreichenden Kräfte tragen instinktiv zur Bildung von überindividuellen Gruppenphänomenen bei.

Folglich nehmen die realen Objektkonfigurationen und die beobachtbaren Verhaltensweisen der beteiligten Individuen die Charakterzüge eben dieser Überzeugungen an. Daraus können wir ableiten, dass in jeder aus Menschenhand geschaffenen dinglichen Erscheinung die Gedankenwelten der Beteiligten (wenn auch mit einigen Einschränkungen und Deutungsirrtümern) ablesbar sind – selbst wenn sie nicht mehr am Leben sind. Diese unter Umständen nur aus Ruinen und Fragmenten ablesbare Prägekraft kultureller Arbeit an den geschaffenen Dingen früherer Epochen ist gewissermaßen unsterblich und bildet unter anderem die wissenschaftliche Grundlage der Archäologie. Ohne sie wären alle Versuche hoffnungslos, aus Funden und einigen Versatzstücken untergegangener menschlicher Lebenspraxis deren kulturelle Werte und Muster zu deuten und zu erklären.

Die Wirtschaft kann mit ihren Hinterlassenschaften durchaus ein Thema der Archäologie sein, beispielsweise die Rekonstruktion der Bautechniken und der Bauästhetik archaischer Tempelanlagen oder mittelalterlichen Schiffsbaus. Die Wirtschaft ist als ein Zentrum menschlicher Gestaltungsaktivitäten (neben anderen Aktivitäten wie beispielsweise den Künsten) als ein historisch außerordentlich nachhaltiger Strom an Kulturleistungen zu betrachten, denn in ihren Werken (Produkte, technische Anlagen, Bauten, Stätten der Rohstoffentnahme aus der Natur, Abfalldeponien, Siedlungen, Verkehrsanlagen, Verwaltungseinrichtungen, Bildungsstätten, Verteidigungsanlagen gegen Überschwemmungen oder feindliche Nachbarn) kommen die kulturell bestimmten Lebensvorstellungen und Praktiken der Lebensführung zum Ausdruck.

Die Wirtschaft ist allerdings alles andere als eine bloße Vollzieherin des Kulturwillens der Gesellschaft, sondern ist selbst eine auch innovativ auf die kulturellen Werte und Lebensmuster wirkende Gestaltungskraft. Sie ist in diesem weiten Verständnis heute eine der mächtigsten kulturellen Gestaltungskräfte mit einer teilweise sich ständig selbst überbietenden und möglicherweise auf Dauer zerstörerischen Innovationslust. Daraus erwächst eine besondere Mitverantwortung der Wirtschaft für die Geschicke der menschlichen Zivilisation, und den einzelnen Beteiligten (vor allem den Führungskräften in den Unternehmen) wird ein gesteigertes Bewusstseins für den kulturellen Charakter der Wirtschaft als Ganzes und jeder einzelnen Unternehmung bis hinab zur einzelnen Tat abverlangt.

Die Anfangsbedingungen, unter denen ein Unternehmen historisch gestartet ist, sind ein besonders komplexer Fall des Zusammenwirkens von individuellem Gestalt- und Leistungswillen und einer szenischen Konstellation in einem realen kulturellen und (geographisch) natürlichen Handlungsraum. Die Vorstellung, dass da ein paar unternehmungslustige Geldbesitzer sich zusammenfinden, um ihr Geld als Kapital zu erklären und ein vom ständigen Denken in Geld und an Geld ein dauerhaft operierendes Unternehmen zu gründen, ist eine naive Abstraktion. Sie trifft nicht den realen Kern eines solchen Gründungsvorgangs und eliminiert von Beginn an die mental wichtige Komponente der kulturellen Wertorientierungen, die dabei wirksam werden und die als eine Gründungsidee sich vielleicht über Generationen allen Taten einpflanzen.

Wir halten für die weiteren Überlegungen fest: Die dinglichen Verhältnisse und die materiellen Abläufe und Dispositionen in der Wirtschaft sind nur die äußerlich wahrnehmbaren Erscheinungen, von denen allerdings Rückschlüsse auf die kulturellen Bedingungen gezogen werden können, wenn man das gesamte Ambiente geographischer und historischer Umstände interpretierend hinzuzieht. Man versteht eine bestimmte Wirtschaftspraxis erst, wenn man die sie leitenden Gestaltvorstellungen der Beteiligten und deren kulturelles Fundament erschließt. Denn alles, was im Wirtschaftsprozess geschieht, beginnt mit Kopfarbeit und diese ist kein frei schwebendes Archiv der Konstruktion von Gestaltvorstellungen, sondern ist selbst ein Produkt der kulturellen Integration und damit ein Kind der dem Ganzen ein Profil gebenden Kultur des Wirtschaftens.

3.3 Die Unternehmensgründung als ganzheitlicher Auftakt

Unternehmen mit einer langen Vorgeschichte entfernen sich nicht nur immer weiter vom Zeitpunkt und dem Anlass ihrer Gründung, sondern verändern und überformen ihr Profil und ihre Charakterzüge in einem ständigen Prozess der Selbstbehauptung am Markt. Mit diesem Prozess werden der Wandel der äußeren Bedingungen (technischer Fortschritt, politische Umwälzungen, kulturelle Umbrüche usw.) und der innere Wachstumsprozess aufgenommen, so dass die ursprüngliche Gründungsidee oft vollständig verschwindet und nur noch im (vielleicht gedruckten) Buch der Unternehmensgeschichte entdeckt werden kann.

Selbst der Geist des Gründers, der vielleicht ein Tüftler und Erfinder oder ein Abenteurer und Visionär gewesen sein mag, verliert sich als Charakterzug eines Unternehmens mit der Zeit. Rechtsumformungen, etwa der Übergang vom Familienunternehmen zu einer juristischen Person (Landes 2008), oder die Verschmelzung mit anderen Unternehmen, nicht selten unter Aufgabe der Eigenständigkeit, tun ein Übriges zu einer nahezu vollständigen Überformung des Unternehmens.

Wir haben auf diese Zusammenhänge im Kapitel über Kontinuität und Wandel und über die Unternehmensgeschichte bereits hingewiesen. In diesem Abschnitt geht es nun um einen weiteren Aspekt, nämlich um die konzeptionelle und operative Form der Führungspraxis in einem Unternehmen, welche schon mit der Gründung einen ganzheitlichen Auftakt nimmt und diesen Charakter beibehält. Mit anderen Worten: Zwar wird jeder Gründer sich durch eine ausreichend fundierte Situationsanalyse ein Bild der Lage und der denkbaren Erfolgsbedingungen für seine Absichten machen. Letztlich aber ist die Entscheidung zur Gründung kein Rechenergebnis, sondern ein Entschluss aus einer ganzheitlichen Einschätzung in Verbindung mit einem Schuss Intuition.

Man hat in der Führung eines Unternehmens stets das Ganze oder eine Untereinheit als ganzheitliches Gebilde im Visier. Zwar besteht die Praxis der Unternehmensführung aus einer Fülle an Einzelentscheidungen und punktuellen Eingriffen in den Gesamtkorpus, aber diese Einzelakte können nicht in sich selbst isoliert optimiert werden (wie das immer wieder in betriebswirtschaftlichen Rechenmodellen vorgeführt wird), sondern werden als gezielte punktuelle Eingriffe in ein laufendes Geschehen im kompakten Ganzen des Unternehmens oder seiner maßgeblichen Teile praktiziert. Deshalb kommt es – zuweilen zum Erstaunen der anderen Beteiligten – zu Entschlüssen, die nicht in allen Details den Vorschlägen von Experten folgen.

Mit anderen Worten: In die Suche nach der besten Entscheidung in einer gegebenen Situation wirkt die Gesamtkulisse der Unternehmensführung mit all ihren Erfahrungen, Rückblenden, Ausblicken und Absichten massiv hinein. Dies geschieht selbstverständlich bei der Bewertung von Handlungsalternativen, aber viel mehr noch und oft in verdeckter Form in der Deutung provozierender Entwicklungen in der Außenwelt und in den selektiven Erwartungen hinsichtlich der Ent- oder Aufdeckung von Erfolg versprechenden Alternativen. Kein Entscheidungsprozess in der Praxis ist ein isolierbarer Ablauf, der unter Anwendung von Rechenkünsten mit Modellen zu sicherer Optimierung gelangt.

Gute Unternehmensführung ist sich der systemischen Ausbreitung einer Maßnahme bewusst. Systemisch heißt, dass ein Eingriff, etwa die Versetzung einer Führungskraft im mittleren Management, nicht nur Auswirkungen in einem weiten Umfeld des betroffenen Unternehmensbereichs hat, sondern auch eine Störung des laufenden Betriebs an eben dieser Stelle bedeutet. Systemische Ausbreitungen ereignen sich natürlich nicht nur bei gezielten Eingriffen, die mit ihren Zwecken und möglichen Nebenwirkungen bedacht werden müssen, sondern auch bei unvorhergesehenen Friktionen des Betriebsablaufs, etwa durch technische Störfälle. Aufgabe der Unternehmensführung in solchen Situationen ist dann nicht nur ein Krisenmanagement zur punktuellen Beseitigung des Störfalles, sondern eine umfassende Navigation des ganzen Unternehmens oder seiner betroffenen Teile, um wieder in normales Fahrwasser zurückzufinden.

Der ganzheitliche Charakter der praktischen Unternehmensführung beginnt nicht erst mit dem realen Gründungsakt selbst, sondern schon im Vorfeld dieses Vorgangs. Der Beginn einer Unternehmensgründung ist kein punktueller juristischer Akt, sondern ein Prozess der allmählichen Herausbildung einer Idee aus einer oft nicht einmal genau bestimmbaren Vorgeschichte (des oder der Initiatoren) und einigen Zufällen (z. B. das Zusammentreffen von weiteren Investoren) sowie einem realen Bedingungsrahmen, in dem gewissermaßen Geschäftsambitionen zur Tagesordnung gehören. Der weitere Verlauf bis zur tatsächlichen (juristischen) Gründung besteht in der zunehmenden Verdichtung und Profilierung der ursprünglichen Idee zu einer Form oder Gestalt, aus welcher bereits die Grundzüge des zu gründenden Unternehmens erkennbar sind.

Die Vorgeschichte einer Unternehmensgründung ist in jedem Fall ein Unikat und legt den Grundstein für eine höchst individuelle Entwicklung in der Folgezeit. Nicht dies steht jedoch hier im Vordergrund, sondern die Unterstreichung der Tatsache, dass von Beginn an der Aspekt der Ganzheitlichkeit den langfristig wirksamen kulturellen Stempel in sich trägt, dass zwar zu vielen Einzelpunkten auch gezielte Analysen und Untersuchungen erforderlich sind und zu vielen Themen ausführliche Sachkenntnis herangezogen werden muss. Doch jeder einzelne Punkt steht ständig im Gesamtzusammenhang des Gründungsprozesses. Der methodologische Ansatz bleibt also stets der eines bestimmten Ereignisses in Raum und Zeit unter Einschluss des gesamten relevanten Ambientes.

3.4 Denken in Horizonten und Perspektiven

Die Wahrnehmungen eines Handelnden werden, abgesehen von den Fähigkeiten des Gebrauchs der Sinnesorgane und des verständigen Denkvermögens, von einer Reihe von unbewussten Vorgängen aus dem Tiefengedächtnis beeinflusst (Roth 2003, 236 ff). Das Bewusstsein formt den Willen und den Entschluss zur Tat, und die innere Gestalt führt die Hand bei der Ausführung. Aber das Wollen ist keine Leistung ausschließlich des aufmerksamen Verstandes, sondern wird von nicht kontrollierbaren Eingebungen des Unbewussten maßgeblich mitgeformt. Zweifellos spielen die gerade laufenden und Aufmerksamkeit erregenden sinnlichen Wahrnehmungen eine initiierende Rolle. Die Antworten auf eine bewusste Wahrnehmung einer undeutlichen Lage setzen Akzente, die das Denken formen und aus dem Gedächtnis das verfügbare Wissen abfragen, um das Denken rational zu untermauern. Bei dieser Abfrage kommen Emotionen und gefühlsbesetzte Erinnerungen ins Spiel und tragen zu meist nicht bewussten Akzentsetzungen und Färbungen des inneren Entscheidungsverlaufs bei.

Wohin der Blick gerade wandert, wenn jemand sich einer Situation gegenüber sieht, die ihn zum Handeln herausfordert, hat sowohl intentionale als auch von der selbsttätigen, unbewussten Unruhe der Gehirntätigkeit angetriebene Momente. Wir wissen zwar, was wir wollen (oder glauben zumindest, das klar benennen zu können). Aber wir lassen uns unbewusst zugleich von Eingebungen und traumhaft zufälligen inneren Bildfolgen treiben, ohne dies mit dem Verstand ordnen und lenken zu können. Wer staunt nicht zuweilen selbst darüber, wieso ihm gerade dieses oder jenes innere Bild oder diese oder jene Episode zu Bewusstsein gekommen ist.

Wir werden in den folgenden Abschnitten nicht auf die hirnpsychologischen und neurologischen Details eingehen (dazu ausführlich Roth 2003). Ebenso wenig werden wir im Einzelnen die bunte Vielfalt praktischer Folgerungen behandeln, sondern bleiben bei der kognitiven Theorie der Unternehmensführung. In diesem Band geht es insbesondere um die Untermauerung der These, dass das Wesen der Unternehmensführung nicht oder jedenfalls nicht ausschließlich und primär eine Praxis der rationalen Systemsteuerung ist, sondern aus ganzheitlichen Wahrnehmungen, Interpretationen und Entschlüssen zur Tat hervorgeht und – auch dies ist zu unterstreichen – nur in Ausnahmefällen von einem einsamen Individuum getragen wird. Deshalb gehört zum Kern einer kognitiven Theorie der Unternehmensführung die kommunikative Kompetenz, die Fähigkeit, Denkinhalte in Sprache zu kleiden und sich einer im relevanten sozialen Umfeld verständlichen Form anderen gegenüber zu Wort zu melden.

Die Wirklichkeit im äußeren Umfeld eines Handelnden ist niemals vollständig und objektiv eindeutig erfassbar, also im Denken repräsentierbar. Der Mensch hat wohl einen ausgeprägten Instinkt für diese Ur-Ungewissheit, weshalb er ständig um Klärungen und Vergewisserungen bemüht ist. Angetrieben vom Bedürfnis nach klaren Sichtverhältnissen im Dunst der Wirklichkeit, hat der Mensch ein riesiges Arsenal an Werkzeugen und Vorgehensweisen zu einer verlässlichen Aufdeckung der Verhältnisse in seinem Umfeld hervorgebracht.

Aufdeckungen oder Entdeckungen sind einem Leitfaden der gesamten Kulturgeschichte geworden.

Weit ist er damit auf seinem Weg zu Kultur und Zivilisation zweifellos gekommen, längst ist er damit in den Weltenraum vorgedrungen und immer noch bleibt vieles ungewusst oder kann nur hypothetisch einsichtig gemacht werden. Geblieben aber ist dem unteilbaren Individuum die imaginative Kompetenz, hinter dem, was er selbst hat schaffen können, einen viel weiter reichenden Möglichkeitsraum zu vermuten und also geistig ständig in Bewegung zu bleiben.

Geistige Beweglichkeit ist als denkpsychologische Energie und in vielen gerichteten Facetten eine Kernkompetenz in der Kunst der Unternehmensführung. Wäre sie das nicht, wäre Management nichts als trockene Administration. Geistige Beweglichkeit ist die Natur des Kulturwesens *Mensch*, welche ihn mit Denkvermögen ausgestattet hat und ihn im Denken zu weit ausholenden Horizonten und Perspektiven befähigt hat, wovon er historisch nachhaltig im Prozess der kulturellen Entfaltung als Sozialwesen ausgiebig Gebrauch gemacht hat.

In den nun folgenden Teilen dieser Abhandlung werden wir uns mit einigen Kernfragen im Gebrauch dieser Denkfähigkeiten befassen und uns hauptsächlich auf die Wirklichkeit der Unternehmensführung beziehen, die aus einer Reihe von Gründen besonders gut geeignet ist, die Dynamik der Antriebskräfte zu kreativem Handeln zu beschreiben.

Die außergewöhnliche Komplexität, der sich die Führung eines Unternehmens gegenüber sieht und die der eines Politikers in nichts nachsteht, ergibt sich vor allem aus der Schicksalhaftigkeit unternehmerischer Betätigungen sowohl für den engeren Kreis der Mitarbeiter und die Aussichten des Unternehmens als Ganzes als auch besonders für die Versorgung der Gesellschaft mit den notwendigen nützlichen und angenehmen Dingen des täglichen Lebens. Auch wenn das Bewusstsein für die besondere unternehmerische (Mit-) Verantwortung für die Geschicke der Gesellschaft in der Praxis nicht immer deutlich ausgeprägt ist, so bleibt sie doch als fundamentales Postulat bestehen.

Es kann sich in der Tat nur um Mitverantwortung handeln, denn ohne eine entwickelte Bereitschaft der ganzen Gesellschaft, bestimmte moralische Kategorien einzufordern und selber die dafür notwendigen Vorkehrungen zu treffen, z. B. Kontrollorgane, Pressefreiheit, transparente Forschung, bleibt unternehmerische Verantwortung auf der Strecke. Sie kann nicht wirksam werden. Verantwortung in Fragen der Wirtschaft ist ein dialektischer Prozess.

Die Grundfigur von Aktion und Ambiente, von Denken und innerem Vorstellungsraum, von Ereignis und Kontext weist in allen ihren verschiedenen Formationen die Querdimension der Wechselbeziehungen zwischen der dinglichen Welt der gegebenen Objekte und Objektkonstellationen auf, um deren Klärung das Denken bemüht ist, und der inneren Welt des Denkens, dessen Horizonte weiter greifen, als die biologischen Sinnesorgane sie erfassen können. Unser Geruchs- und Geschmacksorgan reicht nur wenige Meter. Aber die Einbildungskraft des Denkens, sich Geruchs- und Geschmackskombinationen vorzustellen, obwohl real nichts dergleichen präsent ist, ist die Voraussetzung unserer Fähigkeit, aus eine Speisekarte das Passende auszuwählen. Unser Gehör reicht in weite Räume der Außenwelt hinaus und ist zur Peilung von Richtung und (ungefährer) Entwerfung in der Lage. Unser Auge erreicht einen sehr weiten Horizont und kann Raumstrukturen orten und verbinden. Am weitesten aber reicht unser inneres Auge, unsere Vorstellungskraft, denn sie reicht über den sichtbaren Horizont hinaus.

3.4.1 Standorte und Standpunkte

Die über die Wahrnehmungen bewusst werdenden Begriffe *Standort* und *Standpunkt* verdeutlichen auf (scheinbar) einfache Weise die dynamische Entsprechung zwischen dinglicher Wirklichkeit und kognitiver Vorstellung. Der Standort ist eine durch Längen- und Breitengrad gesicherte *geographische* Position einer gewissen räumlichen Ausdehnung im Sinne eines Fleckens oder Geländeausschnitts, der beispielsweise für die Errichtung einer Fabrik erkundet werden soll.

Der Standpunkt dagegen ist eine gefestigte *Denk*position ohne geographische Zuordnung. Der Standpunkt hat keinen Ort, nicht einmal einen genau bestimmbaren Ort innerhalb der Gehirnareale, sondern beschreibt eine durch Erfahrung und Überzeugung gefestigte Sicht und Deutung zu einer ebenfalls nicht genau bestimmbaren Kategorie von Sachverhalten. Der Begriff *Standpunkt* ist sprachlich insofern ausgesprochen präzise, weil ein Punkt mathematisch beschrieben werden kann als eine Position mit dem Radius Null in einem endlosen Kontinuum.

Ein konkreter Standpunkt indessen bezieht sich auf einen weitgefassten Denkraum, der als ein Cluster der öffentlichen oder fachlichen Kommunikation ein thematisches Zentrum enthält, um das herum sich Ansichten, Kenntnisse, Ahnungen und Episoden gruppieren. Das Zentrum ist in der Regel mehr oder weniger relevant für die Handlungsdispositionen eines Individuums und für dessen kommunikative Formung und Selbstabgrenzung gegenüber anderen. Der Denkraum, in dem ein Standpunkt eingenommen wird, ist kein leerer Raum.

Der Standpunkt ist dem Standort darin ähnlich, dass er Urteilskategorien bündelt, um von diesem Bündel aus Ereignisse und Kontexte in rascher, unverrückbarer, oft auch stereotyper Weise zu kategorisieren und zu bewerten. Ein durch Erfahrung erprobter Standpunkt hat eine – im ökonomischen Sinne – rationalisierende Wirkung, ähnlich wie ein durchdachtes Programm. Die Gefahr der Fehlbeurteilung von Situationen durch stereotype Bewertung ist indessen ebenso wenig auszuschließen und kann einen allzu gefestigten Standpunkt in die Nähe eines Vorurteils rücken.

Der Standort ist eine objektive Gegebenheit der Dingwelt. In ihm sind physische Eigenschaften gebündelt, um die sich affektive Bewertungen und damit kulturelle Muster ranken. Die physischen Eigenschaften, beispielsweise die Bodenverhältnisse, die Umgebungsnatur, die Witterungsverläufe, bilden einen Basisteil der Standortqualitäten. Zur Bewertung eines Standortes für menschliche Nutzungen treten Kulturaspekte wie Infrastruktur, benachbarte Nutzungen und Verkehrsanbindungen hinzu. Der Standort ist als dingliche Kategorie in seinen natürlichen Teilen unverrückbar, aber mit seinen durch Kultivierung gestalteten Teilen durch Taten veränderlich.

Der relativen Beständigkeit, wenn nicht Unverrückbarkeit des Standortes (die Stadt Wien wird ihre geographische Lage wohl kaum ändern, wohl aber ihre kulturellen Qualitäten) steht die Ortlosigkeit des Standpunktes als kognitive Kategorie gegenüber, deren Konturen leicht verschwimmen und deren Standfestigkeit ständigen Provokationen ausgesetzt ist. Dennoch ist der Standpunkt keine willkürliche, beliebige Denkkategorie, die man täglich wechseln kann wie die Kleidung. Er ist vielmehr mit Erinnerungen der betreffenden Person verknüpft, die im episodischen Gedächtnis ihre Wurzeln hat. Im episodischen Gedächtnis ist die Fülle früherer Erlebnisse einschließlich ihrer emotionalen Besetzungen archiviert (Roth 2003, 154 ff) und es ist zugleich die Bildquelle bestimmter Einstellungen, Anschauungen und Standpunkte.

Kognitive Leistungen in Form von bewussten Einstellungen, Anschauungen und Standpunkten reflektieren reale, auf Erlebnissorte beruhende Episoden mitsamt den Kontexten, die mit erlebten Standorten in Verbindung stehen. Über die inneren Bilder, deren Herkunft nicht immer bewusst wird, wirken reale Standorte nach und beeinflussen die Formung (Bildung jetzt wörtlich genommen: sich ein Bild machen) von Standpunkten. Kognitiv sind diese Standpunkte dadurch, dass sie in Worte (und andere vom Verstand kontrollierte Sprachelemente) gefasst und kommuniziert werden können, was einen Schwall unbewusster Einflüsse zur Folge hat, deren Herkunft meist im Nebel bleibt. Vergessene Bilder leben weiter, wenn sie im episodischen Gedächtnis verankert sind. Sie kommen oft unverhofft und ungerufen in zufälligen Kontexten hoch.

Was haben auf einen Standort bezogene Urteile oder Entscheidungen in der Unternehmensführung mit Standpunkten der Führungskräfte zu tun? Zunächst ist festzuhalten, dass ein bestimmter Standort, sagen wir: ein Betriebsgelände irgendwo im Ruhrgebiet, zwar real existiert, dass aber das auf diesen Standort bezogene Urteils- und Entscheidungsverhalten eines Managers nicht zwingend auf Augenschein, also direkter sinnlicher Wahrnehmung, beruhen muss, sondern selber eine gedankliche Konstruktion ist, nämlich durch ein inneres Abbild repräsentiert wird. Die Vorstellungskraft kann bis zu einem gewissen Grad die Inaugenscheinnahme ersetzen – natürlich mit manchen Täuschungen, aber auch mit einem weiteren Denkhorizont.

Im Denken, nicht in der Realität, begegnen sich Standorte und Standpunkte. Selbst wenn im Denken (und Handeln) von einem anderen realen Standort die Rede ist, sagen wir: ein ins Auge gefasstes Betriebsgelände in einem Industriegebiet in Berlin, spielen in die inneren Vorstellungen des eine Entscheidung vorbereitenden Managers Bildelemente des vertrauten Geländes im Ruhrgebiet hinein. So mag ein bestimmter Standpunkt, beispielsweise die Auffassung, dass ein Standort eine infrastrukturelle Nähe zu wichtigen Einrichtungen wie Ministerien, Messen und Ausstellungen oder Forschungsinstituten aufweisen muss, aus den Erfahrungen im Ruhrgebiet genährt worden sein und dementsprechend begründet erscheinen. Der gleiche Standpunkt kann für den Standort Berlin unter Umständen unangemessen sein.

Was wir mit dieser Erörterung zeigen wollten, ist die vorrangige Bedeutung kognitiver Vorgänge in der Unternehmensführung und die Tatsache, dass im Verhalten von Managern eine teils im wachen Bewusstsein, teil in den Tiefen des episodischen Gedächtnisses verankerte innere „Bildergalerie" präsent ist, die die Gestaltungs- und Entscheidungsvorgänge beeinflusst. Diese innere Bildergalerie hat filmischen Charakter und ist stark fragmentiert, d. h. die Bildeindrücke und Bildfragmente sind gebrochen, sprunghaft und ohne erkennbare Logik. Es ist Sache des wachen Verstandes, aus den oszillierenden inneren Bildfolgen solche von Handlungsrelevanz zu selektieren und dem folgerichtigen Denken zuzuführen.

Episoden bereichern die Erinnerung. Sie können durch bewusste Reflektion ihrer Verläufe, Beweggründe, Ergebnisse und Randerscheinungen zu Erfahrungen verdichtet werden. Mit Hilfe methodischer Reflektion, die sowohl individuell als auch in einem größeren Sozialverbund vollzogen werden kann, wird das Maß an kontrolliertem Verhalten erhöht. Man lässt Dinge nicht einfach geschehen, sondern wertet sie aus, um Lernprozesse in Gang zu setzen. Das Geschehene wird rekonstruiert und seine kausalen und zufälligen Strukturen werden herausgestellt.

Dies ist ein ganz normaler Vorgang in der Unternehmenspraxis, denn zu nichts anderem dienen Aufzeichnungen, Statistiken, Berichte und Expertisen aller Art. Deren Aufklärungsqualitäten leiden allerdings oft daran, dass in ihnen verborgene Standpunkte enthalten sind (auch fremdbestimmte wissenschaftliche Standpunkte, die unter dem Decknamen *geltende Lehrmeinung* daherkommen).

Sowohl die Themenauswahl als auch die Ermittlungs- und Darstellungsmethoden sind teils beabsichtigte, teils unbemerkt sich öffnende Verstecke für Standpunkte fremder Provenienz.

Letztlich durchziehen alle Kommunikationsvorgänge verborgene, gleichwohl wirksame Standpunkte aus kaum noch aufdeckbaren Quellen, denn selbst wenn eine logisch und semantisch eindeutige Sprache benutzt werden könnte (was in Wirklichkeit nicht der Fall ist), bliebe der innere Prozess der sprachlichen Fassung bildhafter, konturenschwacher Vorstellungen selbst scheinbar abgeklärter Standpunkte eine kognitive Leistung inmitten von kaum kontrollierbar auftauchenden, intuitiven oder womöglich instinktgetriebenen Eingebungen.

Da dies so ist, kann eine Stärkung der kognitiven Leistungen der bewussten Wahrnehmung, Deutung und Abklärung von Situationen und der Gewinnung von begründeten Standpunkten zwar erheblich zur Kompetenz der Unternehmensführung beitragen, aber niemals zu hundertprozentiger Vermeidung von (angeblich) irrationalen Einflüssen gelangen.

Die kognitive Durchdringung von zu navigatorischen Handlungen herausfordernden ganzheitlichen Lagen ist eine individuelle Leistung von Führungskräften. Aber die Klärung von Beurteilungen und Handlungsbegründungen kann durch interpersonale Kommunikation verbessert werden, wenn in einer Gruppe, etwa einem Projektteam oder einem Unternehmensvorstand, ein offenes kooperatives Klima herrscht. Solche auf Kooperation angelegten Gruppierungen sind hochgradig störanfällig gegen bewusstes Hintertreiben durch auf Machtausübung gerichtete Egoismen.

3.4.2 Innenperspektiven

Der Betrieb ist das Instrument zur Verwirklichung der erwerbswirtschaftlichen Ziele des Unternehmens, heißt es in betriebswirtschaftlichen Lehrbüchern. Aus dieser instrumentellen Sicht folgt zwangsläufig, dass rationale Kriterien wie Effizienz, Wirtschaftlichkeit und Folgsamkeit gegenüber den Unternehmenszielen im Mittelpunkt der unternehmerischen Gestaltung aus der Perspektive der Unternehmensleitung stehen.

Diese betriebswirtschaftliche Sicht hat den Vorzug der Klarheit und Wirksamkeit, der Zielstrebigkeit und Verlässlichkeit. Als eine idealisierte Grundfigur der Binnengestaltung eines produktiven Betriebes können wir dieses Modell auf sich beruhen lassen. Es generiert rationale Standpunkte, die als Leitmaßstäbe für die Praxis durchaus eine Bedeutung haben. Dennoch sind solche Standpunkte als Deutungswelten kein sicherer Fels in der Brandung und kein ausreichendes

Leuchtfeuer der Navigation. Sie stehen nicht selten einem Wunschbild näher als der Wirklichkeit. Die Schwäche dieses Modells oder dieser Herangehensweise an die Praxis der Unternehmensführung liegt in der Idealisierung und damit normativen Maßstäblichkeit gegenüber einer Wirklichkeit, die in einem nicht zu vernachlässigenden Ausmaß erheblich komplexer, unschärfer und beweglicher, zuweilen turbulenter ist, als es das steife Modell des durchrationalisierten Instrumentes gedanklich und real einfangen kann. Was diesem Modell besonders fehlt, obwohl es die Quelle allen unternehmerischen Erfolgs darzustellen scheint, sind die geistig-schöpferische Ebene individueller Leistungen, die Makroebene kollektiven Zusammenwirkens vieler und die ganzheitliche Betrachtung von Aktion und Ambiente.

Gerade die Komponenten des Umfeldes, in dem Leistungen erbracht werden, gehen im traditionellen betriebswirtschaftlichen Modell verloren oder führen ein rudimentäres Kulissendasein. Die Ästhetik eines Bürogebäudes ist bei strenger instrumenteller Rationalität der Betriebsgestaltung mehr ein freundliches Zugeständnis an das Befinden der Mitarbeiter, als dass es in seiner förderlichen oder hinderlichen Wirkung zu einem wesentlichen Element der Gestaltung gemacht wird.

Zwar sind solche Zusammenhänge gelegentlich in Schriften zum Thema *Unternehmenskultur* aufgegriffen und behandelt worden, doch kommen die meisten Denkansätze über den Aspekt der ornamentalen Klimaverbesserung in einem Unternehmen nicht hinaus. Den Grund für diese konzeptionelle Schwäche sehen wir in der methodologischen Unterschätzung der Bedeutung der geistigen und damit der motivatorischen und schöpferischen Kräfte des Menschen als der ursprünglichen Quelle unternehmerischer Erfolge.

Aus der Perspektive der Unternehmensleitung, die für diese Zusammenhänge den beobachtenden Blick nach innen lenkt und im Sinne der Gesamteffizienz in die sachlichen Strukturen und eben auch in die kognitiven Momente in der Arbeit gestaltend eingreift, ist der Zusammenhang zwischen dem physischen Ambiente einer Betriebseinheit und den geistig-kulturellen Potentialen offenkundig. Ein Bau, in dem ein Mensch lebt oder arbeitet, ist als gestaltetes Ding ein Kulturobjekt, dessen Form, Funktion und Ästhetik Auskunft über die kulturellen Werte und normativen Standpunkte des Erbauers erteilen. Ein Bau ist wie jedes andere aus Menschenhand hervorgebrachte Objekt ein kultureller Botschafter und nicht bloß ein materielles Ding.

Das Verwaltungsgebäude eines Unternehmens (oder die Fabrik, die Lagerhalle, der Vorplatz, die Toreinfahrt, das Schrottlager usw.) kann einladend, aufmunternd und freundlich zurückhaltend oder aber herrisch, arrogant, vernachlässigt und abweisend wirken. Es mag sein, dass der Auftraggeber die Gestalt und

Ästhetik einem sich selbst rühmenden Architekten überlassen hat. Dann hat er ihm zumindest nicht widersprochen. Das Verwaltungsgebäude kann in seiner äußeren Gestalt und Fassadenästhetik Anknüpfungen an die architektonische Umgebung suchen und damit einen ästhetischen Beitrag zum Gesamtbild einer Stadt oder eines Stadtteils leisten oder aber das Eigene herauskehren und damit Gleichgültigkeit oder gar Abweisung des architektonischen Ambientes signalisieren.

Die Außenansicht eines Gebäudes ist eine gefrorene Mitteilung an die Außenwelt, die nicht ohne Folgen für die Mitarbeiter bleiben kann. Täglich gehen sie auf diesen Bau zu, ohne vermutlich bewusst zu registrieren, welche Empfindungen in ihnen aktualisiert werden: von der freundlichen Einladung zur Mitwirkung in einem Arbeitszusammenhang bis zum Schrecken vor der Eintönigkeit der gewohnten Tagesarbeit. Das episodische Gedächtnis des Menschen nimmt solche Erfahrungen auf und verbindet sie emotional mit dem eigenen Schicksal. Es bleibt keinesfalls unwirksam.

Es gibt Gebäude, die an äußerer Nüchternheit (durch die Diktatur der geraden Linien und rechten Winkel, einer äußerst rationellen industriellen Bauweise) kaum noch zu überbieten sind – oder umgekehrt. Oft zeigen sie in der Binnengestaltung ein völlig anderes Gesicht. Ebenso kann äußeres architektonisches Imponiergehabe sich in der Binnenarchitektur fortsetzen (und entsprechend auf Mitarbeiter ebenso wie auf Besucher wirken) und damit emotionale Akzente erzeugen (man merkt die Absicht und ist verstimmt), die dem geistigen Klima nicht bekommen. Diese Zusammenhänge werden oft hinsichtlich ihrer Wirkungen weit unterschätzt und sie werden, da sie nur schwer zu korrigieren sind, mit der Zeit zu episodischen Projektionsflächen mit emotionaler Auflading, die sich als Komponenten des sozialen Klimas in einem Unternehmen niederschlagen und kaum zu fassen und zu gestalten sind.

Die Architektur eines Gebäudes ist als Grundstruktur unumkehrbar (es sei denn, man reißt es ab) und in seinen sonstigen Komponenten nur in Grenzen veränderbar. Der Bau als unumkehrbares Faktum kann eine Vielzahl von sozialen Strukturen und Lebensmustern beherbergen, die sich im Laufe der Zeit den sich ändernden Bedingungen und Anforderungen anpassen, wenn auch oft mit erheblicher Verzögerung und daher zahlreichen Störungen und Reibungen. Doch der Bau bleibt und verstrahlt sein Flair auf jede neue soziale Struktur und jede neue Generation von Mitarbeitern.

In den sechziger und siebziger Jahren des vergangenen Jahrhunderts hat man dieser Problematik mit dem Konzept der so genannten Bürolandschaften entgegen zu wirken versucht. Bis zu einem gewissen Grad ist dies auch deshalb gelungen, weil eine offene, durch flexible Ausstattungselemente unterbrochene offene Großhalle der flexiblen Kommunikation sehr entgegen kommt. Allerdings ist damit auch das menschliche Bedürfnis nach Deckung vor ständiger Observation verletzt worden. Die Kommunikation hat ihre Natürlichkeit verloren.

Mit dem raschen Einzug der elektronischen Datenverarbeitungsmedien an jedem einzelnen Arbeitsplatz und der dichten Vernetzung aller mit allen haben sich neue Gestalten von Verwaltungsbauten entwickelt, die den Blick des einzelnen Mitarbeiters auf seinen Bildschirm heften und das Ambiente eines Raumes in eine sensorische Entfernung rückt. Damit sind einerseits Gestaltungsfreiheiten entstanden (z. B. großflächiges Seitenlicht durch Glasfenster werfen Schatten und stärken das Raumempfinden im Gegensatz zu künstlichem Deckenlicht). Die intensive elektronische Kommunikationsvernetzung hat andererseits einige bedenkliche Folgen, auf die wir hier nicht näher eingehen können (Weber 2008, Schirrmacher 2009).

Die Stimmungskomponenten, die sich mit dem dinglichen Ambiente eines Arbeitsfeldes oder einer ganzen Betriebseinheit verbinden und die in der kulturellen Natur von menschlichen Bauwerken liegen, sind jedoch nur ein, wenn auch ein wesentlicher Teil der kognitiven Erfassung der Binnenverhältnisse eines Unternehmens, von der Plattform des Managements aus gesehen.

Die anderen Komponenten beziehen sich auf das geistige Klima, welches sich in einem sozialen Gebilde einstellt und dieses – im Sinne der so genannten Schwarmintelligenz – zu einem koordinierten und synchronisierten Streben bringt. Die beiden Hauptkomponenten sind die Sprache und der Verhaltensstil. Beide hängen mit der Notwendigkeit der Verständigung in einem sozialen Verbund zusammen, ohne den das soziale Ganze nicht angemessen auf die Navigationsimpulse der Unternehmensführung reagiert.

Das geistig-soziale Umgebungsklima, in dem eine Gruppe von Menschen oder ein ganzer Betrieb lebt, hat keine bloß ornamentale Begleitfunktion, sondern ist ein notwendiger Bestandteil jeder Kommunikation. Kommunikation im Sinne von Verständigung ist keine eindimensionale Übertragung von Nachrichten, die zu dechiffrieren man lediglich die Sprache beherrschen muss, sondern wird durch das Umgebungsklima akzentuiert und als „gefärbte" Mitteilung aufgenommen. Das ist eigentlich Alltäglichkeit, doch wird sie oft zu wenig beachtet. Das Umgebungsklima hat eine vergleichbare Funktion wie das Bühnenbild eines Theaterstücks oder der Drehort eines Films.

Kommunikation ist der Stoff, der alle bindet und verbindet, aber auch entbindet und entlastet. Deshalb ist diesem Element der Formierung eines Unternehmens als Ganzheit höchste Aufmerksamkeit zu schenken. Dabei gilt die Grundregel, dass Menschen mit ihren motivatorischen und geistig-schöpferischen Kräften sich zwar sozial einbinden lassen, weil jede Form von Isolation ein Unbehagen auslöst, welches eher zu Rebellion oder Rückzug als zur Mobilisierung von Energien im Interesse des Ganzen führt.

Aber ein wacher und auf die Herausforderungen des (Arbeits-) Umfeldes aktiv zugehender Geist benötigt individuellen Spielraum, denn die Ergebnisse müssen dem Individuum zurechenbar sein und dessen Selbstwertgefühl stärken, auch wenn die Leistungen nur im sachlichen und geistigen Ambiente der Arbeitssituation zustande kommen, also eine Art Vorleistung des Unternehmens sind. Hierin wird abermals deutlich, dass es in einer ganzheitlich operierenden Unternehmensführung stets auf beides ankommt: Aktion und Kontext oder individueller Leistungsantrieb und förderndes Ambiente.

Kommunikation spielt bei alledem eine zentrale Rolle, denn über sie werden nicht nur Informationen (inhaltliche Bedeutungen) übertragen, sondern auch soziale Umgangsstile geprägt. Stil prägend sind die Sprache mitsamt ihren im täglichen Gebrauch gebildeten und allseits verstandenen Floskeln, Jargons, Symboliken, Metaphern und Assoziationen und bestimmte mit übertragene emotionale Aufladungen, z. B. Tonfall, Mimik, Körpersprache.

Die emotionalen Aufladungen können Sympathie, Friedfertigkeit, Hilfsbereitschaft oder auch Aggression, Erniedrigung und Arroganz bekunden. Kommunikationsformen, die – aus Gründen der Rationalität oder durch den Zwang der Informationstechnologie – alles an ästhetischen Nebeneffekten abzustreifen suchen, was nicht der Sache dient, prägen einen sachlichen Stil der Gleichgültigkeit gegenüber dem menschlichen Grundbedürfnis nach kognitiver Fülle und sozialer Einbindung. Kälte wird nicht ohne Grund sprachlich der geistigen und emotionalen Erstarrung zugeschrieben. Sie ist letztlich kontraproduktiv.

Anregende Kommunikation kann, wenn ihr Stil nicht gepflegt wird, ins Gegenteil umschlagen: in unverbindliches Gerede, bewegten Stillstand der Informationsübertragung, Unkenntlichkeit des Wesentlichen, hemmende Überladung mit emotionaler Nebenfracht und viele allzu bekannte Erscheinungen eines ungestalteten Kommunikationsstils. Es ist Sache der Unternehmensführung, nicht nur auf solche Entgleisungen zu achten und in passender Weise zu intervenieren, sondern eine Balance zwischen Strebigkeit und Ausdrucksvielfalt zu finden, sei es durch das eigene Vorbild oder sei es indirekt durch die ästhetische Gestaltung von Umgebungen, die ihrerseits ein deutliches, von der Leitung her kommendes Stilempfinden zum Ausdruck bringen.

3.4.3 Horizonte der Außensicht

Ein Kapitän, der seine Mannschaft hinter sich weiß und ein hohes Maß an kooperativer Verlässlichkeit geschaffen hat, verfehlt seine Aufgabe, wenn er nicht einen geschärften Blick auf die äußere Situation wirft, um in kurzen Abständen die Position und die Richtung der Reise zu bestimmen und sich ein Bild von den herrschenden Zuständen im sich vor ihm erstreckenden Horizont zu machen.

Diese navigatorische Metapher hat ihre Begrenzung allerdings darin, dass ein produzierendes Unternehmen ein sinnlich wahrnehmbares, einen realen Standort einnehmendes Gebilde ist und im Streben nach Gewinn mit der dinglichen Kategorie *Geld* arbeitet. Geld ist allerdings eine ganz besondere Ware. Geld bleibt stets ein dinglicher, d. h. auf materielle Werte bezogener Stoff, z. B. ein Goldvorrat, Grund und Boden, eine bestehende oder in Produktion befindliche Warenmenge (beispielsweise eine Schiffsladung Rohkaffee auf dem Weg von Guatemala nach Hamburg, die beliehen wird).

Gewöhnlich verstehen wir unter Geld nicht diese Stoffe selbst, sondern die amtlichen Bescheinigungen darüber in Form von Geldscheinen, Münzen, bestätigten Bankguthaben usw. Geld, welches für investive Verwendung ausgesondert wird, heißt Kapital. Kapital ist das Ergebnis einer *Entscheidung* über Geld und folglich eine Übereinkunft des Verfügungsberechtigten mit sich selbst, daher also eine durch Kommunikation sich bildende Abstraktion. Das Leben eines Unternehmens ist in gleicher Weise abstrakte Bewegung in Form von ständigen Entscheidungen, solchen des Alltags ebenso wie solchen, die Meilensteine setzen.

Das Wesen eines Unternehmens besteht aus dispositiven Festlegungen: Gründungsbeschlüsse, amtliche und damit juristische Verbindlichkeiten, Profilierung in der Öffentlichkeit durch werbliche Kommunikation, Vertragskonstruktionen über kooperative Verknüpfungen mit Personen und Institutionen im nahen und erweiterten marktlichen Umfeld usw. Ein Unternehmen ist ein absichtsvoll konstruierter und auf eine lange Lebensdauer gezielt eingerichteter Knotenpunkt im Netz internen und öffentlichen Kommunikationen. Es ist eine Abstraktion, die sich allerdings in konkreten physischen Erscheinungen äußert.

Man findet in Lehrbüchern meist eine unscharfe Erklärung der Art, dass ein Unternehmen eine auf Dauer eingerichtete Veranstaltung zum Geldverdienen ist, übersieht aber dabei, dass mit dieser Erklärung das Gedankentor zu einer betont dinglichen Sicht auf das Geschehen in und um Unternehmen geöffnet wird (und in der traditionellen Betriebswirtschaftslehre ist es dabei auch geblieben). Man gelangt aber zu einem Geldüberschuss nicht einfach durch einen geordneten und am Fließen gehaltenen Materialstrom des Tauschs von Geld gegen Rohstoffe oder Waren, deren technische Umwandlung in Erzeugnisse und deren Rückverwandlung in die Geldform durch Verkäufe. Nicht am Geld hängt das Wohlergehen eines Unternehmens, sondern an Gelddispositionen. Inhalt gelingender Unternehmensführung ist nicht das Geld, sondern das Denken an Geld (und in Kategorien des Geldes).

Dieses Denken in Geld ist in der Realität eingebettet in erlebte und gelebte kulturelle Werte der umgebenden Gesellschaft und ihrer Lebensmuster. Der Umgang mit Geld ist bei weitem nicht nur eine Frage der gekonnten Kalküle und Rechenkonstruktionen zur Gewinnoptimierung, sondern hat tiefe Verankerungen in der Kultur, der Umgebungskultur und mit besonderen Akzenten der Unternehmenskultur.

Diese vielleicht etwas umständlichen Vorklärungen sind notwendig, um den kognitiven Charakter eines Unternehmens und damit der kulturellen Grundlagen der Unternehmensführung kenntlich zu machen und deren Operationen in der Außenwelt als auf der dispositiven Ebene angesiedelte Form von Erkundungen, Gestaltungen und Handlungsentschlüssen herauszustellen.

Daraus folgt dann zwangsläufig, dass der Blick des Navigators (des Unternehmers, Managers oder Führungskaders) in das existenziell wichtige Außenfeld bei der visionären Konstruktion eines Außenbildes zwar sinnliche Wahrnehmungselemente (z. B. das Episodenwissen aus einer Vielzahl realer Erlebnisse) einschließt (ohne solche realen Erlebnisse bliebe die innere Vorstellung arm an konkreten Bezügen zur Wirklichkeit), dass sich aber im Kopf einer Führungskraft stets und vorrangig Denkkonstrukte aufbauen, welche im Gestalten und in der Kommunikation mit anderen Gehirnen im kooperativen Umfeld (z. B. einem Vorstandsgremium) zuerst entschussreife Form annimmt, bevor eine endgültige Entscheidung fällt. Diese erst wird dann die Vorlage der dinglichen Ausführung, die schon mit den ersten Handgriffen unumkehrbare Tatsachen schafft.

Aus der Unumkehrbarkeit des Faktischen erklärt sich die besondere Vorsicht (Voraussicht) der Unternehmensführung, sich vor der Anweisung zur physischen Ausführung eines Entschlusses möglichst realitätsnah mit den Aussichten innerhalb des Zeit- und Raumhorizontes zu befassen, um das Risiko des Scheiterns zu mindern.

So manche Firmenpleite ist dadurch verursacht worden, dass investive Fehlentscheidungen zu unumkehrbaren Tatbeständen, etwa die Errichtung einer Fabrik an einem sich später als unergiebig herausstellenden Standort, geführt haben. So manche Bauruine aus kommunalen Fehlentscheidungen zeugt davon, dass gelegentlich zu voreilig politisch motivierte Entscheidungen gefällt und unumkehrbare Tatsachen geschaffen werden.

Fehlentscheidungen sind als solche immer erst im Nachhinein qualifizierbar, es sei denn, die Manager hätten sich unlogischer Denkoperationen schuldig gemacht oder sträflich ihre Erkundungen im Zeit- und Raumhorizont zu früh abgebrochen oder zu lange hinausgeschoben. Wenn dies aber im Augenblick der Entscheidung angemessen ausbalanciert war und offensichtlich auch keine logischen Fehler gemacht wurden, kann man nicht von einer Fehlentscheidung sprechen, denn im Disponieren gibt es keine absolute Sicherheit. Jede noch so durchdachte unternehmerische Operation ist unerwarteten Zufällen ausgesetzt. Das ist kein Fehler oder Mangel, sondern eine Normalität, auf die man sich einstellen muss. Die Wirkungen solcher Zufälle kann allerdings durch Erfahrung, Intuition und navigatorisches Können gemildert werden.

Der Blick in die Außenwelt ist eine gedankliche Operation in die Zukunft eines Aktionsraums, der zwar der Realität in seinen Grundzügen entsprechen muss, aber seinem Charakter nach eine mehr oder weniger durchdachte Einbildung des Gehirns bleibt. Die inneren Bilder der Außenwelt sind auch nur als kognitive Gestalten bearbeitbar, und der Fortschritt des Gestaltungsprozesses von der zunächst vagen, unscharfen Idee bis zu den Konturen einer umsetzbaren Handlung ist ausschließlich kommunikativer Natur.

Diese Kommunikation kann monologisch (im Denken führt man ein lautloses Selbstgespräch) oder auf sprachlich vermittelte Verständigung mit anderen Personen und Institutionen erweitert sein, um einen höheren Grad an Vergewisserungen zu erreichen. Man bewegt sich jedoch ausschließlich in abstrakten Welten des gedanklichen Konstruierens unter Einschluss der schwer fassbaren instinktiven, intuitiven, sensitiven, emotionalen Einflüsse aus den Sphären des Unbewussten, auch wenn (interessanterweise) der Prozess der Kommunikation mit anderen Individuen die dingliche Welt der akustischen, visuellen und taktilen Sprachinstrumente berührt, weil nur auf diese Weise Bedeutungen übertragen werden können.

Anders als bei unumkehrbaren, Tatsachen schaffenden Handlungen sind Gedanken und gedankliche Konstruktionen keiner dinglichen Kausalität unterworfen, nicht einmal einer linearen Logik des Denkens, weil eine Fülle von Eingebungen aus dem Moment heraus ihren unabweisbaren Einfluss ausüben. Denkergebnisse sind also umkehrbar, und das ist der große Vorteil denkenden Abtastens von Handlungsräumen hinsichtlich der Machbarkeit von Ideen und Gestalten. Der Vorteil kann indessen zur Falle werden, wenn – etwa aus Ängstlichkeit – die Gedankenprozesse der Überprüfung der Machbarkeit über ein angemessenes Maß hinausgetrieben werden.

Anders als die Lage eines Menschen auf der Kommandobrücke eines Schiffs auf hoher See oder der eines Wanderers an einem konkreten Standort in der Landschaft hat es der unternehmerische Navigator nicht (oder nicht nur) mit den physisch festen Konturen eines geographisch fixierbaren Raums zu tun, sondern mit einer kognitiven Raumkonstruktion in seinem Gehirn, deren Kongruenz mit der Realität zwar angestrebt wird, aber niemals ganz gesichert ist.

Im Gegenteil: das Denken wandert zu kreativen Erkundungen in Gedankenwelten hinaus, die weit über das Reale hinausreichen, und leuchtet Möglichkeiten für ergiebig realisierbare Innovationen aus. Diese Gedankenwelten oder Gedankenräume haben keinen festen Horizont und nur einen unvollständigen bildlichen Aufbau aus einzelnen Objekten und Objektkonstellationen, die auf frühere Erfahrungen und Erkundungen zurückgehen und sich als einigermaßen verlässlich erwiesen haben.

Jede einzelne ins Auge gefasste Aktion (im Rahmen der Unternehmensführung, auf die wir uns hier thematisch beziehen) beginnt mit einem erneuten Aufbau von inneren Raumvorstellungen, in denen die Aktion stattfinden soll, und kann und wird natürlich an vergleichbare Erfahrungen anknüpfen. Dennoch ist jede einzelne Handlung eine Kampagne für sich mit ihrem eigenen Horizont und ihren eigenen Raumkonfigurationen und sie bedarf in jeden Einzelfall ihrer spezifischen Beurteilung hinsichtlich der ihren Erfolg sichernden Komponenten: technische Realisierbarkeit, wirtschaftliche Vertretbarkeit, rechtliche Durchsetzbarkeit, finanzielle Tragbarkeit, kulturelle Verantwortbarkeit. Die Aktion und ihr Aktionshof entstehen mit dem konstruierenden Blick von Fall zu Fall, von der kleinsten Tat bis zum größten Projekt neu. Deshalb hat jede Aktion ihre eigenen Risiken und bedarf sorgfältiger Erkundungen, auch wenn diese in zahlreichen Situationen auf programmierte Dispositionen zurückgreifen kann.

Dies alles macht deutlich, dass in der kognitiven Konstruktion realitätsbezogener Außenansichten (genauer: Binnenwelten aus Versatzstücken der Außenwelt) das ganzheitliche Denken in Aktionen und Kontexten vorherrscht und dass die Operationen der Unternehmensführung überhaupt ihrem Wesen nach geistig-schöpferischer und damit kultureller Natur sind, dies vor allem auch deshalb, weil die Unternehmung selber ein individual- und sozialkulturelles Gebilde ist, welches sich in der sozialen Realität als komplexes, kommunikativ geformtes Abstraktum öffentlich positioniert.

In der Vorstellung von Außenstehenden, die einen verstehenden Blick auf ein Unternehmen werfen, kann gegebenenfalls das konkrete Bild eines bestimmten Geländes und der Fassaden eines Gebäudekomplexes aktualisiert werden, wenn der Name des Unternehmens oder dessen Logo auftaucht. Das Bild als solches aber besagt nicht viel, wohl aber die darin lesbaren Bedeutungen, die sich erst deutlicher erschließen, wenn man sich weiter reichendes Wissen über den inneren Geist eines solchen Unternehmens angeeignet hat.

3.5 Zielpeilung und Verantwortung

Absichtsvolle Handlungen sind auf zukünftiges Geschehen gerichtet und schaffen mit ihrer Verwirklichung in der betreffenden Gesamtlage neue Fakten. Das heißt, die Situation, in die hinein agiert wird, bleibt nicht so, wie sie in der Gegenwart ist oder sich präsentiert.

Unternehmensführung aus ganzheitlicher Sicht 201

Da auf Märkten solche Aktionen für Außenstehende quasi aus dem Verborgenen heraus zu geschehen pflegen – die strategische Geheimhaltung ist eine wesentliche Eigenschaft des Wettbewerbs –, trägt jede realisierte Tat ein kleines oder großes Moment der Unsicherheit und Überraschung für die Außenwelt bei. Alle Marktteilnehmer sind daher ihrem Wesen gemäß potenzielle Erzeuger von Ungewissheiten. Aus dem gleichen Grund sind die eigenen Handlungen dem Risiko des Scheiterns ausgesetzt, denn selbst bei weitgehend detaillierter, methodisch gesicherter Erkundung von Gegebenheiten und Möglichkeiten in einer (Markt-) Lage muss man in jedem Augenblick mit Überraschungen rechnen.

Nur der Vollständigkeit halber und ohne dies im Detail auszuführen, sei in diesem Zusammenhang erwähnt, dass die Konfrontation eines unternehmerisch Handelnden mit den verschiedensten Momenten des Zufalls und der Überraschungen ein seit eh und je hautnah erlebtes und nicht verdrängbares Problem darstellt, dem man sich in der Praxis jedoch nicht fatalistisch überlassen muss nach dem Motto *Es geschehe, was geschehen muss und nicht zu ändern ist,* sondern indem man nach Formen der Mäßigung und des geschmeidigen Ausweichens sucht. Das hat nichts mit Opportunismus zu tun, sondern gehört zu den unternehmerischen Qualitäten, auf eine existenziell angemessene Weise mit Zufällen umzugehen.

Zur Kultur des Markthandelns gehört es daher, die eigene Position im bewegten Meer des Marktgeschehens durch kalkulierbare Strukturen und gegebenenfalls auch durch Macht zu festigen. Das geschieht mit Mitteln der Kommunikation (und nicht mit Waffengewalt, wie sie in Mafia-Kreisen üblich sind) und kann den Charakter von Verführungen annehmen etwa durch Geld, durch eindringliche Präsenz eines Logos im öffentlichen Bewusstsein, durch die werblich unterstützte Bildung von urheberrechtlich geschützten Marken und Markenartikeln, durch die technologische Führerschaft im Antreiben des technischen Fortschritts und viele weitere Gestaltungsmöglichkeiten. Die Praxis ist darin ausgesprochen erfinderisch, was uns hier aber nicht weiter interessieren muss.

Aus der Perspektive der Unternehmensführung zeigt sich eine der Hauptaufgaben darin, dass über die Fixierung von Zielen die Verläufe der Gesamtentwicklung des Unternehmens strukturiert und damit in Grundzügen regelbar bleiben. Diffuse Zielsetzungen sind eine der häufigsten Ursachen für Desorientierung im Unternehmen und gegenüber der gesamten Außenwelt.

Unternehmensziele sind indessen kein Willkürakt, auch nicht ein logisches Derivat der marktwirtschaftlichen Prinzipien. Das in Lehrbüchern regelmäßig genannte Fundamentalziel der (privatwirtschaftlichen) Unternehmung, nämlich Gewinnmaximierung, ist allenfalls ein radikales Auswahlprinzip unter mehreren Alternativen, aber kein Ziel. Denn ein Ziel setzt einen (freilich eingeschränkt) freien Willen im Vordringen in die Möglichkeiten künftigen Geschehens voraus und wird relativiert durch die Unschärfe der Zukunft hinsichtlich des wirksamen Bedingungsrahmens.

Gewinnmaximierung ist ein logischer Algorithmus in der Kunstwelt eines vollkommen rationalen Marktmodells und ist als Leitprinzip der Praxis selber nur von relativ geringer Bedeutung. Damit wird natürlich nicht behauptet, dass Unternehmen nicht nach Gewinn streben und dies nicht mit Methoden der Suche nach dem Bestmöglichen betreiben würden. Das Streben nach Gewinn hat jedoch in der Praxis mehr mit dem Abtasten eines nur ungenau erfassbaren Möglichkeitsraumes zu tun als mit der bestechenden Logik der Maximierung einer mathematischen Funktion.

Auch ein Lottospieler strebt nach hohem Gewinn und setzt methodisch vielleicht alles daran, den Zufallsgenerator der Zahlenziehung zu überlisten, was ihm nun wieder aus logischen Gründen nicht gelingt. Doch sein Ziel ist ebenso wie das eines Spielers im Casino, eines Spekulanten an der Börse, eines Mitbieters auf einer Kunstauktion oder eines Headhunters auf der Jagd nach den besten Köpfen für seinen Auftraggeber lediglich eine wachsame Peilung in einem unübersichtlichen Aktionsraum. Das Ergebnis einer solchen Peilung stammt nicht aus mathematischen Formeln, angewandt auf die Binnenverhältnissen des Spielers (auch der Unternehmer als Marktteilnehmer ist im Grunde ein Spieler, wenn auch nicht ein solcher, wie ihn Dostojewski in seinem Roman *Der Spieler* beschrieb), sondern ergibt sich aus der Treffsicherheit der Bestimmung wesentlicher Komponenten des äußeren Handlungsraums und kann und muss häufig regelmäßig revidiert werden.

Zielpeilung kann die Funktion haben, den Weg als festes Leitgebilde hin zu einem Fixpunkt am Horizont in ständiger Anpassung dahin zu bestimmen, und zwar unter der Geltung von Prinzipien der bestmöglichen Mittelverwendung und der Verantwortbarkeit des eingeschlagenen Weges. Beide Versionen sind im Prinzip denkbar: Im einen Fall geht man von der Unverrückbarkeit eines eingeschlagenen Entwicklungsweges aus, beispielsweise die seit Manager-Generationen aufgebaute Kompetenz in einer bestimmten Technologie, und peilt Ziele an, die mit den verfügbaren Ressourcen ohne Umwege und Verluste erreichbar erscheinen. Im anderen Fall gilt ein bestimmtes Ziel als so erstrebenswert, dass nahezu jede Neuformierung verfügbarer Ressourcen auch unter Inkaufnahme partieller Verluste in Betracht kommt. In industriellen Großunternehmen mit hohem Grad an technologischer Aufrüstung in der Produktion kommt diese zweite Version kaum in Betracht.

Jede Zielpeilung bedeutet eine Zumutung an den eigenen Ressourcenapparat und einen Eingriff in eine äußere Gesamtsituation, die einer weiteren Denkleistung unterliegt: Verantwortung im erweiterten ethischen Sinne der Anerkennung von Rücksichten auf die Lebensbedürfnisse und Wertbestände anderer (Bendixen 2009 a). Eine riskante Zielpeilung kann im Inneren eines Unternehmens Belastungen zur Folge haben, die das Maß an Zumutungen, beispielsweise an Arbeitsdruck oder Verlustängsten bezüglich des Arbeitsplatzes oder des persönlichen Einkommens, überschreiten. Unternehmerische Verantwortung ist nicht zu verwechseln mit der Einhaltung von Rechtspflichten, sondern spiegelt die besondere (Vor-) Macht der Gestaltung von sozialen Verhältnissen wider.

Ein Ziel mag andererseits zwar von der Leistungsbereitschaft der Binnenlage eines Betriebs her akzeptierbar sein, aber gerade durch die innere Übereinstimmung eine höhere Energie der Umsetzung in der relevanten Außenwelt freisetzen, die das Maß an zumutbaren Schädigungen anderer überschreitet. Die Fälle, in denen Unternehmensleitungen mit Zustimmung des Betriebsrats schädliche Produktionstechnologien hochfahren (um damit Arbeitsplätze zu sichern), sind keineswegs selten.

Viele indirekte Schädigungen oder Spätfolgen haben ihre Ursache in der Unvollständigkeit und Unvollkommenheit der ganzheitlichen Wahrnehmung, Deutung und Folgenabschätzung einer bestimmten Handlungsstrategie. Man kümmert sich oft nicht um die weitreichenden Folgen für ein Land der Dritten Welt, welches seine fruchtbaren Böden unter dem Druck des internationalen Rohstoffhandels für Cash-Crop, also exportierbare Rohstoffe, hergeben müssen, statt sie der Nahrungsmittelversorgung der eigenen Bevölkerung zu überlassen (Montgomery 2010).

Dritter Teil: Eine Bilanz

1 Die Wirtschaft verändert die Welt – Aber wohin?

Unternehmerische Qualitäten haben in langen Perioden der Vergangenheit eine variantenreiche und bewegte Wirtschaftsweise hervorgebracht, ohne die der heute Stand der Zivilisation undenkbar wäre. Auch wenn noch viel zu tun bleibt, so zeichnen sich doch in aller Härte Konturen einer Zukunft ab, die von den Gestaltern unserer Geschicke eine Wende, wenn auch keine Kehrtwende verlangen wird. Unternehmerische Initiativen können kreative Träger sein, indem mit Erfahrung und Können die Zeichen der Zeit, insbesondere die Erschöpfungssignale der Natur, aber auch die Verwahrlosungszeichen der Kultur und Zivilisation, erkannt und als profitable Chancen aufgegriffen werden.

Welche Richtungen sich als tragfähig und damit zukunftsträchtig erweisen, ist nicht mehr Sicherheit zu sagen (sonst könnte man sie einfach planen), sondern müssen ertastet und getestet werden, und genau dazu braucht es bestimmter unternehmerischer Qualitäten, nicht nur, aber doch zur Hauptsache in der Wirtschaft.

Die Überschrift *Die Wirtschaft verändert die Welt* greift einen scheinbar lapidaren Vorgang auf. Natürlich verändert die Wirtschaft die Welt. Aber es ist schon weniger lapidar zu fragen, welche historischen Bedingungen des Weltgeschehens historisch und geographisch ganz bestimmte Formen von Wirtschaft haben entstehen lassen. *Die* Wirtschaft ist ein so allgemeiner Begriff, dass die unzähligen Varianten an Wirtschaftsstilen im Raum und in der Zeit als Differenzierungsmerkmale fast verschwinden.

Zugespitzter wäre schon die Frage: Wie konnte der Wirtschaftsstil der Europäer, wo immer sie sich auf dem Globus niederließen und aktiv wurden, in so auffälliger und nachdrücklicher Weise eine fast überwältigende Formmacht werden? Zwar hat die Marktwirtschaft als geregelte Struktur des Warenaustauschs einen langen historischen Vorlauf gehabt, dessen Quellen nicht in Europa lagen. Aber kulturgeschichtliche Bedingungen auf diesem Kontinent haben den modernen Formen einen unwiderruflichen Stempel aufgedrückt, der eng mit der Kultur des Individualismus (als Forscher, Abenteurer, Unternehmer, Entdecker, Wegbereiter, Ingenieur, Künstler, Philosoph, Feldherr, (absolutistischer) Herrscher, politischer Träumer) zusammenhängt.

Unternehmer sind zwar nur ein Teil dieses europäischen Umbruchs, der mit dem Beginn der Renaissance einsetzte und bis heute fortwirkt. Aber sie konnten keine Alleingänger sein, sondern ihre Bestrebungen waren stets eingebettet in die allgemeinen kulturellen Aufbruchentwicklungen der (Natur-) Wissenschaft und Technik, der militärisch-technischen und nautischen Neuerungen und der allmählichen Befreiung von obrigkeitlicher Bevormundung. In der Wirtschaft haben sie die entwicklungsfähigen Kräfte gebündelt, so dass wir heute weltweit von einer Wirtschaftsgesellschaft, im Unterschied zur bürgerlichen und davor aristokratischen und religiös-klerikalen Gesellschaft, sprechen können.

Die Wirtschaft, also nach landläufigen Vorstellungen die Gesamtheit aller aktiven Unternehmer sowie solcher, die sich nur passiv als Investoren einbringen, kann die Welt verbessern, wenn Unternehmen Erfindungen (eigene oder eingekaufte) auf ihre Lebensdienlichkeit und ökonomische Verwertbarkeit prüfen und für ihren Einbau in die menschlichen Lebensmuster sorgen. Sie kann zu einem zivilisatorischen Problem werden, wenn Profitgier über alle Rücksicht auf soziale und natürliche Werbestände siegt und damit zur Verschlechterung der Aussichten der menschlichen Zivilisation beiträgt. Die Frage nach der Richtung und Qualität der Veränderungen, die durch die Wirtschaft bewirkt werden, ist nicht von Anfang an und für alle Zeit ausgemacht.

Der Begriff *Wirtschaft* umfasst im allgemeinen Sprachverständnis die produzierende Seite des Marktes, also sämtliche Unternehmen der Gütererzeugung und des Dienstleistungsgewerbes. Diese Abgrenzung gegenüber den übrigen Marktteilnehmern, also den privaten und öffentlichen Haushalten und den zahlreichen Institutionen des Staates und der Kommunen, welche benötigen und verbrauchen, was die Wirtschaft herstellt, ist nicht unproblematisch.

Die klassifizierende Aufteilung zwischen Erzeugung und Verbrauch und damit Polarisierung von produzierendem Gewerbe und konsumierenden privaten und öffentlichen Haushalten stammt aus der historischen Kampfphase der Ablösung von merkantilistischen Vorstellungen der Unterordnung von Handel und Gewerbe (einschließlich Landwirtschaft) unter die Erfordernisse des Staates. Man hat – genauer vor allem: Adam Smith hat – die Wert schöpfende Arbeit der (Kapital einsetzenden) Produzenten vor allem gegen die nicht-produktive Tätigkeit von Staatsorganen unterstreichen wollen. Dieser Akzent verdankt sich dem gesellschaftlichen Ringen um Befreiung der erzeugenden und Handel treibenden Wirtschaft von obrigkeitlichen Kommandos um der Vorteile willen, die die Nation als Ganzes erlangen kann und will. Das war die philosophische Stoßrichtung Adam Smiths.

Die Trennung zwischen Erzeugung und Verbrauch (oder Gebrauch) ist institutionell gemeint, nicht prozessual. Offenbar spielte bei dieser Vorstellung keine Rolle, dass der Produktionsprozess, nämlich die Zurichtung von natürlichen Ressourcen für menschlichen Bedarf, ja nicht aufhört, wenn ein Erzeugnis das Werkstor einer Fabrik in Richtung Haushalte verlässt. Haushalte sind Weiterverarbeiter, und erst ihre vollendenden produktiven Ergebnisse erzeugen geistige und körperliche Leistungsfähigkeit und soziales Wohlbefinden. Selbst hier ist, genau genommen, ja nicht der Endpunkt der Erzeugung, sondern nur ein markanter Übergang zur Einbringung jener produktiven Energien, die in den ursprünglichen Produktionsprozess in Form von Arbeitsleistungen wieder einfließen.

Die Wirtschaft ist daher nur eine Phase in einem Kreislauf, allerdings eine ganz besondere Phase, denn die kulturellen Leistungen, aus natürlichen Ressourcen eine hochgradige Zivilisation hervorzubringen, spielen sich zur Hauptsache in dieser Phase ab. Sie ist das Sammelbecken von Erfindungen, Experimenten, abenteuerlichen Versuchen und kreativen Praktiken, in das die Geistesströme aus Wissenschaft, Kunst und Politik einströmen. Deshalb liegt es fast in der Natur der Zivilisationsentwicklung, dass die Wirtschaft heute das stärkste Machtzentrum geworden ist, das weltweit die Geschicke der Nationen bestimmt und, wenn nicht Weisheit in der Wirtschaftspraxis zur Geltung kommt, zugleich Gefahr läuft, die wachsende Spannung zwischen Natur und Zivilisation zu überdehnen.

Der unmittelbare Zweck produzierenden Wirtschaftens ist die Versorgung mit Mitteln des guten Lebens, aber der tiefere Sinn erfüllt sich erst in den Stärkungen und Steigerungen eines erstrebten Niveaus an kultiviertem Leben – individuell wie sozial. Eine scharfe Trennlinie zu ziehen zwischen Produzenten und Konsumenten, ist methodologisch unergiebig, weil es Lebensprozesse gedanklich unterbricht, die einem gemeinsamen Strom angehören. Sich die Wirtschaft wissenschaftlich besonders vorzunehmen, wie es die Traditionen der Ökonomie tun, macht dennoch Sinn, weil es sich – wie eben geschildert – um eine herausgehobene Phase des Lebenskreislaufs und ein mächtiges Gestaltzentrum handelt. Es bleibt aber zugleich Aufgabe der Wissenschaft, den Kreisverkehr nicht aus dem Blick zu verlieren.

Beide Seiten des Marktes sowie im weiteren Umkreis die dem Marktgeschehen nahen Gestalter der Rahmenbedingungen, z. B. die gelebte Kultur, die Rechtsordnung und die (mit Wirtschaftsfragen befassten) Wissenschaften stellen eine systemische Einheit dar. Dies kommt spätestens dann zum Vorschein, wenn strukturelle Umstellungen und prozessuale Umlenkungen notwendig werden. Die allmähliche Umsteuerung der Energieversorgung von fossilen Ressourcen auf Wind-, Wasser- und Sonnenenergie beispielsweise ist zwar Sache der Wirtschaft. Aber sie wird keine durchschlagenden Erfolge erzielen, wenn die Umsteuerung nicht vom Willen der Bevölkerung (die unter Umständen finanzielle und andere Belastungen akzeptieren muss), von den politischen Institutionen, von der Rechtsordnung und vor allem den Wirtschafts- und den Ingenieurwissenschaften aktiv gestützt wird.

Es sind zu viele geschichtliche Kräfte am Arbeiten, die sich wechselseitig verstärken, durchkreuzen oder neutralisieren und die als kompakte und komplexe Bündel den Gang der Wirtschaftsgeschichte bestimmen. Unternehmer, Politiker, Abenteurer, Forscher, Künstler, Priester und Neurotiker jeglicher Provenienz sind niemals nur bloße Täter, sondern sind auf lokaler, regionaler oder globaler Ebene in laufende Geschehnisse Eingreifende, weil die äußeren Umstände sie dazu verlocken, erpressen oder verdammen. Die reine Zweck-Mittel-Logik vergisst, dass man als Handelnder niemals ein freies Feld vor sich hat, sondern selber Teil einer lebendigen Umwelt ist. Es ist immer schon irgendetwas da und in Bewegung.

Was geschieht, geschieht für den auf Taten Eingestellten stets in einem objektiv nicht vollständig und nicht immer detailgenau erfassbaren Ambiente. Die menschliche Tat ist ein Reflex auf diese Verhältnisse. Die Einschätzung von Entwicklungen ebenso wie das Anpeilen von fernen Zielen muss stets die eigenen Absichten und zu mobilisierenden Kräfte in Beziehung zu ihrem nie still stehenden Umfeld setzen. Diese auf die Wirklichkeit zielende Relativierung ist der Grund dafür, dass Methodologien, die auf der Optimierung von Zweck-Mittel-Verhältnissen beruhen (dazu gehört vor allem die Betriebswirtschaftslehre), für die Auslegung von langfristigen Entwicklungen und das Navigieren in den Gefilden der nahen und fernen Zukunft unzureichend, wenn nicht irreführend sind.

Es scheint, dass der Mensch seine Geschichte zwar selber macht, aber er beherrscht sie nicht. Ob ein vorbestimmtes oder unnahbar übermächtiges Schicksal die (unsichtbare) Hand am Ruder der Geschichte hat, ein Gott, ein Weltgeist, eine Naturabsicht oder der Meister Zufall, mag man ernsthaft glauben oder als bloße Hilfskonstruktion betrachten. Allzu weit jedenfalls reichen begründete Blicke in die Zukunft nicht, denn, ob vorbestimmt oder offen, die Ausgänge von Entwicklungen der menschlichen Daseinsbedingungen sind nahezu unergründlich.

Der Glaube an eine unsichtbare Hand (das war nicht nur Adam Smiths Vorstellung, vgl. Bendixen 2009 b) lähmt, denn das Signal heißt: Lass geschehen, was geschieht (laisser faire); die göttliche Schicksalsmacht über dem Menschen wird es richten. Also muss man weder lange nachdenken noch Energien gegen diese Übermacht der unsichtbaren Hand aufwenden. Diese Überzeugung lag den Traditionen des ökonomischen Denkens der Klassiker zugrunde und lebt in den Winkeln der neoklassischen Theorien weiter. Solche Überzeugung hilft uns nicht, denn sie bremst die Motivation zu aktivem Denken und Handeln aus und ergibt sich gefügig oder frustriert dem Schicksal.

Was uns in der Zukunft erwartet, können wir allenfalls erahnen oder mit ausgeklügelten Wahrscheinlichkeiten rechnerisch zu bestimmen versuchen. Aber

Die Wirtschaft verändert die Welt – Aber wohin?

Gewissheiten lassen sich daraus nicht ableiten. Dennoch kann geschärfte Beobachtung der Entwicklungen der Welt die Konturen von Veränderungen frühzeitig erkennen und einschätzen, wie viel Zeit für Gegenmaßnahmen bleibt oder welche Vorkehrungen begonnen werden können, um sich dem unvermeidlichen Wandel einzufügen.

Die Lage ist vergleichbar mit der eines Autofahrers, der sein Lenkrad nur relativ sanft bewegen muss, wenn er auf größere Entfernung eine Störung auf der Straße vor ihm erkennt, der aber heftig reagieren müsste, wenn unmittelbar vor ihm etwas Unerwartetes geschieht, das ein plötzliches Herumreißen der Lenkung erfordert (mit häufig verheerenden Folgen). Es kommt also darauf an, Zeit zum überlegten Reagieren zu gewinnen. Zeit gewinnen ist ein wesentlicher Kern der Kunst der unternehmerischen Navigation, und in eben dieser Kunst liegt die Vernunft unternehmerischer Arbeit und eine ihrer Qualitäten.

Damit stellt sich heute (wie zu jedem beliebigen anderen Zeitpunkt in gleicher Weise) die entscheidende Frage, wie viel Zeit jedem einzelnen von uns und insbesondere denen bleibt, die irgendwo am Ruder stehen und Hand anlegen (wörtlich also Manager sind, wenn man diesen Begriff vom lateinischen >manus agere< ableitet), um auf unerwartete Ereignisse im weiten Feld des Marktgeschehens reagieren zu können. Die Einschätzung der verbleibenden Zeit zu überlegtem Handeln hat wenig mit Mathematik, aber viel mit perspektivischer Weitsicht, ganzheitlicher Deutung von Situationen, Intuition und Erfahrung zu tun.

Diese Eigenschaften sind vermutlich eher bei denen zu finden, die ständig am Ruder stehen, als bei denen, die von der hohen Warte aus Politik machen oder Theorien und Modelle aufstellen (Tätigkeiten, die natürlich aus anderen Gründen unverzichtbar sind). Wir können sagen, dass eine auf die übermächtigen Verhältnisse des Weltgeschehens reagierende Gestaltungspolitik über die Rahmenbedingungen zwar eine notwendige Stütze für aktives Handeln darstellt, dass aber die Taten Einzelner und in der Summe die daraus hervorgehenden Bewegungen des Ganzen aus der Bodenverhaftung heraus erfolgen müssen. Ohne das individuelle Handeln bleibt jede noch so kluge Strategie eine leere Hülle.

Was ist das für ein Szenario des Weltgeschehens, von dem wir heute ausgehen müssen? Eine solche Frage angemessen zu beantworten, würde eine weitere ziemlich voluminöse Abhandlung erfordern. Wir begnügen uns hier mit einer perspektivischen Skizze, die zwei Hauptbühnen der Weltentwicklung ins Auge fasst: zum einen die globalen Veränderungen der natürlichen Lebensverhältnisse des Menschen und zum anderen die fundamentalen Brüche und Neuformierungen der Weltzivilisation und darin insbesondere der Weltwirtschaft.

Auch wenn beide Hauptbühnen – historisch gesehen – gerade erst ihren Epilog beendet und in den ersten Teil des Dramas eingetreten sind, zeigt sich heute schon das Ausmaß an Umstrukturierungen, auf die sich jeder von uns und insbesondere die Lenker in den Unternehmen einstellen müssen. Das Drama hat in unserer Zeit gerade erst begonnen, aber im Unterschied zum Theater kennen wir die weiteren Akte und Szenen und insbesondere das (tragische oder komische) Ende nicht. Im Grunde bleibt nur das allgemeine Ziel, dass es überhaupt nicht zu einem Ende kommt, sondern wir kulturell und weltzivilisatorisch weiter gehen können unter annehmbaren Lebensbedingungen.

Warum betone ich immer wieder die Unternehmen, nicht aber in gleichem Nachdruck die Politiker oder die Wissenschaftler? Die kurze Antwort: Die Wirtschaft hat sich über Jahrhunderte zum substanziellen Kern der modernen Zivilisation entwickelt und hat die entscheidenden physischen und geistigen Energien in ihrer Verfügung, die wir zur Umsteuerung benötigen. Wir werden daher die notwendigen Veränderungen nicht schaffen, wenn nicht diese Energien in nachhaltig lebensdienliche Richtungen gelenkt werden können. Um hier einem möglichen Irrtum vorzubeugen: Die Energien, über die die Wirtschaft verfügt, sind nicht das Kapital oder Investivvermögen, das sich dort versammelt hat, sondern das sind die geistig-schöpferischen Potentiale, aus denen lebensdienliche Innovationen hervorgehen können.

Die Kraft und Macht der Wirtschaft beruht nur vordergründig auf dem Geld, welches im gesamten Tauschverkehr nichts als eine spezifische Ware von unermesslich komplexer Wertverdichtung darstellt. Die Kraft und Macht der Wirtschaft beruht vielmehr auf der breiten Zustimmung der Menschen, die ihre Lebenshoffnungen an die Wirtschaft hängen (als Geldverdiener ebenso wie als Verbraucher). Die Akzeptanz von Gestalten und Konzepten der Wirtschaft sind ein kulturelles Kapital, das von der Gesellschaft vergeben wird und auf das die Wirtschaft angewiesen ist. Dieses kulturelle Kapital braucht verständige Menschen in der Gesellschaft, also Bildung und nochmals Bildung als Staatsaufgabe.

Was hat nun im Verlauf der jüngeren Kulturgeschichte die besondere Macht der Wirtschaft bewirkt? Sie hat zweifellos dem allgemeinen Wohlstand einen ungeahnten Auftrieb beschert und der Welt vorgeführt, wie mit Anstrengung und Geduld der Weg der Zivilisation mit technischen Mitteln der Versorgung von den täglichen Nahrungsmitteln bis zur medizinischen Grundausstattung organisiert werden kann. Dieser zivilisatorische Weg gilt als gangbar und die anvisierten Zustände als erstrebenswert, und er wird – mit Ausnahme fundamentalistischer Skeptiker – jenen anempfohlen, die noch am Anfang stehen.

Das ist das Bild der Vorreiterrolle des industrialisierten Westens, welche in den Augen mancher der davon noch Ausgeschlossenen als eine seltsame Mischung aus Wohlwollen und Bevormundung erscheint und die sie deshalb als Abwertung ihrer kulturellen Traditionen empfinden. Aus dieser Spannung haben manche Wissenschaftler, beispielsweise Samuel P. Huntington (Huntington 2002), auf einen unvermeidlichen Zusammenprall der Weltkulturen geschlossen.

Die Wirtschaft verändert die Welt – Aber wohin? 213

Der Analyse Huntingtons und vieler anderer fehlt jedoch in der Regel die stille oder lärmend vorgetragene Warnung und Belehrung, dass eine von westlichen Lebensmustern geprägte Weltzivilisation vielleicht selber keine Dauerlösung darstellt, sondern des grundlegenden Wandels bedarf. Mit anderen Worten: Ohne eine gewisse Portion Selbstaufklärung können die wahren Gehalte kritischer Positionen gegen den westlichen Zivilisationsweg nicht einmal erkannt werden.

In einer groben Einschätzung des kulturgeschichtlichen Weges der westlichen Zivilisation – mehr als eine arg verkürzte Andeutung können wir hier nicht leisten – kommt man zu dem Ergebnis, dass das Wohlbefinden des westlich kultivierten Menschen auf einer folgenreichen Abspaltung der geistigen von der körperlichen oder materiellen Befindlichkeit beruht. Die westliche Zivilisation hat dort angepackt, wo der Mensch früherer Zeiten am meisten geplagt wurde: Hunger und elende Lebensverhältnisse.

Auf die Beseitigung eben dieser physischen Mängel ist die technologische Entwicklung ausgerichtet gewesen, und die Erfolge auf diesem Gebiet sind nicht zu bestreiten und können als denkbarer Weg auch jenen in der Dritten Welt angeraten werden, die in dieser Richtung noch vorankommen wollen. Materielle Aufbesserung der menschlichen Lebensverhältnisse muss jedoch nicht zwingend mit der Erosion überkommener kultureller Wertorientierungen verbunden sein, wenngleich ein durch die langsame Entwicklung von unten her getragener Wandel zweifellos eintreten wird. Die Adaption technischer Errungenschaften muss jedem selbst überantwortet werden.

Diese umrissartige Beschreibung der westlichen Zivilisation erfasst die auch heute noch gültige Ethik der Beseitigung von Mängeln der materiellen Versorgung. Doch sie lässt gewöhnlich beiseite, dass der Mensch nicht nur ein biologisch-organisches Wesen ist, sondern ein unteilbares kulturell geformtes Ganzes, eben ein Individuum, welches mit Denkfähigkeit und Empfindungen, mit kreativen Potentialen und angeeignetem Können ausgestattet ist und das diese Komponenten auch einbringen will in seine Lebensgestaltung. Die westliche Zivilisation hatte im Zeitalter der Aufklärung einen starken Auftrieb erhalten, in deren Schoß die industrielle und wissenschaftlich-technische Revolution im 18. und beginnenden 19. Jahrhundert ihren Ausgang nahm.

Kants berühmte Aufforderung, sich aus der selbst verschuldeten Unmündigkeit zu befreien, hat gesellschaftspolitisch in der Gestaltung demokratischer Verhältnisse ihren deutlichen Ausdruck gefunden. Demokratie aber beruht eben auf dem (einigermaßen) aufgeklärten und dem sich (einigermaßen) seiner Mündigkeit bewussten Individuum. Das tägliche Leben des Menschen im westlichen Industriezeitalter hat, wenn wir das so plakativ verkürzen dürfen, der materiellen Versorgung den Vorrang gegeben vor der immer wieder neuen Anstrengung zur geistigen und emotionalen Kultivierung des Menschen als Einzelwesen und Mitglied der Gesellschaft.

Hier hat nun die Wirtschaft, deren Credo bekanntlich die Ethik der materiellen Versorgung darstellt, seit Beginn der Neuzeit kräftig in die Richtung der Prägung verführerischer Hoffnungen auf ein glückliches Leben in dinglicher Sorglosigkeit gewirkt. Kein Wunder, denn Geld wird mit materiellen Gütern und Dienstleistungen verdient, nicht mit geistlichen und geistigen Genüssen.

Nicht zu den traditionellen Aufgaben der Wirtschaft gehört – in dieser Logik – die Bildung des Menschen zu einem Zivilisationsmitglied. Das ist Sache der jeweiligen Bildungspolitik und der Bildungssysteme. Aber wo stehen wir heute in Sachen Bildung angesichts des unfassbaren Übergewichts materieller Macht und monetärer Einflüsse, die der Bildung kaum noch jene fundamentale Rolle in der Gesellschaft einräumt, die deutlich weiter reicht als die berufliche Qualifikation für das Funktionieren in der Wirtschaft?

Von den Märkten geht heute direkt und über die Medien indirekt eine überaus kräftige Prägung der materiellen Lebensgestaltung aus, die die mentalen und psychischen Bedürfnisse des Menschen auf die Befriedigung materielle Bedürfnisse zurichtet und ihnen ihren Eigenwert und ihre Eigenständigkeit nimmt.

Der Mensch ist ein Kulturwesen. Bringt man ihn auf den Pfad der unbedachten, instinktiven Nachgiebigkeit gegenüber seinen physiologischen oder animalischen Bedürfnissen und unbeschwerten Genussverlangens, macht man seine Kreativität stumpf und ihn selbst willig und verführbar. Der Konsument wird zu einem unproblematischen Wesen, und genau darin liegt eine ungeheure Gefahr, denn es fehlt das notwendige Korrektiv auf dem Markt, welches den entgrenzten Bestrebungen der Wirtschaft nach Wachstum und Gewinnsteigerung aus kulturellem Selbstbewusstsein entgegen treten kann, und es fehlt jenes Maß an unternehmerischen Qualitäten, die man nicht nur in der Wirtschaft selbst, sondern letztlich in allen menschlichen Lebensbereichen, selbst den privaten, braucht.

Nicht im Prinzip, wohl aber in der Übertreibung dieser massiven materialistischen Prägungen liegt eine deutliche Tendenz zur Rückbildung aufgeklärter Zivilisation. Dies ist kein Vorwurf; weder an die konsumierenden Menschen (die Selbstbefreiung aus der Unmündigkeit war immer eine schwierige Prozedur, und der Rückfall in dieselbe dürfte es ebenfalls sein) noch an die produzierende Wirtschaft, denn sie folgt nur ihrer inneren Rationalität und bezieht ihre moralische Energie aus dem Grundgedanken der Vorsorge gegen gravierende Mängel, was selbstverständlich moralische Verfehlungen nicht ausschließt.

Die Hauptkritik muss sich an die Politik richten, der anscheinend die Kraft der Vision fehlt, und an manche Wissenschaften, die ihre Aufgabe der kritisch distanzierten Weltinterpretation im Angesicht der heutigen Bedrohungsscenarios

Die Wirtschaft verändert die Welt – Aber wohin?

nicht oder viel zu schwach wahrgenommen hat. Das gilt nicht nur, aber zur Hauptsache für die vorherrschende neoklassische Ökonomik und große Teile der Betriebswirtschaftslehre. Die traditionelle Betriebswirtschaftslehre fragt gewöhnlich nur nach dem Wie (macht man das oder jenes in der Praxis?), aber nicht nach dem Warum (nämlich der Vernunft der Begründung von Zwecken).

Das systematische Ausbleiben von Gegenkräften gegen die zivilisatorischen Übertreibungen, die von mächtigen Teilen der Wirtschaft ausgehen, ist heute das größte Problem. Der Stoffumsatz, den der Mensch durch Nutzung der Gegebenheiten der irdischen Natur in Gang gebracht hat, kann, darin sind sich alle seriösen Wissenschaftler einig, in der bisherigen Form nicht fortgesetzt werden. Mächtige Teile der global operierenden Wirtschaft stemmen sich nach wie vor gegen die fundamentale Einsicht, dass das Verhältnis von Weltbevölkerung zum verfügbaren Potential an Nahrungsmittelproduktion schon jetzt völlig aus dem Ruder gelaufen ist. Während die Weltbevölkerung rapide wächst, nimmt das Volumen an landwirtschaftlich nutzbarem und kultivierbarem Boden durch großagrarische Technologien und Erosion sowie durch Versiegelung durch Siedlungsbau in erschreckendem Tempo ab (Montgomery 2010).

Der Appell an eine Umstrukturierung geht sehr tief in gewohnte Lebensverhältnisse hinein und richtet sich zur Hauptsache an die Lebensverhältnisse in den westlichen Industrieländern. Bei ihnen liegt der Schlüssel für den Wandel, und dieser wird nicht oder jedenfalls nicht rechtzeitig genug stattfinden, wenn er allein der Politik aufgetragen wird. Der Wandel muss vom Grund her, also von der praktizierenden Wirtschaft und den sich besinnenden Konsumenten ausgehen. Es geht nicht um bloßes Einsparen von Ressourcen, so wichtig auch dieser Ansatz ist, sondern es geht um einen Wandel der Lebensstile, die ihr Hauptgewicht darauf legen, den Menschen als ein Kulturwesen zu sehen und dessen mentale und emotionale Lebenskräfte zu stärken und seinen materiellen Hunger auf ein kultiviertes Niveau zurückzuführen.

Der Stoffumsatz des Menschen mit der irdischen Natur und den Energien, die von der Sonne auf die Erde gelangen und dort die fragilen Strukturen der Biosphäre aufrecht erhalten, ist der Hauptgrund für ein neues Denken, das auf die Erkenntnisse der Naturwissenschaften, insbesondere der Physik, zurückgreifen muss. Die Erkenntnis, dass Materie, also die Stofflichkeit, wie wir sie auf der Erde erfahren, nur ein besonderer Energiezustand ist, dass es Materie als etwas Ursprüngliches genau genommen nicht gibt: *Materie ist nicht aus Materie aufgebaut* (Dürr 2009, 86), sondern aus Form, Gestalt, Symmetrie, Beziehung. *Wenn Materie nicht aus Materie aufgebaut ist, dann bedeutet das: Das Primat von Materie und Beziehung dreht sich um: Das Primäre ist Beziehung, der Stoff das Sekundäre... Am Ende allen Zerteilens von Materie bleibt etwas, das mehr dem Geistigen ähnelt – ganzheitlich, offen, lebendig.* (Dürr 2009, 86).

Aus dieser naturwissenschaftlichen Erkenntnis lässt sich begründen, weshalb wir methodologisch auch auf der Ebene des Materiellen und über diesem des Geistigen in den menschlichen Verhältnissen eine ganzheitliche Betrachtungsweise bevorzugen müssen, um lebensdienliche Entwicklungen einleiten zu können. Auf die Erfahrungsebene unternehmerischen Handelns projiziert, bedeutet das: Lebensdienliches, die offene Zukunft ins Auge fassendes Wirtschaften, bewegt sich in einem physischen und geistigen Kräftefeld, das stets als eine Ganzheit erscheint und auf Eingriffe reagiert. Für einen Unternehmer oder Manager ist das im Grunde eine alltägliche Erfahrung, denn die Einschätzung einer Marktlage ist keine Berechnung eines Mechanismus, sondern ein auf Erfahrung, Wissen und Intuition sich aufbauendes Gesamtbild, welches dem Akteur ein subjektiv zureichendes Vertrauen vermittelt.

Wie kann, das ist hier die Frage, diese ganzheitliche Vorgehensweise wissenschaftlich gestützt werden? Auch das ist eine offene Frage, denn die meisten Ingenieur- und Betriebswissenschaften ruhen noch immer in den Traditionen des Denkens in Naturgesetzen, welche für den Sonderstatus des Materiellen gelten. Sie suchen nach Kausalitäten und ordnen sie eindeutigen Zwecksetzungen zu. Sie erwarten Planungen, die ein nicht mehr hinterfragbares Ziel zu operationalisieren versuchen, statt sich für das Navigieren in nur unvollkommen beherrschbaren Prozessgeflechten zu rüsten.

Die unvollkommene Beherrschung rührt daher, dass Abläufe in der realen Welt, selbst manche automatisierten Abläufe in der Produktion, einer von Zufällen durchsetzen Welt ausgesetzt sind. Eine automatisierte Produktionsstraße läuft und läuft, bis ihr durch Schaltungen Einhalt geboten wird oder werden muss. Aber diese Produktionsstraße hat ja nur Sinn im gesamten äußeren Energiefeld des Handelns, in welchem kulturelle, dispositive, emotionale Faktoren das Sagen haben. Die geistige Welt der äußeren Lage wirkt auf die inneren Kausalitäten in technisch isolierten Mechanismen zurück. Auch der raffinierteste Automat, den man glaubt perfekt zu beherrschen, unterliegt ungeahnten Kräften, wie wir in diesen tragischen Tagen (März 2011) in Japans Atommeilern in Fukushima erleben mussten.

Die Fehlentwicklungen, die im Geiste des technischen Fortschritts aus dem Kräftefeld wirtschaftlicher Nutzungsinteressen immer schon angelegt waren, sind heute in eine Phase der Entgrenzung und Übertreibung geraten, die die Risiken eines irreversiblen Umbruchs der irdischen Biosphäre immer deutlicher werden lassen. Dieses Bild legt eindringlich nahe, in welche Richtung sich wirtschaftliche Praktiken, insbesondere Unternehmensführung, bewegen müssen: Vorrang über materielle Grundorientierungen müssen geistige Kategorien gewinnen, die in sozialen, kulturellen und politischen Energiefeldern denken, also Aktion und Ambiente ganzheitlich wahrnehmen.

Die Wirtschaft verändert die Welt – Aber wohin? 217

Materielle Grundversorgung muss für alle Menschen ermöglicht werden. Darüber hinaus ergibt sich eine unbegrenzte Vielfalt an kulturellen Lebensmöglichkeiten auf dem gesamten Planeten, die ihr kulturelles Erbe ebenso fortführen wie sie sich den lokalen Gegebenheiten der Natur fügen und einen hohen Grad an Selbstachtung der Menschen ermöglichen. Das bedeutet, dass es künftig nicht mehr zur Hauptsache um Konsumrausch und eigensüchtiges Ausleben triebhaft sich entladender Bedürfnisse geht, sondern um eine der Gesundheit und dem sozialen Befinden dienende Grundernährung, die die Vielfalt an lokalem Kolorit zulässt. Über dieser Versorgung aber wird es um ein reichhaltiges und vitales Kulturleben gehen, das zu Sicherheit, Lebensfreude und friedlichem Zusammenleben anregt.

Die Wirtschaft als lebensdienliche Mitte der Gesellschaft braucht unternehmerische Qualitäten und in der Praxis eine auf Kultur (namentlich Marktkultur) gegründete Unternehmensführung in den Betrieben. Mit einem solchen, fast schon paradigmatischen Wandel der Methoden der Unternehmensführung oder allgemeiner: der Wirtschaftsnavigation einschließlich der politischen Makroebene ist jedoch nur ein halber Schritt getan.

Die naturwissenschaftlichen Erkenntnisse in Verbindung mit den wissenschaftlich erhärteten Bedrohungsszenarien der Biosphäre, insbesondere der Klimawandel, verlangen nicht nur ein methodisches Umdenken, sondern auch ein konzeptionelles Denken und Nachdenken über Fehlentwicklungen in der (Welt-)Wirtschaft. Anlass dafür geben die immer häufiger auftretenden und vor allem immer heftiger werdenden Krisen.

Krisen in der Konjunkturentwicklung hat es immer schon gegeben. Aber die globalen Vernetzungen der internationalen Wirtschaftsbeziehungen machen heute jede Krise rasch zu einem globalen Fieber, das kaum noch rational einzudämmen ist. Die Krise der internationalen Finanzmärkte, die sich 2007 offenbarte, aber im Untergrund schon länger schmorte, hat uns in aller Deutlichkeit gezeigt, mit welchen Gefährdungen wir es zu tun haben. Lassen wir einen einflussreichen Berater des Weißen Hauses in Washington (zur Zeit der Clinton-Administration) zu Wort kommen:

> Obwohl schon in den siebziger Jahren des vergangenen Jahrhunderts der Glaube an ständiges Wirtschaftswachstum deutliche Dämpfer bekam (nicht nur vom Club of Rome), hielten die Wirtschaftsexperten der Industrienationen an ihrem Glauben an den ewigen Aufschwung fest. Die jüngste Katastrophe markiert den Anfang vom Ende dieser gefährlichen Illusion... Das gerade erlebte Desaster könnte alles andere sein als ein einmaliges Jahrhundertereignis: ein Vorgeschmack auf die künftige Entwicklung. Ein neues Zeitalter verlangt eine neue Denkweise. Wir sollten uns von gescheiterten Vorstellungen der inhärenten Stabilität, Effizienz und Sicherheit nicht regulierter Märkte verabschieden und erkennen, dass Krisen ein fester Bestandteil

der Wirtschafts- und Finanzwelt sind. Leider klammern sich viele ansonsten durchaus intelligente Menschen an die Überzeugung, dass die zurückliegende Krise nicht vorhersagbar war – nach dem Motto: Das konnte niemand kommen sehen, und es wird sich auch nicht wiederholen, zumindest nicht in unseren Lebzeiten. Wir könnten natürlich warten, bis diese unverwüstliche Selbstzufriedenheit durch eine neue Finanzkatastrophe endgültig zerstört wird. Oder wir freunden uns mit einer neuen wirtschaftlichen Realität an: Krisenökonomie (Roubini/Mihm 2010, 356/57).

Wie kann eine Krisenökonomie aussehen? Welche wissenschaftlichen Grundlagen können einer solchen Ausrichtung eine methodische Unterstützung geben? Auch auf volkswirtschaftlicher Ebene wird Neuland zu betreten sein, obwohl Konjunkturkrisen kein unbekannter wissenschaftlicher Topos in der Volkswirtschaftslehre ist. Eine umfassende Theorie der Krisenökonomie ist jedoch nicht in Sicht (allenfalls findet man Hinweise in Braunberger 2009, Roubini/Mihm 2010, Krugman 2009, Rajan 2010). Darauf gehen wir hier jedoch nicht näher ein, sondern wenden uns der elementaren Ebene der Unternehmensführung und hier dem betrieblichen Krisenmanagement zu.

Krisenmanagement ist dagegen ein ausgesprochen häufiges Thema wissenschaftlicher Abhandlungen in der Betriebswirtschaftslehre. Auffällig ist allerdings, dass alle zugänglichen Titel älter sind als 2007, dass mithin die Erfahrungen der Finanzkrise nach 2007 in diese Publikationen nicht eingeflossen sind (Gahlen/Kranaster 2007, Roselieb/Dreher 2007, Hutschenreuter/Griess-Nega 2006, Harvard Business School 2005, Barton 2007).

Die Behandlung dieses Managementthemas geht jedoch durchwegs von den Fragen der Bewältigung einer Sondersituation aus. Daraus können zwar einige Anhaltspunkte für eine Modernisierung der Unternehmensführung abgeleitet werden. Dennoch gilt für unseren Versuch einer kognitiven, auf kulturelle Grundlagen gestellten Theorie der Unternehmensführung der Ansatz einer umfassenden Sicht, die konzeptionell und methodologisch das Ganze der Unternehmensführung aufgreift und dieses von einer anderen, nämlich der mentalen Seite aus systematisch bearbeitet.

Der Sinn dieser Bemühungen richtig sich nicht auf die Optimierung rationaler Zweck-Mittel-Verläufe, wie sie seit Generationen das Grundschema betriebswirtschaftlicher Theorien, Modelle und Instrumente darstellt, sondern auf die Bedingungen und die Unterstützung der kognitiven Seite unternehmerischer Praxis bei der Wahrnehmung, Deutung und wirtschaftlichen Bearbeitung einer (Markt- und Gesellschafts-) Welt im Umbruch.

Dabei handelt es sich um Umbrüche, die nicht nur, aber im vorherrschenden Umfang eine Folge der inneren Logik einer auf endloses Wachstum angelegten Wirtschaftsweise sind, die nun in relativ kurzer Zeit an ihr Ende zu kommen scheint. Offen bleibt, wie viel Zeit uns allen und in besonderem Maße der unternehmerischen Praxis bleibt, einen (noch nicht hektischen) Wandel herbeizuführen. Es geht uns im Kern darum, die Möglichkeiten auszuleuchten, aus der Bodenperspektive eines einzelnen Unternehmens pragmatische Ansätze, wirksame Instrumente und Wissensgrundlagen herauszuarbeiten.

Dieser gedankliche Ansatz ist kein Gegenbild zur herkömmlichen Konzeption von Unternehmensführung betriebswirtschaftlicher Denkweise, sondern eine Ausweitung. Er setzt keineswegs die betriebswirtschaftlichen Erkenntnisse und pragmatischen Einsichten außer Kraft, sondern bildet mit diesen ein umfassenderes Ganzes einer pragmatischen Theorie der Unternehmensführung.

2 Die Umrisse einer Theorie der Unternehmensführung

Die Theorie ist ein Versuch, einen Sachverhalt in der Weise zu erkunden und seine wesentlichen Eigenschaften zu bestimmen, dass verständige, verallgemeinerbare Erklärungen möglich sind, die auf vergleichbare Sachverhalte übertragen werden können. Eine Theorie ist nicht zwingend eine vollständige Erklärung einer Sache, sondern kann von einer bestimmten Perspektive aus eine Teilansicht zu einem Ausschnitt der Sache anpeilen, um lediglich diese zu erklären, beispielsweise die Bewegungen des Kreditmarktes aus dem Investitionsverhalten von Unternehmen oder die strategischen Perspektiven langfristiger Marktbearbeitung.

In dieser Abhandlung geht es um die unternehmerischen Qualitäten, die in einer kulturell verankerten Form der Unternehmensführung aktiv werden können. Die kognitive Seite der Unternehmensführung befasst sich mit der Kopfarbeit und den Bedingungen ihrer Wirksamkeit in der Praxis und arbeitet sie zu einer theoretischen Position aus, die auf der Grundaussage aufbaut, dass menschliches Handeln seinen Ausgang stets im Denken nimmt, von wo aus die offenen Einfälle und vorerst noch unbestimmten Ideen durch eine komplexe Abfolge von Erkundungen und Prüfungen zu realisierbaren Gestalten und schließlich befolgbaren Anweisungen zur Tat werden. Dabei spielen Vergewisserungen hinsichtlich der Erfolgchancen einer Handlung durch sachdienliche Erkundungen und vor allem durch kommunikative Verschränkungen mit anderen eine herausragende Rolle.

Aus dieser Bestimmung erfolgte die Basisfestlegung, dass der kognitiven Seite der Unternehmensführung und den umfassenden Komponenten des Denkens in einem weiten Vorstellungsraum der Vorrang vor den dinglichen Ausführungsakten gebührt. Unternehmensführung ist vornehmlich ein Denkprozess mit einem starken auf Innovation ausgerichteten Impetus, weil Neuerungen im Marktgeschehen zur Dynamik der Wirtschafts- und Gesellschaftsentwicklungen gehören. Der Vorrang des Denkens bedeutet indessen nicht, dass die dinglichen Prozesse der Ausführung (Produktion und Distribution) einschließlich ihrer technischen Organisation und prozessualen Administration von geringer Bedeutung wären. Ihre Strukturen und Verlaufsformen sind vielmehr selber Resultate überlegter Gestaltung, überlegt deshalb, weil sie dem Denken und Gestalten durch ihre Faktizität und die fehlende oder schwerfällige Umkehrbarkeit bestimmte Zwänge auferlegen.

Im Erkunden von Handlungsmöglichkeiten in einer offenen Zukunft sind, wir haben das ausführlich dargelegt, Rahmenbedingungen und Regeln zu befolgen und Widerstände nur mit erhöhtem Aufwand, wenn überhaupt, überwindbar. Dabei spielt es nur eine nachrangige Rolle, ob diese Rahmenbedingungen durch äußere Zwänge, etwa gesetzliche Bestimmungen oder die Macht gegnerischer Mitspieler auf dem Markt, auferlegt wurden oder ob sie durch die Unumkehrbarkeit der selbst geschaffenen Tatsachen entstehen, etwa die getätigten Investitionen in maschinelle und bauliche Anlagen. Für die Unternehmensführung kommt es lediglich darauf zu erkennen, ob so genannte Sachzwänge formbar sind oder nicht. Ob diese innerhalb eines Unternehmens selbst geschaffen oder außerhalb des Unternehmens von anderen Mächten errichtet wurden, ist von zweitrangiger Bedeutung.

Im Denkprozess der Wahrnehmung der äußeren Welt und der Deutung ihrer Komponenten in Bezug auf Handlungsabsichten entsteht eine innere Konstruktion, die nicht nur die Tatsachen der Außenwelt, sondern gleichzeitig die Tatsachen innerhalb des Unternehmens ins Visier nimmt. Im entstehenden Denkraum verschränken sich Außenwelt und Innenwelt zu einer Einheit, in der die internen Komponenten lediglich die Besonderheit aufweisen, dass sie Resultate eigener Handlungen in der Vergangenheit sind und eine vergleichbare, wenn auch nicht unbegrenzte Möglichkeit ihrer Umgestaltung besteht.

Daraus folgt, dass wir den herkömmlichen betriebswirtschaftlichen Konzeptionen der Unternehmensführung mit ihren teilweise ausgefeilten Instrumentarien und Modellen zwar keinen ausgedehnten Raum in dieser Abhandlung geben konnten (und mussten), aber deren Bedeutung und Geltung damit keineswegs bestreiten. Im Gegenteil: In einer umfassenden Theorie der Unternehmensführung müssen beide Seiten aufgegriffen und miteinander verschränkt werden: die kognitive und die technisch-dingliche Seite. Erst das Ganze macht eine betriebswirtschaftliche Konzeption zu einer brauchbaren Theorie und einer Vorstufe zur Pragmatik der Unternehmensführung. Doch im Prinzip bleibt es in einer ganzheitlich angelegten Theorie der Unternehmung bei dem Vorrang des gestaltenden Denkens vor der dinglichen (physischen) Tat.

Eine theoretische Durchleuchtung der Denkvorgänge in der Unternehmensführung hat in Rechnung zu stellen, dass der innere Blick des Navigators in einen in seinen Konturen unscharfen und unvollständigen Vorstellungsraum der Zukunft gerichtet ist, dessen tatsächliche Gegebenheiten durch Interpolation aus wenigen verlässlichen Fragmenten und Versatzstücken rekonstruiert werden müssen. Das geschieht im Denken fast automatisch, weil unser Gehirn auf die rasche (manchmal voreilige) Beurteilung einer Situation eingerichtet ist – und dabei allerdings auch mancherlei Täuschungen unterliegt. Interpolationen sind folgerichtige Ergänzungen einer unvollständige Gestalt und beruhen auf der Kraft und Fähigkeit der Gehirnarbeit, fehlende Teile zu ergänzen und ein nahezu heiles inneres Bild herzustellen, auf das hin die künftige Handlung ausgerichtet werden kann.

Der innere Blick geht von einem imaginären Standpunkt oder einer nicht gänzlich präzisierbaren Plattform der Gegenwart aus, deren Eigenart darin besteht, dass sie auf dem Pfeil der fortschreitenden Zeit, der immer nur in die Zukunft weist, weiter wandert und deshalb den gesamten Kontext in ständiger Bewegung hält. Jedes künstliche Festhalten dieser Bewegung in einem Situationsmodell, welches bei genügender Fütterung mit empirischen Daten vermeintlich gesicherte Problemlösungen erzeugt, ruft ein wachsendes Risiko des Scheiterns hervor, je länger die Gegenwart Zeit hat voranzugehen.

Ein waches Bewusstsein für den unvermeidlich gleitenden Charakter der Gegenwart, die sich permanent die benachbarte Zukunft einverleibt, gehört zur Unternehmensführung wie die Luft zum Atmen. Was wir in der Außenwelt wahrnehmen, ist in jedem Augenblick etwas bereits Geschehenes oder sich im Geschehen Vollendendes und damit Vergangenheit oder auf dem Weg in die Vergangenheit. Was wir in der Innenwelt des Denkens an Möglichkeiten des Handelns repräsentieren und konstruieren, hat den Charakter des Ungeschehenen und gehört zur Zukunft. Dazwischen gibt es keinen genau bestimmbaren Zustand, den wir Gegenwart nennen könnten. Die Gegenwart ist nur die ausdehnungslose Grenze zwischen Vergangenheit und Zukunft.

Lassen wir jedoch die Strenge der Logik beiseite und deuten die Gegenwart als das sich aus äußeren und inneren Anlässen aufdrängende Bild einer herausfordernden Situation, so können wir sagen, es gehe um eine gekonnte oder zuweilen auch nur dilettantische Einschätzung eines Raumgebildes, das Komponenten der Vergangenheit enthält, solche nämlich, die uns ein verlässliches Maß an Kontinuität mit einer genügender Wahrscheinlichkeit ihrer Fortsetzung vermitteln können.

Zugleich eröffnen sich Felder möglicher, gestaltbarer Umstände und Zustände oder durch geeignetes Handeln füllbarer Lücken. Unternehmensführung als die Kunst des Navigierens in solchen imaginativen, von Erfahrungs- und Wahrnehmungsgewissheiten nur unscharf strukturierbaren Möglichkeitsräumen des Denkens bedeutet deshalb eine besondere und professionell entwickelbare Kunst der pragmatischen Peilung und der Einleitung von kommunikativen Verständigungsprozessen zur Vergewisserung eigener Handlungsabsichten, um damit ein gewisses Maß an realistischer Erfolgssicherung zu erreichen.

3 Wie kann man Unternehmensführung studieren?

Praxis meint jede Art die Realität gestaltender Bewegungen, gekoppelt mit Lernen aus Erfahrung. Aus dem fast angeborenen Bestreben, einen Handlungsprozess bei der Wiederholung besser zu machen als zuvor, ergibt sich eine ganz allgemeine natürliche Tendenz in einer vitalen Gesellschaft, eine erfolgreiche Praxis zu einem die Geschichte formenden Vorgang zu machen, indem sich das Bewährte an der Wirklichkeit reibt und durch Verbesserungen überholt wird und indem das Bewährte sich durch Nachahmung ausbreitet und so zu einem Kennzeichen einer ganzen Epoche wird, beispielsweise zu einer Stilepoche in der Architektur oder zu einem Typus der landwirtschaftlichen Produktion wie dem Fruchtwechsel oder einst der Dreifelderwirtschaft oder eben zu Usancen kaufmännischer Geschäftstätigkeit.

Das eindringlichste Beispiel aus der Wirtschaftsgeschichte ist die sich selbst und die jeweiligen Verhältnisse bewegende Praxis des kaufmännischen Handels, welche mit der Zeit die Marktwirtschaft als bewährten und schließlich durch methodische Gestaltung dominierenden Kulturtypus der Organisation des Tauschverkehrs hervorbrachte und durch fortgesetzte Praxis geschichtlich durchgesetzt und gefestigt hat. Die Marktwirtschaft als abstrakte Idee einer wirksamen Makrostruktur hat ihrerseits einen ständigen Prozess der Weiterentwicklung durchlaufen und sich über ihre Irrtümer abgeschliffen mit dem unverkennbaren Risiko, dass die Maschinerie der Regularien in Spannungen mit den Gegebenheiten der Erdnatur (z. B. übermäßige Ausbeutung von Ressourcen, unkontrollierte Deponie von Rückständen) und mit den kulturellen und politischen Lebensmustern menschlicher Gemeinschaften geraten können (z. B. Lebensformen in den Tropen oder der Sahelzone, urbane Problemzonen in Großmetropolen).

Eingefügt in den Wandel marktwirtschaftlicher Praktiken haben sich und werden sich die Anforderungsprofile an zeitgemäße Unternehmensführung weiter verändern. Einflussfaktoren auf diesen Wandel kommen teils von innen und teils von außen durch politische, kulturelle und vor allem technologische Neuerungen.

Dass in der jüngeren Geschichte marktwirtschaftlicher Verhältnisse auf dem Globus ein rasanter Wandel in Gang gekommen ist durch den methodischen Einsatz elektronischer Kommunikations- und Datenverarbeitungstechniken, liegt

in der Logik der Unternehmensführung begründet, wenn man sich vor Augen hält, dass sie ihrem Wesen nach kognitiver Natur ist und die Anforderungen an Denkprozesse der Erkundung, Gestaltung und Steuerung dinglicher Operationen (vornehmlich der Produktion und Distribution) an Bedeutung und Komplexität ständig zugenommen haben.
Dabei spielen zwei Momente eine entscheidende Rolle:

1. die Beschleunigung des sozialen Lebens durch wachsende Verdichtung und Überlagerung von Prozessen des Lebensvollzugs. Das hervorstechende Beispiel ist das Vordringen von Fastfood bis hinein in die Gourmet-Welten (Bendixen 2008).
2. das Verflechtungswachstum in geographischer Dimension (Globalisierung mit ihrer ungebändigten Komplexität und dem massiven Druck auf Standardisierungen, um eben diese Komplexität beherrschen zu können) und in struktureller Dimension (die gesellschaftliche und insbesondere die politische Verflechtung der Wirtschaft mit der wechselseitigen Bindung von Administrationen mit den Lobbystrukturen der Wirtschaft und den Medien).

Unternehmensführung ist als Praxis schon seit längerer Zeit auf den Pfad der Professionalisierung eingebogen. Professionalisierung bedeutet, die wesentlichen Techniken der Berufsausübung auf der kognitiven und methodischen Ebene weit über das Maß des Lernens durch Erfahrung hinausreichende Stärkung der intellektuellen Fähigkeiten, der sozialen Kompetenz, des ganzheitlichen Denkens und des offenen Umgangs mit den Unvollkommenheiten des Operierens in die Zukunft hinein in einer didaktisch aufbereiteten Simulation der Unternehmenspraxis zu stärken.

Im Grunde ist ein Studium der Betriebswirtschaftslehre nicht viel mehr als eine Form von Simulation, die im gelungenen Fall die tatsächlichen Verhältnisse der Praxis in ihren Grundstrukturen widerspiegeln. Das Fach teilt damit sämtliche Risiken der Fehldeutung von Realitäten und der Gefahren, die Praxis ungebührlich zu domestizieren. Ein Fachstudium kann die Kunst des Reflektierens von alltäglichen Episoden des Geschäftsgeschehens, die sich zu Erfahrung verdichten, stärken, aber das reale Geschehen nicht ersetzen, auch nicht durch Unternehmensspiele.

Die Professionalisierung der Unternehmensführung hat einige Brisanz in sich, die nicht übergangen werden soll. Sie liegt im Prinzip im wachsenden Übergewicht der Reflexion abstrakt angeeigneten Wissens über das reale episodische Erleben der alltäglichen und fokussierten Geschäftspraxis. So mancher Absolvent eines Masterstudiums in Betriebswirtschaftslehre wähnt sich imstande, ein Unternehmen oder zumindest eine Unternehmensabteilung zu leiten auch ohne zureichendes Erleben der Geschäftspraxis, als ob Lebenspraxis als Lehrmeister verzichtbar wäre.

Der Prozess der reflexiven Intellektualisierung führt, wenn die Bindung an die dinglichen und kulturellen Gegebenheiten der Realität immer dünner wird, zu einer Existenz in konstruierten Bilderwelten (vorwiegend erzeugt durch Computeranimation und blitzschnelle Graphiken), denen das Moment der sinnlichen Anregung (Aktivierung des Gefühlslebens, der sozialen Empathie, der moralischen Kompetenz und der Kraft der Intuition) mehr und mehr fehlt. Zu viele Situationen der Wirklichkeit aber entziehen sich einer vollständigen Klärung durch rationale Analyse und die Reduktion von Komplexität auf Verstandeskalküle.

Der Verlust an Bodenhaftung, der intelligenten und emotionalen Verwurzelung der Unternehmensführung in die örtlichen, regionalen oder auch internationalen Wirklichkeiten, hat die Tore zu verantwortungsloser Spekulation, zur sozialen und kulturellen Rücksichtslosigkeit und zur bedenkenlosen Gier nach materiellem Reichtum weit geöffnet. Die Unmoral solcher Exzesse wird in manchen Kreisen nicht mehr empfunden und ist dabei, die Tätigkeiten von Managern und Unternehmensleitungen mit Vorurteilen zu belasten.

Tatsächlich aber wird, da wir ohne intelligentes Wirtschaften unter den Bedingungen einer sich weiter verflechtenden Weltwirtschaft nicht auf einem angemessenen Wohlstandsniveau existieren können, eine professionalisierte Unternehmensführung an Bedeutung erheblich zunehmen. Entscheidend dabei ist aber, dass die Dialektik zwischen abstraktem Operieren auf der kognitiven Ebene und den Zuständen der natürlichen und kulturellen Wirklichkeiten, auf die das Wirtschaften konstruktiv und auch destruktiv einwirkt, nicht unterbrochen, sondern betont thematisiert bleibt.

Die Antwort auf die Frage, ob man Unternehmensführung studieren kann, ist im Grunde einfach mit einem *Ja, wenn* zu beantworten. Die Notwendigkeit einer verstärkten Reflektionskompetenz, um die verwickelten Verhältnisse und komplexen Erscheinungen einschließlich ihrer strukturellen Unbeständigkeiten und von Zufällen und Überraschungen aufgespannten Krisen und Konflikte zu meistern, kann nicht bestritten werden. Sie professionalisiert die Unternehmensführung aber nur dann angemessen, wenn die sinnlich wahrnehmbare und in episodischen Erlebnissen verankerte Bodenhaftung, das Gefühl für die Wirklichkeiten, erhalten und gestützt wird.

Das Nach-Denken über Erlebtes, um es über die Erkenntnis zu Erfahrung zu machen, drückt ja schon rein sprachlich die Reihenfolge aus: Man muss etwas erlebt haben, um darüber nachträglich denken zu können. Das bedeutet für ein Studium der Unternehmensführung, dass es zwei Ebenen oder Phasen des reflektierenden Studiums geben kann (und sollte):

1. In einer vorbereitenden Phase können Grundstrukturen der Unternehmensführung, die wissenschaftlich genügend durch empirischen Bezug als gefestigt gelten können, gelernt werden, um die spätere Praxis von Anfang an kognitiv verstehen und beurteilen zu können. Wichtig ist dabei, dass der Lernstoff nicht aus dem engen methodischen und analytischen Arsenal der klassischen Betriebswirtschaftslehre allein kommt, sondern mit einer gehörigen Portion Kontextwissen (in Wirtschaftsgeschichte, Wirtschaftsgeographie, Wirtschaftsphilosophie und in wichtigen Grundlagen der Kulturgeschichte und Kulturphilosophie) umgeben wird. Das heute so sehr in Schwung gekommene, wenngleich meist viel zu überladene Bachelorstudium an Universitäten wäre geradezu prädestiniert, diese vorbereitende Phase systematisch durchzuziehen.
2. Das abgeschlossene Bachelorstudium, fokussiert auf Unternehmensführung unter Vermeidung der unzähligen betriebswirtschaftlichen Spezialisierungen und stofflichen Ausfächerungen, muss unmittelbar in die Wirtschaftspraxis führen, um erst nach einer Anreicherung mit episodischer Erfahrung in der unternehmerischen Geschäftswelt zu einer Hauptphase des reflektierenden Studiums überzugehen. Episodische Erfahrung bezieht sich auf sachbezogene und fallspezifische Ereignisse und Tätigkeiten im alltäglichen Geschäftsleben und auf die sozialen Kontexte innerhalb und außerhalb des Unternehmens, in denen diese Episoden sich ereignen.

Solche Ereignisse und Tätigkeiten werden erst dadurch zu belastbaren Erfahrungen, dass sie mit aktiver Einbindung in einen Aufgabenkomplex und mit einem gehörigen Schuss Eigenverantwortung einhergehen, so dass der Zustand des distanzierten Beobachters, wie er für wissenschaftliche Erkundungen charakteristisch und notwendig ist, zugunsten kognitiven und emotionalen Eintauchens in ein reales Geschehen überwunden wird. Betriebsbesichtigungen, Interviews oder Gesprächsrunden sind aus dem Alltag herausgehobene Aktionen, die die Distanz nicht überwinden können.

Viele Absolventen betriebswirtschaftlicher Universitätsstudien betreten das Feld des realen Geschäftslebens mit einem aus der Distanz des Studiums geschärften, abgeklärten Bewusstsein wissenschaftlichen Könnens und scheitern nicht selten (in der Anfangsphase ihrer Praxis). Sind sie empfänglich für die Unschärfen realer Situationen, können sie mit der Zeit das Unbehagen an der irritierenden Komplexität und Unübersichtlichkeit der Realität ablegen.

Die curriculare Anlage eines komplexen Studiums der Unternehmensführung, welches bis zum Masterstudium und gegebenenfalls auch darüber hinaus reicht, zeichnet sich durch einen organisierten Perspektivenwechsel zwischen Phasen der Erfahrungen im unternehmerischen Alltagsleben und theoretischer

Wie kann man Unternehmensführung studieren?

(rein kognitiver) Reflektion aus. Das Grundmuster eines solchen Studiums besteht aus einer Bachelorphase der Aneignung von Basiswissen, Kontextwissen und Methodenwissen, gefolgt von einer mehrmonatigen Praxisphase und schließlich einem Fachstudium auf Masterebene, welches in sich selbst eine dialektische Spannung zwischen Wirklichkeit und theoretisch angeleiteter Reflektion aufbaut und im Studienverlauf aufrecht erhält.

Unternehmensführung stellt erhöhe Anforderungen an umfassende kognitive Kompetenzen, die weit mehr einschließt als rationalen Verstandesgebrauch und kalkulierendes Denken: visionäre Horizonterweiterung, empathische Kompetenz, navigatorischer Umgang mit der Unschärfe der Zukunft, Erschließung sinnlicher Erfahrungsmöglichkeiten, ganzheitliche Deutungskompetenz in akuten und perspektivischen Handlungssituationen, Gestaltungsfähigkeiten und nicht zuletzt das Zutrauen zum Arsenal der Intuition. Die Aneignung und Stärkung dieser kognitiven Fähigkeiten wird sinnvollerweise unmittelbar in die Lehrveranstaltungen integriert und, wo dies möglich und zweckmäßig ist, in der Form von Werkstätten und Feldstudien eingebunden und erlernbar gemacht.

Literatur

Altenmüller, Eckart (2009): Melodien im Kopf. In: Gehirn & Geist Nr. 1/2009, S. 50 – 57.
Aßländer, Michael S. (2007): Adam Smith zur Einführung. Hamburg.
Assländer, Michael S. (2010): Freiheit ist kein Selbstzweck. In: Merkur – Deutsche Zeitschrift für europäisches Denken. Heft 9/10, Nr. 736/737, Sept./Okt. 2010, S. 776 – 783.
Ballestrem, Karl Graf (2001): Adam Smith. München.
Barton, Laurence (2007): Crisis Leadership Now: A Real-World Guide to Preparing for Threats, Disaster, Sabotage, and Scandal. McGraw-Hill.
Baum, Thilo (im Gespräch mit Ulf D. Posé) (2009): Es gibt eine neue Unredlichkeit. http://www.thilo-baum.de/lounge/alltagsphilosophie/es-gibt-eine-neue-unredlichkeit
Bea, Franz Xaver (2001): Führung. In: Franz Xaver Bea/E. Dichtl/Marcel Schweitzer (Hrsg.): Allgemeine Betriebswirtschaftslehre Bd.2: Führung. 8. Aufl. Stuttgart.
Beelen, Hans (2003): Handel mit neuen Welten: Die Vereinigte Ostindische Compagnie der Niederlande 1602-1798. Münster.
Behrens, Christian-Uwe/Kirspel, Matthias (2001): Grundlagen der Volkswirtschaftslehre. 3. Aufl. München.
Bendixen, Peter (2005): Der Traum vom Wohlstand der Nationen – Kritik der ökonomischen Vernunft. Wien.
Bendixen, Peter (2007 a): Ökonomie der Entgrenzung – Wege aus der Unwirtlichkeit. Berlin.
Bendixen, Peter (2007 b): Fromme unter Sündern. Rezension zu: David S. Landes: Die Macht der Familie – Wirtschaftsdynastien in der Weltgeschichte. In: Süddeutsche Zeitung vom 25. Januar 2007.
Bendixen, Peter (2008): Ökonomie des Glücksspiels. In: Glücksspiel in Deutschland – Ökonomie, Recht, Sucht. Hrsg. v. Ihno Gebhardt u. Sabine Grüsser-Sinopoli. Berlin (de Gruyter) 2008. S. 30 – 55.
Bendixen, Peter (2008 a): Fastfood-Ökonomie – Die unaufhaltsame Kommerzialisierung der Zeit. Berlin.
Bendixen, Peter (2009 a): Unternehmerische Verantwortung – Die historische Dimension einer zukunftweisenden Wirtschaftsethik. Wien
Bendixen, Peter (2009 b): Die Unsichtbare Hand, die Freiheit und der Markt – Das weite Feld ökonomischen Denkens. Wien.
Bendixen, Peter (2010 a): Einführung in das Kultur- und Kunstmanagement. 4. Aufl. Wiesbaden.
Bendixen, Peter (2010 b): Weltwirtschaft – Zwischen Chaos und Struktur. Wien.

Bendixen, Peter (2010 c): Adam Smith – Ein unerschöpfliches Thema. Anmerkungen zu Michael S. Aßländers neuer Biographie über Adam Smith. In: Zeitschrift für Freimaurer-Forschung.
Bendixen, Peter/Weikl, Bernd (2011): Einführung in die Kultur- und Kunstökonomie. 3. Aufl. Wiesbaden.
Bergemann, Niels/Sourisseaux. Andreas L. J. (Hrsg.) (2002): Interkulturelles Management. Berlin (Springer).
Berghoff, Hartmut (2004): Moderne Unternehmensgeschichte: Eine themen- und theorieorientierte Einführung. Stuttgart.
Berghoff, Hartmut (2006): Zwischen Kleinstadt und Weltmarkt: Hohner und die Harmonika 1857-1961. Unternehmensgeschichte als Gesellschaftsgeschichte. Paderborn.
Berghoff, Hartmut/Pierenkemper, Toni (Hrsg.) (2009): Jahrbuch für Wirtschaftsgeschichte 2009/2: "Nature incorporated": Unternehmensgeschichte und ökologischer Wandel/Business History and Enviromental Change. Berlin.
Berghoff, Hartmut/Vogel, Jakob (Hrsg.) (2004): Wirtschaftsgeschichte als Kulturgeschichte – Dimensionen eines Perspektivenwechsels. Frankfurt/M u. New York.
Bergson, Henri (2007): Denken und schöpferisches Werden: Aufsätze und Vorträge (Neuauflage). Hamburg.
Bertalanffy, Ludwig von (1968): General Systems Theory. Foundations, Development. New York.
Blom, Herman/Meier, Harald (2004): Interkulturelles Management: Interkulturelle Kommunikation. Internationales Personalmanagement. Diversity-Ansätze im Unternehmen. Herne (NWB Verlag).
Bokranz, Rainer/Kasten, Lars (2003): Organisations-Management in Dienstleistung und Verwaltung: Gestaltungsfelder, Instrumente und Konzepte. 4. Aufl. Wiesbaden.
Bowen, H. V. (2008): The Business of Empire: The East India Company and Imperial Britain, 1756 – 1833. Cambridge University Press.;
Braunberger, Gerald (2009): Keynes für jedermann: Die Renaissance des Krisenökonomen. Frankfurt/M.
Breithaupt, Fritz (2009): Kulturen der Empathie. Frankfurt/M.
Brodbeck, Karl-Heinz (2007): Die fragwürdigen Grundlagen der Ökonomie: Eine philosophische Kritik der modernen Wirtschaftswissenschaften. 3. Aufl. Darmstadt.
Buchan, James (2003): Capital of the Mind – How Edinburgh Changed the World. London.
Buchan, James (2009): Adam Smith and the Pursuit of Perfect Liberty. London.
Bullinger, Hans-Jörg/Späth, Dieter/Warnecke, Hans-Jürgen (Hrsg.) (2009): Handbuch Unternehmensorganisation: Strategien, Planung, Umsetzung. 3. Aufl. Berlin.
Cervantes, Miguel de (2008): Der sinnreiche Junker Don Quijote von der Mancha. 18. Aufl. München.
Charpa, Ulrich (1996): Grundprobleme der Wissenschaftsphilosophie. Stuttgart.
Coveney, Peter / Highfield, Roger (1992): The Arrow of Time: A Voyage Through Science to Solve Time's Greatest Mysteries. London 1990. Deutsch: Anti-Chaos – Der Pfeil der Zeit in der Selbstorganisation des Lebens. Mit einem Vorwort von Ilya Prigogine. Reinbek b. Hamburg.

Darthé, Michael (2007): Ottakringer – Eine Unternehmensgeschichte unter besonderer Berücksichtigung der Eigentümerverhältnisse. Wien.

Dash, Mike (2008): Tulpenwahn – Die verrückteste Spekulation der Geschichte. 5. Aufl. Berlin.

David. R. Montgomery (2010): Dreck – Warum unsere Zivilisation den Boden unter den Füßen verliert. München.

Dillerup, Ralf/Stoi, Roman (2007): Unternehmensführung. 2. Aufl. München.

Dubs, Rolf (2004): Perspektiven der gesellschaftlichen und ökonomischen Rolle von Unternehmerinnen und Unternehmern. In: Rolf Dubs/ Dieter Euler/Johannes Rüegg-Stürm, / Christina E Wyss (Hrsg.): Einführung in die Managementlehre. 5 Bde. Bern/Stuttgart/Wien (Haupt) 2004, S. 399 – 407.

Dubs, Rolf/Euler, Dieter/Rüegg-Stürm, Johannes/Wyss, Christina E. (Hrsg.) (2004): Einführung in die Managementlehre. 5 Bde. Bern/Stuttgart/Wien.

Dueck, Gunter (2008): Abschied vom Homo Oeconomicus: Warum wir eine neue ökonomische Vernunft brauchen. Frankfurt/M.

Dürr, Hans-Peter (2009): Warum es ums Ganze geht – Neues Denken für eine Welt im Umbruch. 2. Aufl. München.

Euler, Mark/Freese, Jan/Vollmar, Bernhard H. (Hrsg.) (2010): Homo interagens: Soziale Interaktion – Ein grundlagentheoretischer Diskurs in der Ökonomik. Marburg..

Fischer, Erica/Ladwig-Winters, Simone (2007): Die Wertheims: Geschichte einer Familie. Reinbek b. Hamburg.

Fischer-Epe, Maren/Schulz von Thun, Friedemann (2004): Miteinander Ziele erreichen. Reinbek b. Hamburg.

Foerster, Heinz von (2010): Das Konstruieren der Wirklichkeit. In: Paul Watzlawick (Hrsg.): Die erfundene Wirklichkeit – Wie wissen wir, was wir zu wissen glauben? 5. Aufl. München, S. 39 – 60.

Gahlen, Matthias/Kranaster, Maike (2007): Krisenmanagement: Planung und Organisation von Krisenstäben. Stuttgart.

Galbraith, John Kenneth (2005): Die Ökonomie des unschuldigen Betrugs – Vom Realitätsverlust der heutige Wirtschaft. München.

Gelder, Roelof van (2004): Das ostindische Abenteuer. Hamburg.

Giessmann, Sebastian (2009):Netzwerkprotokolle und Schwarm-Intelligenz. In: Eva Horn/ Lucas Marco Gisi (Hrsg.): Schwärme – Kollektive ohne Zentrum. Eine Wissensgeschichte zwischen Leben und Information. Bielfeld, S. 173 – 182.

Gigerenzer, Gerd (2008): Bauchentscheidungen – Die Intelligenz des Unbewussten und die Macht der Intuition. 3. Aufl. München.

Grosse de Cosnacd, Bettina (2007): Die Grimaldis: Geschichte und Gegenwart der Fürstenfamilie von Monaco. Köln.

Gutenberg, Erich (1983): Grundlagen der Betriebswirtschaftslehre. Band 1: Die Produktion. Berlin/Heidelberg 1951. 24. Auflage Berlin.

Hampe, Michael (2007): Die Macht des Zufalls – Vom Umgang mit dem Risiko. 2. Aufl. Berlin.

Harvard Business School (2004): Crisis Management: Mastering the Skills to Prevent Disasters (Compiler). Harvard.

Hengsbach, Friedhelm (1998): Marktkonkurrenz auf der Grundlage gesellschaftlicher Kooperation. In: Brieskorn, Norbert/Wallacher, Johannes (Hrsg.): Homo oeconomicus: Der Mensch der Zukunft? Stuttgart/Berlin/Köln, S. 47 – 92.

Herbst, Dieter (2009): Corporate Identity: Aufbau einer einzigartigen Unternehmensidentität. Leitbild und Unternehmenskultur. Image messen, gestalten und überprüfen. 4. Aufl. Berlin.

Hinterhuber, Hans H. (2004): Strategische Unternehmensführung. Bd. I: Strategisches Denken. Vision – Unternehmenspolitik – Strategie. 7. Aufl. Berlin 2004. Bd. II: Strategisches Handeln. 7. Aufl. Berlin/New York.

Hofstede, Geert (2009): Lokales Denken, globales Handeln: Interkulturelle Zusammenarbeit und globales Management. 4. Aufl. München.

Homann, Karl/Suchanek, Andreas (2005): Ökonomik, Eine Einführung. 2. Aufl. Tübingen.

Hummel, Thomas R./Zander, Ernst (2006): Interkulturelles Management. Stuttgart.

Hungenberg Harald/Wulf Torsten (2007): Grundlagen der Unternehmensführung. 3. Aufl. Berlin.

Huntington, Samuel P (2002): Kampf der Kulturen: Die Neugestaltung der Weltpolitik im 21. Jahrhundert (engl. Titel: Clash of Civilizations). München.

Hüther, Otto (2003): Organisationskultur und Organisationsführung Möglichkeiten und Grenzen der Wertevermittlung. Stuttgart.

Hutzschenreuter, Thomas/Griess-Nega/Torsten (Hrsg.) (2006): Krisenmanagement: Grundlagen – Strategien – Instrumente. Wiesbaden.

Immerthal, Lars: Der Unternehmer (2007): Zum Wandel von Ethos und Strategie des Unternehmertums im Ausgang der Moderne. München.

James, Harold (2010): Wirtschaft im Zeitalter der Extreme: Beiträge zur Unternehmensgeschichte Österreichs und Deutschlands. München (Beck).

Jonas, Hans (2003): Das Prinzip Verantwortung – Versuch einer Ethik für die technologische Zivilisation. Frankfurt/M 2003 (Erstausgabe 1979).

Jungbluth, Rüdiger (2006): Die Oetkers: Geschäft und Geheimnisse der bekanntesten Wirtschaftsdynastie Deutschlands. 2. Aufl. Köln.

Kahrmann, Klaus-Ove/Bendixen, Peter (2010): Umkehrungen – Über den Zusammenhang von Wahrnehmen und Wirtschaften. Wiesbaden.

Kandel, Eric (2007): In Search of Memory – The Emergence of a New Science of Mind. New York 2006 (dtsch: Auf der Suche nach dem Gedächtnis: Die Entstehung einer neuen Wissenschaft des Geistes. München.

Kanitscheider, Bernulf (2007): Die Materie und ihre Schatten: Naturalistische Wissenschaftsphilosophie. Aschaffenburg.

Kirchgässner, Gebhard (2008): Homo oeconomicus: Das ökonomische Modell individuellen Verhaltens und seine Anwendung in den Wirtschafts- und Sozialwissenschaften. 3. Aufl. Tübingen.

Kleinschmidt, Christian (2008): Kuriosa der Wirtschafts-, Technik- und Unternehmensgeschichte. Essen.

Koch, Eckard/Speiser, Sabine (Hrsg.) (2008): Interkulturelles Management: Neue Ansätze Erfahrungen Erkenntnisse. Beiträge zum Fünften Internationalen Tag. Stuttgart.

Koerfer, Daniel (2010): Ohnmächtige Wut – Nachrichten aus dem Mittelstand. In: Merkur – Deutsche Zeitschrift für europäisches Denken. Nr. 736/737 Sept./Okt. 2010, S. 965 – 976.
Köpf, Peter (2005): Die Burdas. Die Aufstiegsgeschichte einer Mediendynastie. Köln.
Krugman, Paul (2009): The Return of Depression Economics and the Crisis of 2008. W. W. Norton Company.
Kulischer, Josef (1958): Allgemeine Wirtschaftsgeschichte des Mittelalters und der Neuzeit. 2 Bde. Darmstadt.
Kumbruck, Christel/Derboven, Wibke (2009): Interkulturelles Training: Trainingsmanual zur Förderung interkultureller Kompetenzen in der Arbeit. 2. Aufl. Berlin.
Kutschker, Michael/Schmid, Stefan (2008): Internationales Management. 6. Aufl. München.
Landau, David P. (2007): Unternehmenskultur und Organisationsberatung. Über den Umgang mit Werten in Veränderungsprozessen. 2. Aufl. Heidelberg.
Landes, David S. (2008): Die Macht der Familie: Wirtschaftsdynastien in der Weltgeschichte. München.
Lechner, Karl/Egger, Anton/Schauer, Reinbert (2005): Einführung in die Allgemeine Betriebswirtschaftslehre. 22. Aufl., Wien.
Libet, Benjamin (2007): Mind Time: Wie das Gehirn Bewusstsein produziert. Frankfurt/M.
Luhmann Niklas (2000): Vertrauen – Ein Mechanismus der Reduktion sozialer Komplexität. 4. Auf. Stuttgart.
Maalouf, Armin (2010): Die Auflösung der Weltordnungen. Frankfurt/M.
Macharzna, Klaus/Wolf, Joachim (2008): Unternehmensführung: Das internationale Managementwissen – Konzepte – Methoden – Praxis. 6. Aufl. Wiesbaden.
Malik, Fredmund (2002): Strategie des Managements komplexer Systeme – Ein Beitrag zur Management-Kybernetik evolutionärer Systeme. 7. Aufl. Bern/Stuttgart/Wien.
Manzeschke, Arne (Hrsg.) (2010): Sei ökonomisch! Prägende Menschenbilder zwischen Modellbildung und Wirkmächtigkeit. Berlin.
Migge, Björn (2007): Handbuch Coaching und Beratung: Wirkungsvolle Modelle, kommentierte Falldarstellungen, zahlreiche Übungen. 2. Aufl. Weinheim.
Mitroff, Ian I/Anagnos, Gus (2005): Managing Crises Before They Happen: What Every Executive and Manager Needs to Know about Crisis Management. AMACOM.
Monod, Jacques (1996): Zufall und Notwendigkeit – Philosophische Fragen der modernen Biologie. München.
Müller-Jentsch, Walther (2007): Strukturwandel der industriellen Beziehungen: Industrial Citizenship zwischen Markt und Regulierung. Wiesbaden.
Nefiodow, Leo A. (1995): Der fünfte Kondratieff. Strategien zum Strukturwandel in Wirtschaft und Gesellschaft. 2. Aufl. Wiesbaden.
North, Michael (Hrsg.) (2005): Deutsche Wirtschaftsgeschichte – Ein Jahrtausend im Überblick. 2. Aufl. München.
Olfert, Klaus/Rahn Horst-Joachim (2003): Einführung in die Betriebswirtschaftslehre. 7. Aufl. Ludwigshafen.
Pierenkemper, Ton (2000): Unternehmensgeschichte: Eine Einführung in ihre Methoden und Ergebnisse. Stuttgart.

Pöppel, Ernst (1997): Grenzen des Bewußtseins. Wie kommen wir zur Zeit, und wie entsteht Wirklichkeit? Frankfurt/M.
Pöppel, Ernst (2008): Zum Entscheiden geboren: Hirnforschung für Manager. München.
Popper, Karl R. (2005): Logik der Forschung. 10. Aufl. Tübingen.
Pries, Ingo/Leschke, Martin (Hrsg.) (1999): Karl Poppers kritischer Rationalismus. Tübingen.
Radatz, Sonja (2009): Einführung in das systemische Coaching. 3. Aufl. Donauwörth.
Rahn, Horst-Joachim (2008): Unternehmensführung. 7. Aufl. Herne.
Rajan, Raghuram G. (2010): Fault Lines: How Hidden Fractures Still Threaten the World Economy. Princeton University Press.
Ramge, Thomas (2006): Die Flicks: Eine deutsche Familiengeschichte um Geld, Macht und Politik. Köln.
Rau, Andreas (2007): Analyse der Unternehmenskultur: Grundlagen, Methoden, Problemstellungen, Lösungsansätze. Saarbrücken.
Rauen, Christopher (2008): Coaching. 2. Aufl. Göttingen.
Reinhardt, Volker (2009): Blutiger Karneval – Der Sacco di Roma 1527 – eine politische Katastrophe. Darmstadt.
Riedl, Rupert (2010): Die Folgen des Ursachendenkens. In: Paul Watzlawick (Hrsg.): Die erfundene Wirklichkeit – Wie wissen wir, was wir zu wissen glauben? 5. Aufl. München, S. 69 – 90.
Robins, Nick (2006): The Corporation That Changed the World: How the East India Company Shaped the Modern Multinational. London.
Rohac, Stephanie (2009): Unternehmenskultur und ihre zielgerichtete Veränderung: Ein psychologisch fundierter und prozessorientierter Leitfaden. Hamburg.
Röpke, Jochen (2002): Der lernende Unternehmer: Zur Evolution und Konstruktion unternehmerischer Kompetenz. Berlin.
Rosa, Hartmut (2005): Beschleunigung – Die Veränderung der Zeitstrukturen in der Moderne. Frankfurt/M.
Roselieb, Frank/Dreher, Marion (Hrsg.) (2007): Krisenmanagement in der Praxis: Von erfolgreichen Krisenmanagern lernen. Berlin.
Roth, Gerhard (2003): Fühlen, Denken, Handeln – Wie das Gehirn unser Verhalten steuert. Frankfurt/M.
Rothlauf, Jürgen (2009): Interkulturelles Management: Mit Beispielen aus Vietnam, China, Japan, Rußland und den Golfstaaten. 3. Auf. München.
Roubini, Nouriel/Mihm, Stephen (2010): Crisis Economics: A Crash Course in the Future of Finance. Penguin Press HC.
Roubini, Nouriel/Mihm, Stephen (2010): Das Ende der Weltwirtschaft und Ihre Zukunft – Crisis Economics. Frankfurt/M.
Sackmann, Sonja/ Böcker, Tina (2004): Erfolgsfaktor Unternehmenskultur: Mit kulturbewusstem Management Unternehmensziele erreichen und Identifikation schaffen. Wiesbaden.
Safranski, Rüdiger (2004): Wieviel Globalisierung verträgt der Mensch? 2. Aufl. Frankfurt/M.
Safranski, Rüdiger (2008): Das Böse oder Das Drama der Freiheit. 8. Aufl. Frankfurt/M.

Samuelson, Paul A./Nordhaus, William D. (1998): Volkswirtschaftslehre. 15. Aufl. Frankfurt/Wien.
Schein, Edgar H. (2003): Organisationskultur. „The Ed Schein Corporate Culture Survival Guide". Bergisch-Gladbach.
Schein, Edgar H. (2008): Führung und Veränderungsmanagement: Persönlichkeit als Motor von Organisationskultur und Organisationstransformation.. Altenberge.
Schierenbeck, Henner (2000): Grundzüge der Betriebswirtschaftslehre. 15. Aufl. München.
Schirrmacher, Frank (2009): Payback – Warum wir im Informationszeitalter gezwungen sind zu tun, was wir nicht tun wollen, und wie wir die Kontrolle über unser Denken zurückgewinnen. München.
Schmalen, Helmut/Pechtl, Hans (2006): Grundlagen und Probleme der Betriebswirtschaft. 13. Aufl. Stuttgart.
Schmidt, Jan Cornelius (2007): Instabilität in Natur und Wissenschaft. Eine Wissenschaftsphilosophie der nachmodernen Physik (Quellen Und Studien Zur Philosophie). Berlin.
Schmidt, Jochen (2004): Die Geschichte des Genie-Gedankens in der deutschen Literatur, Philosophie und Politik 1750-1945. 2 Bde: Bd. 1: Von der Aufklärung bis zum Idealismus. Bd.2: Von der Romantik bis zum Ende des Dritten Reiches. 3. Aufl. Heidelberg.
Schmidt, Siegfried J. (2005): Unternehmenskultur: Die Grundlage für den wirtschaftlichen Erfolg von Unternehmen. 2. Aufl. Weilerswist.
Schreyögg, Georg (2008): Organisation: Grundlagen moderner Organisationsgestaltung. Mit Fallstudien. Wiesbaden.
Schuler, Thomas (2005): Die Mohns: Vom Provinzbuchhändler zum Weltkonzern: Die Familie hinter Bertelsmann. Köln.
Siebenbrock, Heinz (2008): Grundlagen der Organisationsgestaltung und -entwicklung: Eine kompakte Darstellung für den schnellen Einstieg. Altenberge.
Smith, Adam (1999): Der Wohlstand der Nationen: Eine Untersuchung seiner Natur und seiner Ursachen. Neuauflage. München.
Smith, Adam (2010): Theorie der ethischen Gefühle. Hamburg.
Stehr, Nico (2007): Die Moralisierung der Märkte – Eine Gesellschaftstheorie. 2. Aufl. Frankfurt/M.
Stieglitz, Joseph E. (1999): Volkswirtschaftslehre. 2. Aufl. München/Wien:
Tanner, Jakob (2004): Die ökonomische Handlungstheorie vor der >kulturalistischen Wende<? In: Berghoff/Vogel (Hrsg.): Wirtschaftsgeschichte als Kulturgeschichte – Dimensionen eines Perspektivenwechsels. Frankfurt/M. u. New York 2004, S. 69 – 98.
Vahs, Dietmar (2007): Organisation. 6. Aufl. Stuttgart.
Vierkandt, Alfred (2010): Die Stetigkeit im Kulturwandel. Eine soziologische Studie. Berlin.
Virilio, Paul (1997): Rasender Stillstand. 4. Aufl. Frankfurt/M.
Walter, Rolf (2003): Wirtschaftsgeschichte – Vom Merkantilismus bis zur Gegenwart. 4. Aufl. Köln/Weimar/Wien.

Weber, Max (2009): Die protestantische Ethik und der Geist des Kapitalismus. Nachdruck der Ausgabe von 1920. Köln.

Weber, Stefan (2008): Die Medialisierungsfalle: Kritik des digitalen Zeitgeists. Eine Analyse. Wien.

Zeilinger, Anton (2008): Der Zufall als Notwendigkeit für eine offene Welt. In: Zeilinger, Anton/Leder, Helmut/Lichtenberger, Elisabeth/Mittelstraß, Jürgen/Winiwarter, Verena: Der Zufall als Notwendigkeit. 2. Aufl. Wien.

Neu im Programm Politikwissenschaft

Carlo Masala / Frank Sauer / Andreas Wilhelm (Hrsg.)
Handbuch der Internationalen Politik
Unter Mitarbeit von Konstantinos Tsetsos
2010. ca. 510 S. Br. EUR 49,95
ISBN 978-3-531-14352-1

Das Handbuch der Internationalen Politik vermittelt theoretische und methodische Grundlagen der Forschungsdisziplin Internationale Beziehungen. Die Einzelbeiträge geben einen Überblick über Akteure, Strukturen und Prozesse sowie Handlungsfelder der internationalen Politik und dienen darüber hinaus der Vermittlung von aktuellen Erkenntnissen der Forschung. Der Sammelband richtet sich sowohl an Studierende und Wissenschaftler als auch die interessierte Öffentlichkeit.

Thomas Meyer
Was ist Politik?
3., akt. u. erg. Aufl. 2010. 274 S. Br.
EUR 19,95
ISBN 978-3-531-16467-0

Das Buch bietet allen politisch Interessierten und all denen, die genauer verstehen möchten, wie Politik funktioniert, eine fundierte und leicht verständliche Einführung. Es hat zwei besondere Schwerpunkte: die neuen politischen Fragen (Identitätspolitik, Zivilgesellschaft, Biopolitik und Globalisierung) und die neuesten Entwicklungen der Mediendemokratie.

Gerhard Naegele (Hrsg.)
Soziale Lebenslaufpolitik
Unter Mitarbeit von Britta Bertermann
2010. 775 S. (Sozialpolitik und Sozialstaat)
Br. EUR 69,95
ISBN 978-3-531-16410-6

Die demographische Entwicklung in Deutschland hat uns bewusst gemacht, dass sich Gesellschaft, Politik und Wirtschaft auf die Einbindung von älteren Menschen in die Arbeitswelt einstellen müssen. Damit gewinnt aus durchaus praktischen Gründen die wissenschaftliche Erforschung des sozialen Lebenslaufs und seine politische Gestaltung insgesamt eine zentrale Bedeutung: Die schnelle und fundamentale Änderung von modernen Lebensverläufen erfordert eine bewusste Politik in zahlreichen Bereichen. Dieser Band bietet einerseits die wissenschaftlichen Grundlagen der Lebenslaufforschung, andererseits untersucht er die Politikbereiche, in denen Lebenslaufpolitik verstärkt betrieben werden muss.

Erhältlich im Buchhandel oder beim Verlag.
Änderungen vorbehalten. Stand: Juli 2010.

www.vs-verlag.de

VS VERLAG

Abraham-Lincoln-Straße 46
65189 Wiesbaden
Tel. 0611.7878-722
Fax 0611.7878-400

Elemente der Politik

Hrsg. von Bernhard Frevel / Klaus Schubert / Suzanne S. Schüttemeyer / Hans-Georg Ehrhart

Aden, Umweltpolitik
2011. ca. 120 S. Br. ca. EUR 12,95
ISBN 978-3-531-14765-9

Blum / Schubert, Politikfeldanalyse
2., akt. Aufl. 2011. 195 S. Br. ca. EUR 16,95
ISBN 978-3-531-17276-7

Dehling / Schubert,
Ökonomische Theorien der Politik
2011. ca. 120 S. Br. ca. EUR 12,95
ISBN 978-3-531-17113-5

Dittberner, Liberalismus
2011. ca. 120 S. Br. ca. EUR 14,95
ISBN 978-3-531-14771-0

Dobner, Neue Soziale Frage und Sozialpolitik
2007. 158 S. Br. EUR 12,90
ISBN 978-3-531-15241-7

Frantz / Martens, Nichtregierungs-
organisationen (NGOs)
2006. 159 S. Br. EUR 14,90
ISBN 978-3-531-15191-5

Frevel, Demokratie
Entwicklung - Gestaltung - Problematisierung
2., überarb. Aufl. 2009. 177 S. Br. EUR 12,90
ISBN 978-3-531-16402-1

Fuchs, Kulturpolitik
2007. 133 S. Br. EUR 14,90
ISBN 978-3-531-15448-0

Gareis, Internationaler Menschenrechtsschutz
2011. ca. 150 S. Br. ca. EUR 13,95
ISBN 978-3-531-15474-9

Gawrich, Das politische System der BRD
2011. ca. 120 S. Br. ca. EUR 12,95
ISBN 978-3-531-16407-6

Holtmann / Reiser, Kommunalpolitik
2011. ca. 120 S. Br. ca. EUR 12,95
ISBN 978-3-531-14799-4

Jahn, Vergleichende Politikwissenschaft
2011. ca. 120 S. Br. ca. EUR 12,95
ISBN 978-3-531-15209-7

Jahn, Frieden und Konflikt
2011. ca. 120 S. Br. ca. EUR 14,95
ISBN 978-3-531-16490-8

Jaschke, Politischer Extremismus
2006. 147 S. Br. EUR 14,95
ISBN 978-3-531-14747-5

Johannsen, Der Nahost-Konflikt
2., akt. Aufl. 2009. 167 S. Br. EUR 16,95
ISBN 978-3-531-16690-2

Kevenhörster / v.d. Boom, Entwicklungspolitik
2009. 112 S. Br. EUR 12,90
ISBN 978-3-531-15239-4

Kost, Direkte Demokratie
2008. 116 S. Br. EUR 12,90
ISBN 978-3-531-15190-8

Meyer, Sozialismus
2008. 153 S. Br. EUR 12,90
ISBN 978-3-531-15445-9

Piazolo, Die Europäische Union
2011. ca. 120 S. Br. ca. EUR 12,95
ISBN 978-3-531-15446-6

Schmitz, Konservativismus
2009. 170 S. Br. EUR 16,90
ISBN 978-3-531-15303-2

Schröter, Verwaltung
2011. ca. 120 S. Br. ca. EUR 14,95
ISBN 978-3-531-16474-8

Erhältlich im Buchhandel oder beim Verlag.
Änderungen vorbehalten. Stand: Juli 2010.

www.vs-verlag.de

VS VERLAG

Abraham-Lincoln-Straße 46
65189 Wiesbaden
Tel. 0611.7878-722
Fax 0611.7878-400

MIX
Papier aus verantwortungsvollen Quellen
Paper from responsible sources
FSC® C105338

If you have any concerns about our products,
you can contact us on
ProductSafety@springernature.com

In case Publisher is established outside the EU,
the EU authorized representative is:
Springer Nature Customer Service Center GmbH
Europaplatz 3, 69115 Heidelberg, Germany

Printed by Libri Plureos GmbH
in Hamburg, Germany